复旦百年经典文库

胡曲园 著
孙承叔 编

哲学与中国古代社会论集

复旦大学出版社

胡曲园先生(1905—1993)

心以积疑而起悟
学以渐博而相通
录张居正语赠
孙承叔同志留念
胡曲园校后且
一九八七年十二月

胡曲园先生手迹

凡 例

一、"复旦百年经典文库"旨在收录复旦大学建校以来长期任教于此、在其各自专业领域有精深学问并蜚声学界的学人所撰著的经典学术著作,以彰显作为百年名校的复旦精神,以及复旦人在一个多世纪岁月长河中的学术追求。入选的著作以具有代表性的专著为主,并酌情选录论文名篇。

二、所收著作和论文,均约请相关领域的专家整理编订并撰写导读,另附著者小传及学术年表等,系统介绍著者的学术成就及该著作的成书背景、主要内容和学术价值。

三、所收著作,均选取版本优良的足本、精本为底本,并尽可能参考著者手稿及校订本,正其讹误。

四、所收著作,一般采取简体横排;凡较多牵涉古典文献征引及考证者,则采用繁体横排。

五、考虑到文库收录著述的时间跨度较大,对于著者在一定时代背景下的用语风格、文字习惯、注释体例及写作时的通用说法,一般予以保留,不强求统一。对于确系作者笔误及原书排印讹误之处,则予以径改。对于异体字、古体字等,一般改为通行的正体字。原作中缺少标点或仅有旧式标点者,统一补改新式标点,专名号从略。

六、各书卷首,酌选著者照片、手迹,以更好展现前辈学人的风采。

总 目

哲学与中国古代社会论集 …………………………………………… 1

附录 ………………………………………………………………… 265
    探古索今　直面现实——胡曲园哲学精神的当代思考 ………… 孙承叔　267
    胡曲园先生小传 ……………………………………………… 孙承叔　280
    胡曲园先生学术年表 ………………………………………… 孙承叔　282

哲学与中国古代社会论集[*]

* 编者按：本论集原名《胡曲园哲学论集》，由胡曲园先生生前亲自编选文章结集出版。现为突出胡先生对中国古代史研究的杰出贡献，特更名为《哲学与中国古代论集》。

目 录

自序 …………………………………………………………… 5
对立的统一是辩证法的核心 …………………………………… 8
再论对立的统一是辩证法的核心
　　——答舒炜光同志 …………………………………… 19
论真理没有阶级性 …………………………………………… 33
再论真理没有阶级性 ………………………………………… 42
略论形式逻辑和辩证逻辑的一致 …………………………… 50
马克思的唯物史观在中国的胜利
　　——纪念马克思逝世一百周年 ……………………… 54
艾思奇论哲学的通俗化、中国化和现实化
　　——纪念艾思奇同志逝世二十周年 ………………… 67
把学习理论和学习哲学史结合起来
　　——谈如何学习哲学 ………………………………… 77
解放后哲学教学的主要失误 ………………………………… 85
马克思哲学的遭遇 …………………………………………… 88
我们应该怎样评价康德哲学
　　——就康德哲学的几个问题和李泽厚同志商榷 …… 92
评"西方马克思主义"的主要哲学观点 ……………………… 105
论老子的"道" ………………………………………………… 128
《老子》不是唯心论 …………………………………………… 139
我对《老子》的看法
　　——答韩强同志 ……………………………………… 154
我对《老子》的看法

——答于鹏彬同志 …………………………………… 161
再论老子的"道"
  ——答某些读者来信 …………………………………… 166
论老子的"无"及老子其人 ………………………………… 172
从《老子》说到中国古代社会 ……………………………… 181
从马克思主义"两种生产"的理论看中国社会的停滞 …… 189
座谈我对孔子的看法 ………………………………………… 194
先秦逻辑大师——公孙龙 …………………………………… 197
论五四运动时期的胡适 ……………………………………… 211
回忆早年阅读胡适《中国哲学史大纲》…………………… 230
中国民主革命的先驱孙中山先生的哲学思想 …………… 233
附录：学以渐博而相通
  ——记胡曲园教授及其中国文化史观 ………… 程伟礼 252

自 序

我把解放以后写的论文,主要是哲学方面的论文,汇集成这本集子。这些文章并没有什么了不起的内容,它只是一个理论工作者在生活征途和学术研究中发出的一些感想和意见。它是我的心声。借此机会,我简要地说说自己的思想历程。

幼年,我从乡村移居到北京。在进入中学的第一年,发生了轰轰烈烈的五四运动。这个运动沉重地打击了大大小小的封建余孽。那时我才十四五岁,却也感到对自己是个很大的冲击。我曾在私塾读过四书五经,在中学接受过古文家林纾和桐城派姚永概的教导,认为圣经贤言是立身做人的天经地义。在运动中我跟随高年级同学每游行一次,内心里就深深引起一次斗争。特别是后来读到鲁迅的《狂人日记》指出礼教吃人,更是引起我不可克制的激动和长时期的沉思。这情景至今记忆犹新。这样,随着新文化运动的高涨,我对文艺有了兴趣,认为只有文艺才能把生活中最真实的东西无所掩饰地揭露出来,使人受到启发和教育。中学毕业,我进入北京大学攻读文学专业,接触到校长蔡元培先生"美的教育"的思想,起初我不很理解,随后我才逐步领会到所谓美的意义绝不仅仅在于陶冶性情,而是科学的工作精神同民主的人民事业相结合的一种高度的思想境界。我为此感到非常高兴,认为自己业已找到了新的人生的道路,摆脱了封建意识的牢笼。

但是,现实告诉我问题并不仅仅如此。我移居北京后不久,就发生了张勋复辟,段祺瑞攻打北京城,随后就是一个接着一个连绵不断的军阀混战,几乎没有过到一天平静的日子。我思考、探索:这究竟是怎么回事?怎样才能解决?同学的交谈,老师的启迪,从课堂的学习到现实的教育,使我体会到若要拯救中国的苦难,必定要有一个正确的指导思想,若要改造不合理的社会,必须亲自投身到社会的实践中去。于是我对哲学发生兴趣,开始学习和研究马克思主义。1927年4月李大钊同志被捕牺牲了,引起进步人士无比的愤怒,我的思想因此受到极大的震动,认为每一个对人类事业怀有热忱的人,都应该踏着先烈的血迹前进。于是我一方面参加了社会斗争,同时努力理论学习。这使我在认识上逐步获得深入,坚定了从事马克思主义理论工作的信念。我在解放前写的文章,无论是抗战时期还是抗战胜利之后,主题都是民族的独立、人民的解放和国家的民主以及应该如何正确地对待我们的传统文化。

解放以后,我一直在复旦大学从事哲学教学工作。生活既有欢乐也有坎坷,学术研究既有收获也有贻误。1958年我被指责为"只专不红"。1959年由于我否定"人有多大胆,地有多大产"的大跃进口号,作为"右倾思潮"的代表受到批判。十年内乱,我更受到种种折磨,蹲牛棚,下干校,直至"四人帮"倒台后,才得重返教学岗位。但这时我已年迈体衰进入晚年,做起事来深感"力不从心"。这个时期我写的东西虽谈不上什么特色和创见,但治学态度是认真的,陈述自己的意见时襟怀是坦白的。在教学和培养研究生工作中,看到一批又一批中年和青年理论工作者成长起来,我感到欣慰。

半个多世纪过去了。回想我在五四运动时期被中学除名,在大学读书时期被捕坐牢,抗战时期在上海经历政治风险,解放后在"左"的压力下屡遭批判,真是感慨万千,确实有着一番在泥泞中跋涉的滋味。在这个过程中,我不断得到革命导师的理论启迪,知所遵循,知所前进。虽然平生贡献甚微,但对自己把学习、宣传和研究马克思主义哲学作为终生职业,我是感到自慰的。对马克思主义在我国取得的伟大胜利,我是感到万分高兴的。

马克思主义的理论不是教条,而是行动的方向盘。我在初期接受马克思主义时,也曾经把革命导师的著作当作教条来背诵,把经典著作当作辞书来察考。这样的学习,虽然也能得到引经据典的理解,但不能正确说明和解决中国的任何实际问题。后来我才深切感到学习马克思主义哲学,十分重要的就是要学习马克思怎样运用辩证法。马克思在理论上的伟大成就,就是由于他善于运用唯物辩证法,分析了社会发展的规律,指出了人类社会发展的道路。列宁说得好:"马克思主义的活的灵魂,它的根本的理论基础,就是辩证法。即关于包罗万象和充满矛盾的历史发展的学说。"学会运用马克思的辩证法来分析问题,来观察和解决问题,我认为是学习马克思主义哲学的关键所在。当然这首先需要站稳人民的立场。为此,就要抛弃教条习气,要在现实中去发现理论,在矛盾中去把握方向,坚持真理,在社会生活中不断开拓新的认识领域。我主观上是想这样做的,可是论文却反映出了我的能力很差。我在1942年曾经写过一篇题为《中国思想的传统缺陷》的文章,提出要解决我们的传统文化的问题,可是直到八十年代写《从〈老子〉说到中国古代社会》一文时,才得出了结论,解决了多年来我不知如何对待文化传统的问题。

收进这本集子的论文,都是建国以来有关马克思主义理论学习以及确立中国文化史观问题的。大体上是按照写作时间的先后排列的,有的由于内容互相关联等原因,序次有所挪动,我想这样也许可以更有利于读者的了解和指正。

1990年9月于复旦大学

对立的统一是辩证法的核心

列宁说过："可以把辩证法简要地确定为关于对立的统一的学说。这样就会抓住辩证法的核心,可是这需要说明和发挥。"①

但是,列宁所说的这个辩证法的核心,并没有经常地为研究辩证唯物论的哲学家所掌握;在相当长的时间内,哲学家往往忽视了这个辩证法的核心。

列宁在《谈谈辩证法问题》中,开头就说："统一物之分解为两个部分以及对其矛盾的各部分的认识,是辩证法的实质。"②

列宁这句话的意思,就是说任何事物都是互相对立的两个部分的统一,所以辩证法的实质就是要认识既相矛盾(对立)而又统一的各个部分。

列宁也把对立的统一,叫做对立的同一。他说："同一和统一这两个名词在这里并没有特别重大的差别,在一定的意义上,二者都是正确的。"③

无论是叫做统一也好,或者叫做同一也好,列宁的这句话,从形式逻辑看来,都是不适当的;因为按照形式逻辑的说法,一个东西既然是统一(或同一)的,就不能是矛盾的;如果是矛盾的,就不能是统一(或同一)的。然而辩证法并不是这样,辩证法要求"具体的同一",即包含有相异在内的同一。

因此,列宁在《谈谈辩证法问题》中说完了前面所引的那句话后,接着就在括弧里附注道："亚里士多德在其'形而上学'中经常在这个周围打圈子,并和赫拉克利特以及赫拉克利特的思想作斗争。"这就是说,亚里士多德是经常向着辩证法的实质——矛盾的统一作斗争,认为矛盾和统一是不可能在同一个关系中存在的。

但是客观的事实是怎样呢?列宁说:关于"辩证法内容的这一方面的正确性必须由科学史来检验"。列宁举出了"在数学中:加和减,微分和积分。在力

---

① 《哲学笔记》,第210、361、362页。
② 同上。
③ 同上。

学中：作用和反作用。在物理学中：阳电和阴电。在化学中：原子的化合和分解。在社会科学中：阶级斗争"。科学的事实证明了这些互相矛盾的对立部分，都不是能够孤立存在的。它们都以和它对立的方面为自己存在的前提，共同处在一个统一体中。它们并不是像形式逻辑所说的那样，有矛盾，就没有统一；或者有统一，就没有矛盾。

正因为任何事物本身的各个部分，一方面是矛盾的，是对立的，另一方面又是统一的，或者说是同一的；所以事物的各个部分在一定的条件下，总是互相依赖又互相排斥或互相斗争。

所以列宁在《谈谈辩证法问题》中，开头指出在统一物中存在着正反对立的矛盾部分，接着就批评我们通常对于"对立的同一"注意不够，随后又阐述发展就是对立的斗争。列宁说：

> 对立的同一（它们的"统一"，也许这样说更正确些吧？……），就是承认（发现）自然界（精神和社会都在内）的一切现象和过程具有矛盾着的、相互排斥的、对立的倾向。要认识世界上一切过程的"自己运动"、内部的开展和蓬勃的生活，就要把它们当做对立的统一来认识。发展就是对立的"斗争"。[1]

恩格斯在《自然辩证法》中论到辩证法的规律时，把对立的互相渗透作为辩证法的一个主要规律，也就是确认世界的一切现象和过程一方面具有互相矛盾、互相排斥的对立倾向，另一方面又具有互相渗透、彼此同一的统一关系。用一句中国的俗话来说，就是"相反相成"。

但是，近年来研究辩证唯物论的哲学家们忽视了恩格斯和列宁的这个重要的指示，他们对于辩证法的实质的了解是和恩格斯、列宁不相同的，至少是不完全相同的。

即如《联共（布）党史简明教程》第4章第2节在阐述辩证法的实质时写道：

列宁说："辩证法本来就是研究对象本身的内部矛盾的。"

其次："发展就是对立的斗争"。

---

[1] 《哲学笔记》，第362页。

又如阿历山大罗夫主编的《辩证唯物主义》第6章第1节说：

> 恩格斯写道："……对立的划分，对立的斗争和对立的解决，是一切发展的动因……"列宁认为，承认自然界的事物和现象有内在的矛盾，是整个马克思主义辩证法这门科学的核心。他写道："辩证法本来就是研究事物本身的矛盾的……。"

从上面列举的两种著作，可以看出，这些辩证唯物论的哲学家们并没有接受列宁所指出的"对立的统一"是"辩证法的核心"这一重要的原理，而把列宁所说"辩证法本来就是研究对象本身的内部矛盾的"一句话，当作了辩证法的核心。他们在阐述辩证法的全文中，从头到底没有说明恩格斯和列宁所常说的"对立的同一"、"对立的统一"、"对立的渗透"等原理，而能为他们所接受的只有"对立的斗争"。（国内若干哲学家也有同样的情形。）

那末，他们是怎样了解辩证法的实质的呢？

第一，这些哲学家对于对立的统一是辩证法的核心这一原理，只从对立的方面加以观察，而没有从统一或同一的方面去了解。

他们就像过去的哲学家不相信在同一之中包含着矛盾一样，这些哲学家也不相信在对立之中包含着统一或同一。所以，事物内部的各个部分，在他们看来，就成了只有某种联系的个别的东西，而不是同一东西的不同方面。

有人说：恩格斯在《自然辩证法》中说过，"辩证法是关于联系的科学"，所以现象的联系也就是对立的统一的意思。实际上，现象的联系和对立的统一是不完全相同的。

（一）恩格斯说："辩证法是关于联系的科学"，是就辩证法的三个基本规律来说的，恩格斯并没有把联系作为独立的特征或规律。

（二）他们说世界是"有内在联系的统一整体"，这只是说世界是统一的，各个现象是严密联系的；而不是指事物本身互相矛盾的各个方面的统一，以及一个矛盾方面对于另一个矛盾方面的克服和统治。这里所谓联系不过是现象之间的一般关联。

（三）现象的联系，没有包含正面的东西可以转化为反面的东西，旧的东西可以转化为新的东西。这种转化，在这些哲学家们看来，似乎都是通过斗争得来的，但是如果没有转化的可能性（指事物相互间的同一性），是不是单靠斗争就能实现呢？对立的统一则指出了事物发展从一个形态到另一个形态的转化。

由于忽视了对立的统一的深刻含义，同时又满足于联系这一概念和对立的含义没有抵触，因而他们在联系这一笼统的概念之下，抓到了对立的斗争，丢掉了对立的统一（或同一）。

其实，对立的统一（或同一）是一个非常普遍的道理，即如当我们进行劳动的时候，同时就会产生疲倦。我们劳动的时间愈长，疲倦的程度就会跟着加重。因此，我们决不能把劳动和疲倦单只看作我们身体本身存在的两个矛盾对立的部分，而不去了解它们的同一关系，如果是这样的话，我们就不可能很好地了解疲倦的性质和根源，并且找到克服疲倦的最好的方法。

但是，我们的这些哲学家们没有指出一切对象和现象的"正面和反面"、"过去和未来"、"衰颓着的东西和发展着的东西"所具有的同一关系，而只是强调"旧东西与新东西间的斗争，衰亡着的东西和产生着的东西间的斗争，衰颓着的东西和发展着的东西间的斗争……"。这样就会使斗争陷于盲目的状态，不能找到解决矛盾的更好的方法。

如果我们单只抱着"现实发展的主要特点，就是旧的东西消灭，新的东西产生"这一简单的教条，①那就很有可能，在现实的斗争之中，把认识上的矛盾，扩大成为阶级对立，进而把阶级对立扩大成为政治阴谋，最后走上扩大肃反的道路。因为这种抽象的教条会使我们在斗争中模糊了人民外部矛盾和内部矛盾之间的，根本矛盾和非根本矛盾之间的界限，不能解释事物的质的多样性，不能解释一种质变为他种质的现象。

这些哲学家根本没有想到：强调无产阶级专政的专政职能就往往会带来忽视民主的缺陷（封建地主阶级和资产阶级的专政那就不只是有缺陷的问题，而是对人民进行残酷的剥削和压迫的问题），要求权力集中就会带来权力集中的缺陷（正如片面扩大民主就会带来"一盘散沙"的缺陷一样），强调个人威信，就会把自己送入个人专断的绝境。其实，这一点也不奇怪，世界上没有一种药吃了是没有副作用的（副作用当然不是主导作用），同样，也没有一种活动和说话是没有它的反面影响的。不过，我们决不能因此就不吃药了，因为我们要生活下去；同时，我们也决不能因此就不挑选药的好坏了，因为我们希望提早恢复健康。问题在于：我们必须知道药是有副作用的，而且应该早作考虑，不要等到副作用成了问题的

---

① 见《学习译丛》1953 年第 11 期，第 58 页。罗森塔尔著《唯物辩证法是创造性发展的科学》。

时候,即转化成为主导作用的时候,再来进行斗争。(当然,对于现实已经存在的矛盾,必须进行坚决的斗争。)

因此,解决矛盾的办法,就是要承认事物都具有相反的发展方面,我们不能只看到事物发展的一面,而要看到它的全面。为了免除事物发展的阴暗一面,所以我们执行无产阶级专政,就要尽量发挥人民群众的主动作用,来克服无产阶级专政本身带来的缺陷。要求权力的高度集中,就要和高度的民主相结合,来克服权力集中所带来的缺陷。为了发挥个人的作用,就要谨慎谦虚,遇事和群众商量,来克服个人在使用权力时所带来的不良影响(中国俗话说"有一利就有一弊",是事物具有矛盾方面的最好的说明)。

总之,矛盾是无处不在的,无物不有的。我们不能因为社会主义社会具有高度的优越性,就认为没有了矛盾;甚至以为在未来的社会里没有了偶然性,只有必然的东西;没有了唯心论,唯物论可以不要通过斗争自行发展。所有这些想法,都是形而上学观点。毛泽东同志说:"哪里有问题,哪里就有矛盾"。要想没有矛盾,除非这个世界不存在了,才有可能。特别是在今天,资产阶级的残余思想还有很大的势力,帝国主义的阴谋无孔不入,不如意的事态到处都有发生的可能,所以我们必须更加提高我们对于矛盾的掌握。

第二,这些哲学家以为对立的统一就是对立的协和,所以他们抛弃了列宁关于辩证法的核心的指示。

《联共(布)党史简明教程》第4章第2节中说:"辩证法认为低级发展到高级的过程不是表现于各现象协和的开展,而是表现于各对象或现象本身固有矛盾的揭露,表现于在这些矛盾基础上动作的互相对立趋势的'斗争'。"

事物发展有斗争的一面,也有通过斗争而显现的统一的一面,上文只提到了现象的协和,而没有阐明列宁所说的统一,显然是把统一看成了协和,至少是两者混淆不清。

要弄清这个问题,需要首先了解对立的统一和对立的斗争的关系。那末,对立的统一和对立的斗争的关系怎样呢?两者的作用是不是相反的呢?

列宁曾在《谈谈辩证法问题》中说过:"对立的统一(一致、同一、合一)是有条件的、暂时的、易逝的、相对的。互相排斥的对立的斗争则是绝对的,正如发展、运动是绝对的一样。"

列宁的话,简单地说来,就是说:对立的统一是相对的,对立的斗争是绝对的。

所谓对立的统一,并不是说对立的两面之所以成为一个统一体,是由于它们的互相协和;恰恰相反,对立的两面之所以成为一个统一体,乃是对立双方斗争的结果。

从生物有机体的发展来说,生物的成长是由于生物本身不断地进行新陈代谢,如果新陈代谢一停止,生物也就不能生存;因此,所谓生命的过程,实际上就是一个新陈代谢的过程。新陈代谢是新旧两面的对立发展,没有新的生长,就没有旧的死亡;没有旧的死亡,也就没有新的生长。所以,新陈代谢是生的因素和死的因素之间的一个斗争过程,当生的因素在矛盾的斗争中,取得优势,控制了死的因素,并且让死的因素能为生的因素服务,起着新陈代谢的作用的时候,生物就不断地壮大起来。反之,如果生的因素在矛盾的斗争中,逐渐衰颓,而死的因素逐渐增长,并且取得优势的时候,这个生物便宣告了死的到来。所以,(一)生和死是一个过程的两个方面,正如毛泽东在《矛盾论》中所说:"没有生,死就不见;没有死,生也不见"。(二)生的东西转化为死的东西,不过是生的因素在矛盾的斗争之中,从优势变成了劣势,而死的因素从劣势变成了优势。(三)新陈代谢并不是生的因素和死的因素取得协和的结果,而是生的因素在矛盾的斗争之中,取得优势,限制、利用死的因素的结果;因此,生的因素统一了死的因素,两者对于生物的成长壮大起着相反相成的作用。

从资产阶级和无产阶级的关系来说,两者都是构成资本主义社会的主要部分,是从资本主义所有制产生出来的两个方面,"没有资产阶级,就没有无产阶级;没有无产阶级,也就没有资产阶级"。但同时它们又是互相对立的,自从占有生产资料的资产阶级雇用无产阶级进行劳动生产之日起,无产阶级便成了资产阶级进行剥削的对象,而无产阶级也就无时不在对资产阶级进行斗争。因此,资产阶级和无产阶级在资本主义制度下的统一,决不是两者互相协和的结果,而是由于资产阶级占有生产资料,运用国家这一统治工具向着无产阶级进行统治压迫的结果。资产阶级不仅运用军队、法庭等力量,而且运用宗教、道德的麻醉作用来压制无产阶级,目的就是要利用无产阶级的劳动来为它提供剩余价值。这时因为资产阶级对无产阶级占着统治的优势,所以社会的性质就为资产阶级所代表,成为资本主义社会。但是,等到生产的分工和工具的使用越来越社会化了的时候,资产阶级利用千百万人为它进行劳动生产的行为,便成了训练、教育、组织广大工人群众的伟大力量。在阶级斗争的过程中,无产阶级对资产阶级一经取得压倒的优势,夺得政权,社会的性质就为无产阶级所代表,成为社会主义社会。也就是《矛盾论》所谓"被统治的无产阶级经过革命转化为统治者,原来是统治者的资产阶级却转化为被统治者,转化到对方原来所占的地位"。在这里,无论是资产阶级统治无产阶级,还是无产阶级转化为统治阶级,都是斗争的结果。

又如,在阶级社会里,战争与和平的关系,总是在和平时期就酝酿着战争,企图破坏和平;当战争的气氛占着优势的时候,整个社会就进入了战争的状态。反之,在战争的过程中,总是企图打中敌人的要害,希望及早结束战争;而且战争达到一定的阶段也就必然转入和平,这就是《矛盾论》所说"战争与和平是互相转化的"。

因此,我们说:所谓对立的统一决不是双方协和的意思,而是一方控制另一方,并使对方成为自己的有用物的结果。如果是协和的话,事物便没有了运动和发展。

所以,矛盾的双方,就是在统一之中也还是在不断地斗争。这就是说,对立的统一,并不是彻底的,因为其中还包含着斗争。既然在统一之中还有斗争存在,所以对立的统一是相对的。(因为在统一之中,还有斗争存在,而且斗争的结果,事物结束了旧的阶段,转变到新的阶段,所以对立的统一又是暂时的,易逝的;矛盾双方的统一,只有在一定的条件下,才是可能的,等到条件变了,原先的统一也不存在了,所以对立的统一又是有条件的。)

至于对立的斗争则不论在什么条件之下都进行着,在统一中有斗争,在转变中也有斗争。因为没有斗争,事物就不可能发生新的转化;没有斗争,矛盾的一方面也不可能把另一方面统一起来。斗争是统一的基础,斗争是发展的动力,所以对立的斗争是绝对的。

我们应该认识对立的斗争的意义的重要,但是我们也不能因为对立的统一是相对的,就忽视它;因为对立的斗争,是一切发展的动力,从人类的实践来说,斗争又是和认识的指导分不开的。我们如果不了解矛盾双方的关系,在哪些方面是对立的,哪些方面是统一的,就不可能找到解决矛盾的适当的方法。所以列宁在解释对立的统一的时候,总是从认识的方面来说。他在《谈谈辩证法问题》中第一句写道:

> 统一物之分解为两个部分以及对其矛盾的各部分的认识,是辩证法的实质。

在第二段中说：

> 对于辩证法的这一方面，通常（例如普列哈诺夫）没有予以足够的注意：对立的同一被当做实例的总和，而不是被当做认识的规律（以及客观的规律）。

在第三段又说：

> 要认识世界上一切过程的"自己运动"、内部的开展和蓬勃的生活，就要把它们当做对立的统一来认识。

所以对立的统一（或同一），不只是客观世界的规律，也是人类认识的规律。我们单只强调对立的斗争，而不指出对立的统一是辩证法的核心，就会抹杀了对于实践的认识指导。（其实，对立的统一也包含着对立的斗争，因为对立就是斗争，统一也是斗争的结果；所以列宁在论两种基本的发展观点时又说："发展是对立的统一"。）

其实任何矛盾都包含着解决这个矛盾的因素，好的主意是应当从研究矛盾的过程中得出来的。什么是矛盾的过程？就是矛盾双方的既对立又统一的发展过程。我们只有在事物发展本身的对立的统一中才能找到解决矛盾的好的主意。

但是，近年来许多哲学家把对立的统一看成了对立的协和，这种理解是和辩证唯物论的战斗精神不符合的。

例如，罗森塔尔在他所写的《唯物辩证法是创造性发展的科学》一文中，就曾说过："斯大林在表述辩证法的第四个基本特征即发展是通过对立的斗争时，就没有使用黑格尔的'对立的统一'、'对立的同一'这些概念。可惜，我们在自己的宣传工作中还没有考虑到抛弃这些概念的意义。同时这也说明在表述哲学概念和原理时应力求明白确切。当然，这绝不是否认对立的内部相互联系，也就是说，不是否认在同一个现象中包含着新东西和旧东西、正面的东西和反面的东西等等。没有这种相互联系也就不会有对立的斗争。但是'对立的统一'、'对立的同一'这些概念，按这些词的确切的意义来说，不是肯定新的东西和旧的东西之间，衰亡的东西和新生的东西之间的矛盾性以及它们之间斗争的规律（这是马克思主义辩证法中的主要东西),而是肯定它们的'统一'或'同一'。必须特别估计到这一点,因为在马克思主义的用语中'统一'这个概念还有另一种意义。"

罗森塔尔在这里,(一)他已经暴露了没有对立的统一的原理,现象中包含着的新东西和旧东西、正面的东西和反面的东西都会失去联系,而使对立的斗争无法能够成立。(二)但他同时又认为:对立的统一(或同一)的原理违反了"在表述哲学概念和原理时应力求明白确切"的原则,这就是说:有对立,就没有统一;有统一,就没有对立。因此,他只好用"对立的内部相互联系"这一句不明确的话来代替对立的统一(或同一)。实际上,如果对立的双方没有互相渗透的统一(或同一)关系,彼此都是绝缘的东西,所谓内部的相互联系,也就成了空话,实际只是外部的联系。(三)他觉得把抛弃对立的统一这一原理的原因归结在哲学概念和原理的表述上面,还不够有力,所以他最后又指出对立的统一(或同一)"不是肯定新东西和旧东西之间,衰亡的东西和新生的东西之间的矛盾性以及它们之间斗争的规律,而是肯定它们的'统一'或'同一'……"。这就是说,只要对立的斗争,不要对立的统一(或同一),认为统一含有协和的意思。

在这里,值得注意的是:为什么罗森塔尔(以及其他许多和罗森塔尔同一主张的哲学家)要强调"在表述哲学概念和原理时应力求明白确切",而不注重辩证法是"最多方面的,内容最丰富的,和最深刻的发展学说"(列宁)？难道表述哲学概念和原理必须按照形式逻辑的规定:是——是,否——否,才算是"明白确切"吗？这只说明了一个问题,即辩证唯物论的哲学在这里已经渗入了形而上学的观点。具有这种观点的哲学家,当然只能接受辩证唯物论的某一部分,而不能不抛弃其他的部分。

罗森塔尔从这种观点出发,于是在他编著的《简明哲学辞典》中对"同一性"一词的说明写道:

> 有些人错误地把马克思主义的同一性原理应用于一些根本对立的现象。例如,有些人说:和平和战争是同一的;另一些人说,在资本主义制度下,资产阶级和无产阶级是同一的,等等。这样简单地理解同一性其实就是滥用黑格尔的术语,孟什维克式的唯心主义者格外热衷于这种做法。像战争与和平、资产阶级和无产阶级、生和死等等现象不能是同一的,因为它们是根本对立和相互排斥的。

关于这些问题,我们在前面已经谈过了。其实,谁也没有认为生就是死,战争等于和平,无产阶级和资产阶级一样;因为这是形式逻辑上有关同一律的问题,而不是辩证法所要解决的在性质相反的事物之间是否具有同一性的问题。辩证法认为任何矛盾的双方都是同一过程的两个对立的方面,所以,矛盾的双方包含着同一性,它们是统一而不可分的。为什么鸡蛋不能转化为石头?石头也不能转化为鸡蛋?因为它们不是同一过程的不同方面,所以我们不能说鸡蛋和石头是统一而不可分的,事实上,没有石头,鸡蛋仍然存在;没有鸡蛋,石头也仍然存在。它们跟生和死,战争和和平,无产阶级和资产阶级的情况是不相同的。如果一定要照形式逻辑的说法:石头不是鸡蛋,鸡蛋不是石头;生不是死,死不是生;战争不是和平,和平不是战争;无产阶级不是资产阶级,资产阶级不是无产阶级;民主不是集中,集中不是民主;这样一来,事物的相互区别是解决了,但是我们在认识问题的时候,什么是外部矛盾和内部矛盾的界限,什么是根本矛盾和非根本矛盾的界限,就要模糊不清,而把一切东西都看成了外部的对立;依照这样的认识指导,我们不可能不犯严重的错误。

列宁说得好:"辩证法是一种学说,它研究对立怎样才能同一,是怎样(怎样成为)同一的——在什么条件下它们是同一的、是互相转化的,——为什么人的头脑不应该把这些对立当做僵死的、凝固的东西,而应该当做活生生的、有条件的、活动的、互相转化的东西。……"①

根据列宁的话来看,罗森塔尔以及其他许多和罗森塔尔同一主张的哲学家们显然是把对立"当做僵死的、凝固的东西"了。他们没有遵照列宁的指示,把对立"当做活生生的、有条件的、活动的、互相转化的东西"。他们为什么没有接受列宁的指示?这自然是由于形而上学的观点作怪。

随着关于对立的统一的原理的曲解,列宁所指出的"对立的统一是相对的,对立的斗争是绝对的"这一重要的原理,也就从哲学教本中删出去了。例如阿历山大罗夫主编的《辩证唯物主义》第6章"发展就是对立的斗争"一章中,就没有关于列宁这一原理的阐述,只是在第219页上写了下面的一段话:"马克思主义辩证法坚决反对阶级和平的'理论'、反革命的均衡'论'和资产阶级思想的所有这类在方法上是形而上学的、在内容上是反动的伎俩。马克思主义辩证法揭露了它们的理论基础——把对立的相对统一绝对化"。阿历山大罗夫既然知道对

---

① 《哲学笔记》,第86页。

立的相对统一不应该绝对化，为什么不把列宁所指示的这一重要原理提出来加以阐述，指出列宁的原意和绝对化的不同，而只是在诅咒资产阶级学者的语句中滑了过去呢？这说明当前的哲学著作对于辩证法原理的阐述，是有着不小的缺陷的。

辩证唯物论是马克思主义的灵魂，是无产阶级革命的精神武器。我们需要很好地学习领会它的实质，才能正确地掌握这一武器，才能在斗争中取得更大的胜利。

附言："对立的统一"或"对立的同一"，在列宁《哲学笔记》中文译本中作"对立面的统一"或"对立面的同一"。本文因恩格斯《自然辩证法》中文译本把"Durchdringung der Gegensätz"译作"对立的互相渗透"，未用"面"字，而且像恩格斯所说"对立的解决"，如果译作"对立面的解决"，似亦不妥，故在引用《哲学笔记》中文译本的译文时，一律省去了"面"字，其他则完全依照该中文译本的原句。——笔者

(原载《学术月刊》1957年第3期)

再论对立的统一是辩证法的核心
——答舒炜光同志

舒炜光同志在《论对立的统一即矛盾》一文中，对我写的《对立的统一是辩证法的核心》一文提出了一些不同的意见。为了进一步明确问题的内容，我再谈谈我的意见。

一、关于矛盾的意义以及它跟对立、统一的关系的问题

舒炜光同志在他的批评中首先对矛盾一词的意义，提出了不同的意见。我在拙文开头第四小段说：

> 列宁这句话的意思，就是说任何事物都是互相对立的两个部分的统一，所以辩证法的实质就是要认识：既相矛盾（对立）而又统一的各个部分。①

舒炜光同志不同意我的说法，他认为："对立的统一即矛盾"，因此不能从"矛盾和统一互为对立面出发谈问题"，他认为：矛盾这个概念的涵义，"既有对立又有统一"，所以只能将对立这一概念作为统一的反对面来谈问题，而不能把矛盾这一概念作为统一的反对面来谈问题。

这里的问题是：矛盾一词在使用上是不是和对立一词有着严格的区别？是不是能作统一的反对语？

我们都知道：矛盾一词在形式逻辑中是指概念（或判断）的互相排斥、互不相容的关系。即："A 不能同时是 B 又是非 B"。但是，在辩证法看来，矛盾虽是指概念、属性、事物的互相排斥，但决不是不能共处于一个统一体中。列宁说："统一物之分解为两个部分以及对其矛盾的各部分的认识，是辩证法的实质。"就是

---

① 《学术月刊》1957年第3期，第1页。

认为,在事物的发展过程中,矛盾的一方必以矛盾的另一方为自己存在的前提,否则就不可能成为矛盾的关系。

因此,所谓矛盾就是同一事物的内部包含着和自己相对立的东西,那里存在着矛盾,就是那里存在着对立和冲突,在我们人民内部来说,就是存在着分歧。

但是,这种关系如果从形式逻辑的矛盾律来看是不能成立的,因为 A 不能同时是 B 又是非 B,而在辩证法看来,则认为任何事物都是其矛盾的各部分的统一。因此,我在拙文开头第五小段中把列宁关于统一和同一的意义略加说明之后,便在第六小段紧接着说:

> 无论是叫做统一也好,或者叫做同一也好,列宁的这句话,从形式逻辑看来,都是不适当的;因为按照形式逻辑的说法,一个东西既然是统一(或同一)的,就不能是矛盾的;如果是矛盾的,就不能是统一(或同一)的。然而辩证法并不是这样,辩证法要求"具体的同一",即包含有相异在内的同一。①

可见拙文是针对着形式逻辑的同一律否认矛盾而言,因此也就把矛盾(对立)作为统一(或同一)的反对语,这是显而易见的事情。但是舒炜光同志说:

> 初看起来,并没有什么毛病,仔细捉摸一下,就会发现这里是以矛盾和统一互为对立面出发谈问题的。

那末,矛盾一词到底是不是可以作为统一的反对语呢?我可以举出下面的证据,证明完全是可以的。即如列宁在他的《哲学笔记》中就曾把矛盾和统一这两个词对待地使用:

> 运动是非连续性(时间和空间的)和连续性(时间和空间的)的统一。运动是矛盾,是矛盾的统一。

或者以为列宁固然可以这样使用,但是以后并不这样使用;可是事实的证明恰好相反,毛泽东同志在《矛盾论》中就是这样使用的,即如他说:

---

① 《学术月刊》1957 年第 3 期,第 1 页。

一切矛盾着的方面都因一定条件具备着不同一性,所以称为矛盾。

毛泽东同志不仅在早期是这样使用,就是在《关于正确处理人民内部矛盾的问题》一文中他还是这样使用,他说:

> 这些都是一个统一体的两个矛盾着的侧面,它们是矛盾的,又是统一的,我们不应当片面地强调某一个侧面而否定另一个侧面。

关于矛盾在使用上应和对立有着严格区别的事实,我认为也是不存在的。因为如果是这样的话,则我在前面所引用的列宁的那一句话,就应该改作:统一物之分解为两个部分以及对其"对立"的各部分的认识,而不应该是"对其矛盾的各部分的认识",否则岂不也是造成混乱?实际上,列宁是常把矛盾和对立在同一关系上使用的,即如他在《谈谈辩证法问题》中就曾说过:

> 对立的同一,就是承认(发现)自然界(精神和社会都在内)的一切现象和过程具有矛盾着的、相互排斥的、对立的倾向。①

毛泽东同志在《矛盾论》中也常在同一关系上使用矛盾和对立这两个词,例如他在第 5 节中说:"对立的互相排除的斗争则是绝对的",在后一段他又说:"矛盾的斗争性是无条件的、绝对的",就是把矛盾和对立二词放在同样的地位。

艾·舒尔在《对立面的统一、差别和矛盾》一文中,从头到尾都是把矛盾一词和对立、冲突等词一道使用,例如他说:

> 任何发展过程的矛盾性在于:发展过程的基本趋势、基本规律性是与那些同这一趋势相对立、相矛盾的其他趋势和力量对立的……

可见矛盾一词的用法,除了在说明问题的程度上、角度上和对立、排斥、冲突等词有着差异外,它们在根本上是没有什么区别的。但是在舒炜光同志看来,这是"充满了混乱",因此,他要给矛盾、对立、统一这三者的关系作一个严格的规

---

① 《哲学笔记》,第 362 页。

定,所以他说:

> 统一或同一的正相反对者是差别和对立。统一中有差别或对立,差别或对立中又有统一,二者的辩证关系构成为矛盾。如前所述,单纯的统一,或者单纯的差别、对立都不可能作为矛盾而存在。所以,矛盾和统一的真正关系是:统一是矛盾本身之中不可缺少的一方面,矛盾是统一和对立的统一体,统一属于矛盾关系中的一方,对立为另一方。为了帮助了解,我们不妨借用一下黑格尔的命题:"正"、"反"、"合",如果把统一当作"正题",对立则是"反题",而矛盾成为"合题"。于是统一和矛盾的关系不是"正"与"反"的关系,而是"正"与"合"的关系,即是说它们二者不是互为对立面的。假使承认矛盾为与统一相对立的反面,统一则成了矛盾的对立面,于是,便与"对立的统一即矛盾"的命题相抵触。这样,只有在证明"对立的统一即矛盾"的论断为谬误的情况下,矛盾与统一互为对立面的公式才有可能成立。①

在这里,我们首先应当知道对立这一个词平常有着两种用法,(一)是指对立的方面,(二)是指对立的关系。关于这个问题,我们不妨引阿历山大罗夫主编的《辩证唯物主义》的阐述作为参考(只是参考)。该书中文译本第203页说:

> ……在事物和现象的这些方面叫做对立。作为发展动力的对立的关系(斗争),叫辩证法的矛盾。……为了正确理解对立的斗争的规律,必须注意对立这个概念具有两种意义:(一)表明矛盾的每一个方面,例如新和旧,正面和反面等等;(二)表明矛盾尖锐化的程度,例如我们说资本主义社会中生产力和生产关系之间的矛盾必然会变为对立。

根据上文所引,我们可以知道,对立的第一种意义是指对立的方面,在这种意义上,任何矛盾都是来自对立的两方面,而且这两个方面必然有着互相依存的统一关系。对立的第二种意义是指对立的关系(斗争),在这种意义上,矛盾和对立都可以作为发展动力来了解,因此,它们只有作用的程度不同,而没有根本的区别。因此,把矛盾和对立在同一关系上使用,并不错误,不过说话的角度有些

---

① 《学术月刊》1957年第6期,第39页。

不同而已。

《辩证唯物主义》在同一地方也谈到差别这个概念，它说："差别这个概念表示事物和现象的实在内容的复杂性和相异性。差别是矛盾的表现形式之一。"毛泽东同志在《实践论》中也说过："差异就是矛盾"。足见差别(差异)、对立跟矛盾之间，并没有如舒炜光同志所说的那样严格的区别。

其次，我们应当了解矛盾这一个词的意义：所谓矛盾决不是指一方的作用，而是对立双方的互相排斥；互相排斥的双方，如果一方的存在不以对方的存在为前提，也就不可能在两者之间产生互相排斥的关系。因此从任何矛盾的构成来说，或者是从矛盾的双方来说，它必然有着统一的关系，乃是不容怀疑的事实。但这并不是说矛盾一词"既有对立又有统一"这样双重的意义。

我们可以拿1957年4月13日《人民日报》的社论《怎样对待人民内部的矛盾》一文来看看，在这篇社论里，对矛盾和斗争是同样使用的，它说：

> 在阶级社会中，互相敌对的阶级之间经常地存在着矛盾和斗争。当某一种生产关系严重地妨碍生产力的发展的时候，代表旧生产关系的反动阶级和要求新生产关系的革命阶级之间的矛盾和斗争就要变得特别尖锐……

我们试想：如果矛盾一词包含着"既有对立又有统一"的双重意义，那末上文是不是说对立和统一两者都特别尖锐化起来呢？显然不是的，所谓"矛盾和斗争就要变得特别尖锐"，只是说它们的对立就要变得特别尖锐，并不是说它们的统一也要变得特别尖锐。

斯捷潘年在《社会主义社会发展中的矛盾及其克服途径》一文中给矛盾这一概念下了一个定义。他说："矛盾是统一体之分为两个方面，是客观世界的事物和现象的内在联系着的各个方面和趋势之间的斗争。"这个定义也许舒炜光同志并不同意，但我认为是正确的。

再次，我们根据上面的推论，应当得到这样的结论，即矛盾可以作为统一的反对语。因为前面说过：(一)矛盾是可以和对立在同一关系上使用的，而对立是统一的反对语，所以矛盾也可以是统一的反对语；(二)矛盾既然是统一体内对立面的斗争，而不是既斗争又统一，所以矛盾一词也就可以成为统一的反对语。毛泽东同志在《矛盾论》中说："一切矛盾着的方面都因一定条件具备着不同一性，所以称为矛盾。"这也就是说矛盾是统一(同一)的反对语。

如果矛盾是统一的反对语,那末,我们就不能用矛盾这一概念来代替对立的统一。我们只能说:矛盾的规律即对立统一的规律;或者说:对立统一的规律即矛盾的规律,但决不能把规律等同于概念,认为对立的统一即矛盾,这样简单地处理问题。

舒炜光同志错误地引用了黑格尔的公式,把统一当作"正题",对立当作"反题",矛盾当作"合题",这样就使矛盾成了统一、对立的综合者,矛盾的作用不是排斥和斗争,而是关于对立和统一的综合,实在令人难解。实际上,辩证法的矛盾不过是指同一事物的内部包含着相异而已。

总的说来,问题的症结所在,是舒炜光同志把矛盾诸方面所含有的同一性(或统一性),误当作了矛盾本身也含有统一的一面,其实矛盾一词和对立一样,对立有着对立方面和对立的不同;矛盾也有矛盾方面和矛盾的不同。矛盾诸方面含有斗争性和统一性,不等于矛盾是既对立又统一。至于一个矛盾的运动(过程或事物)则可以说是对立的统一。

二、关于什么是辩证法的核心的问题

舒炜光同志在说明了矛盾是"既有对立又有统一"之后,接着便论证列宁所说"辩证法本来就是研究对象本身的内部矛盾的"一语是和"对立的统一"一样的,因此舒炜光同志认为列宁的前一句话也可以算是辩证法的核心。

舒炜光同志所以提出这一问题,是因为拙文曾经说到:

> 这些辩证唯物论的哲学家们并没有接受列宁所指出的"对立的统一"是"辩证法的核心"这一重要的原理,而把列宁所说"辩证法本来就是研究对象本身的内部矛盾的"一句话,当作了辩证法的核心。[①] (在上述文句中,我没有把我的意思多加说明,因而引起了舒炜光同志的意见,这是我自己应该负责的。)

舒炜光同志认为:"以'辩证法本来就是研究对象本身的内部矛盾的'这一命题表达辩证法的核心思想,并没有什么错误"。在这一点上,我完全同意舒炜光同志的意见,而且我也没有认为这句话有什么错误。舒炜光同志又说:"它与'对

---

① 《学术月刊》1957年第3期,第2页。

立的统一是辩证法的核心'命题之间不存在原则区别。"我也完全同意,认为两者之间并没有什么原则的区别。问题只在于这两句话,正如舒炜光同志在解释列宁另外两句话时所说:"其区别在于所持的角度不一样",是"从不同角度、方面对于辩证法本身的一个说明"。我们不妨在下面把可以作为"辩证法的核心"的几个经典性的句子拿来分析一下:

(一)"辩证法本来就是研究对象本身的内部矛盾的"这句话是列宁在读到黑格尔阐述埃利亚学派的哲学时写下来的。黑格尔认为在埃利亚学派中发现了辩证法的开端,即(A)纯粹的思维在概念中的运动,(B)在对象的本质中发现本质自身所具有的矛盾。在这里,列宁从唯物论的立场出发,针对着纯粹的思维运动,指出了"就本来的意义说,辩证法就是研究对象的本质自身中的矛盾"(《哲学笔记》的译文与《联共(布)党史简明教程》略异),这是非常适当的。不过矛盾这一概念,虽是辩证法特征的主要标志(这是没有人否认的),但是究竟不能概括出辩证法的内容。

(二)至于对立的统一这一原理,则是关于辩证法的内容的适当概括,列宁自己也说:"可以把辩证法简要地确定为关于对立的统一的学说"。列宁在列举辩证法的十六要素之后,跟着写下这一段话,它显然是对于辩证法的内容的一个必要的概括。而且这一原理跟恩格斯关于辩证法的说明是一致的,恩格斯说:

> 辩证法根据我们研究自然界的实验的结果,证明了所有的两极对立总是决定于相互对立的两极的相互作用,证明了这两极的分离和对立只存在于它们的相互联系和统一之内,反过来说,它们的统一只存在于它们的分离之内,它们的相互联系只存在于它们的对立之内。[①]

(三)列宁说:"统一物之分解为两个部分以及对其矛盾着的各部分的认识……是辩证法的实质"。这句话是关于对立的统一的说明,所以它在阐述的角度上和对立的统一这一原理没有什么不同。

(四)又如"对立的斗争"也是列宁关于辩证法的一个重要的说明,这个说明是从事物运动、发展的源泉、动力出发的,它和前两句话的角度又不相同。

那末,这些命题究竟用哪一个作为辩证法的核心最为适当?这是列宁已经

---

① 《自然辩证法》,第48页。

有指示的,即对立的统一是辩证法的核心,事实上,也是这一命题最能说明事物本身所具有的复杂关系,它一方面说明了矛盾的实质,同时也包括了对立的斗争。

舒炜光同志说:"用'辩证法本来就是研究对象本身的内部矛盾的'一句来表述辩证法的核心,完全没有什么可以责难的地方,仅仅字面上有所不同、表述方式不同而已。我们且不去引用毛泽东同志在《矛盾论》中一开头所说的话作论据(本来这可作为一个根据来证明)……。"

舒炜光同志在文中虽说不引《矛盾论》作论据,可是他在附注中仍然引用了《矛盾论》的话,因此我也就不能不加以说明,因为舒炜光同志误解了《矛盾论》的意思。《矛盾论》一开头写道:

> 事物的矛盾法则,即对立统一的法则,是唯物辩证法的最根本的法则。列宁说:"就本来的意义讲,辩证法是研究对象的本质自身中的矛盾。"列宁常称这个法则为辩证法的本质,又称之为辩证法的核心。①

舒炜光同志因为毛泽东同志所说"列宁常称这个法则为辩证法的本质,又称之为辩证法的核心"一语是指矛盾的法则说的,因而也就以为是指列宁的那句话讲的,以为毛泽东同志的这句话是在说明列宁的那句话可以看作辩证法的本质和核心,并且打算引作证据。在这里,舒炜光同志显然是又把矛盾规律和矛盾概念混同了,所以发生了这个错觉。实际上,毛泽东同志这句话虽然是对矛盾规律说的,而所谓本质和核心则是指的列宁的另外两句话,即"统一物之分而为二以及我们对其各矛盾部分的认识,是辩证法的本质"和"可以把辩证法简要地规定为关于对立的统一的学说"(见《矛盾论》注)。所以《矛盾论》开头所说的话,并不证明"辩证法本来就是研究对象本身的内部矛盾的"一语是辩证法的核心,而是证明"对立的统一"是辩证法的核心。

《矛盾论》对于辩证法的这一认识,也贯彻在《关于正确处理人民内部矛盾的问题》一文中,该文第1节说道:

> 马克思主义的哲学认为,对立统一规律是宇宙的根本规律。这个规律,

---

① 《毛泽东选集》(一卷本),第274页。

不论在自然界、人类社会和人们的思想中，都是普遍存在的。矛盾着的对立面又统一，又斗争，由此推动事物的运动和变化。

但是《联共（布）党史简明教程》第4章第2节在阐述辩证法的主要特征时，并没有列举列宁关于对立的统一是辩证法的核心这一重要的指示，而只提出了"辩证法本来就是研究事物本身的矛盾的"一语以及列宁的另外的一句话，可知《联共（布）党史简明教程》对于辩证法的认识是很不够的。其他很多的书也有同样的情形。

因此，现在的问题并不是我们认为该书引用的这一句话有什么错误，也不是我们认为这句话和对立的统一有什么原则上的不同，更不是我们要"否认辩证法的核心就在于它是关于矛盾的学说"；问题是：他们为什么把列宁所已经规定的"对立的统一是辩证法的核心"这个重要指示，避开不谈，反而要把辩证法的核心移到列宁的另外的一个句子上去？问题是：他们为什么要这样考虑？是不是要避开统一这个概念？如果是要避开统一这个概念，那末，他们对于辩证法的理解是不是正确的？何况他们要把统一这个概念从辩证法中去掉，乃是罗森塔尔在他所写的《唯物辩证法是创造性发展的科学》一文中已经明白说出来了的，不仅如此，斯大林在哲学上抛弃对立的统一，片面强调对立的斗争，已是公开的事实。这说明斯大林利用"辩证法本来就是研究对象本身的内部矛盾的"一语，不但未能指出辩证法的内容，而且歪曲了列宁的原意。苏联哲学研究所所长费德赛耶夫在1956年举行的全苏哲学家联系会议上说："在不久之前，我们这里广泛地流行着这样一种意见，仿佛对立面的统一是没有的。这一错误的观点也曾反映在《哲学问题》杂志上"，[①]就是一个实际的证明。

的确，斯大林对于矛盾的理解是和我们不一样的，至少他在内部矛盾和外部矛盾的界限上是模糊不清的。关于这个问题，我们只要看他在阐述辩证法的联系特征时，没有指出内部联系和外部联系的区别，就可以了然。因为肯定内因和外因的区别以及内因和外因的作用的不同，乃是辩证唯物论不同于形而上学唯物论的主要特征之一；可是斯大林在说明辩证法与形而上学相反时，并没有指出这一点，这就说明了他的思想是摇摆在形而上学和辩证法之间，所以要他透彻了解对立的统一是辩证法的核心，乃是不可能的事情。

[①] 见《学习译丛》1957年第3期。

我们现在并不是要计较字句（而且我们也不应该这样做），倒是要吸取斯大林在哲学上"部分地离开了辩证唯物主义"在社会主义建设上所造成的损失（虽然不是太大）的教训。这正如《学习》杂志第八期《关于研究人民内部矛盾问题的几点管见》一文中所说："沉醉于这种坐在马上酣战的心情，如果用之于解决人民内部的分歧和矛盾，可能引起的严重后果，有时候简直是难以估计的。……人民内部矛盾虽然永远存在，矛盾双方的斗争也永远存在，但是，经常的状态是既有斗争又有统一……。只看到斗争性的一面并把它过分强调的人是错误的，只看到统一性的一面并加以过分强调的人也是错误的。"因此，我们需要正确地掌握辩证法的武器，对于《联共（布）党史简明教程》第4章第2节的缺点没有任何掩饰的必要。

三、关于对立的统一和矛盾诸方面的统一性的问题

舒炜光同志在他的文章的后一部分的第3节开头写道（为了说明的方便，所以先谈他在第3节所提的问题，把第2节的问题放在本篇的后面说明）：

> 胡曲园同志批评被批评者时所持的出发点：把对立的统一了解为矛盾诸方面的统一性，不能成立。①

舒炜光同志又说：

> 当然，持反对意见的人也可以在列宁的著作中找到自己需要的论据。例如："对立面的统一（一致、同一、均势）是有条件的、暂时的、易逝的、相对的。相互排斥的对立面的斗争则是绝对的，正如发展、运动是绝对的一样"。……否认这，在理论上也必作出荒谬的结论。可是，若以此为根据，断定：所谓对立的统一是辩证法的核心，就是说矛盾诸方面的统一性是辩证法的核心，那就未免太简单了。②

在这里，我首先要声明：我并未说过：对立的统一就是矛盾诸方面的统一性，

---

① 《学术月刊》1957年第6期，第42页。
② 《学术月刊》1957年第6期，第42、43页。

因此也就根本谈不到我认为"矛盾诸方面的统一性是辩证法的核心"。可是舒炜光同志在他的文章的后一部分,以此为根据,对我进行批评,我认为这是不公允的。

其次,根据前面的引文,我们可以知道,舒炜光同志本人倒是认为:对立的统一也是矛盾诸方面的统一性,并且说:"否认这,在理论上也必作出荒谬的结论。"关于对立的统一应如何理解,舒炜光同志在他的文章中有着这样的说明:

> 列宁的哲学著作里使用"对立的统一"术语,包括有两种意义:(一)有些地方乃作为矛盾的另一种说法,而且大多数场合皆如此。倘若不信,可以查证。(二)有的时候则又仅指矛盾诸方面的统一性、对立双方间的统一性。①

根据舒炜光同志上面的意见,具体地说,凡是"对立的统一是辩证法的核心"以及"发展是对立的统一"等语句中的"对立的统一"的解释属于第一种意义,至于"对立的统一是有条件的、暂时的、易逝的、相对的"这一句中的对立的统一的解释则属于第二种意义。

实际上,对立的统一并没有两种意义,所谓对立的统一"有的时候则又仅指矛盾诸方面的统一性",是不能成立的。

因为统一(同一)和统一性(同一性)两者的涵义是不一样的,统一是指不同的事物成为统一的状态,也就是说,不同的部分成为统一的整体;统一性则是指不同性质的事物有着统一的性质。前者是就具体事态而言,后者是就构成具体事态的条件而言,两者在现实中虽然是不可分的,但是两者所表达的方面究竟是不相同的。因此,我们不能把对立的统一和矛盾诸方面的统一性混为一谈。

关于这个问题我们可以参看《矛盾论》第5节关于"对立的统一是相对的,对立的斗争是绝对的"这一原理的论述。

毛泽东同志关于这一原理是分作两个部分来论述的。前一部分论述事物运动的过程和状态,而归结到对立的统一是相对的,对立的斗争是绝对的。他说:

> 无论什么事物的运动都采取两种状态,相对地静止的状态和显著地变

---

① 《学术月刊》1957年第6期,第42、43页。

动的状态。两种状态的运动都是由事物内部包含的两个矛盾着的因素互相斗争所引起的。……事物总是不断地由第一种状态转化为第二种状态,而矛盾的斗争则存在于两种状态中,并经过第二种状态而达到矛盾的解决。所以说,对立的统一是有条件的、暂时的、相对的,而对立的互相排除的斗争则是绝对的。①

这一段话是毛泽东同志对列宁的话的阐明,认为存在着矛盾斗争的统一状态是要转变到相反的破坏状态的。

后一部分论述两个相反的东西为什么能够成为统一状态,又能够转化为他种过程,而归结到统一性(同一性)是有条件的、相对的,斗争性是无条件的、绝对的。他说:

> 前面我们曾经说,两个相反的东西中间有同一性,所以二者能够共处于一个统一体中,又能够互相转化,这是说的条件性,……由于一定的条件才构成了矛盾的同一性,所以说同一性是有条件的、相对的。……矛盾的斗争无所不在,所以说矛盾的斗争性是无条件的、绝对的。②

这一段话是说明构成统一的状态要有一定的条件,没有一定的条件(即统一性),就不可能构成统一的状态。问题在这里很明白,前段讲"对立的统一是相对的"是就事物运动的状态来说的,后段讲"矛盾的同一性是相对的"是就构成统一状态的条件来说的,二者的意义是不同的,否则《矛盾论》也就不需要分作两个部分来论述;因此,我们不能把对立的统一和矛盾诸方面的同一性混为一谈。

对立的统一既然不能和矛盾诸方面的统一混为一谈,那末,"对立的统一是辩证法的核心"和"对立的统一是相对的"这两个对立的统一是不是同一的意义呢?如果依照《矛盾论》把对立的统一看作事物运动的状态,而不是指事物内部各个矛盾方面之所以能够统一的条件,那末,不论是第一句对立的统一或第二句对立的统一,它们都只有一个意义。毛泽东同志在《关于正确处理人民内部矛盾

---

① 《毛泽东选集》(一卷本),第306—307页。
② 同上书,第307页。

的问题》一文中说:"马克思主义的哲学认为,对立统一规律是宇宙的根本规律。这个规律,不论在自然界、人类社会和人们的思想中,都是普遍存在的。矛盾着的对立面又统一,又斗争,由此推动事物的运动和变化。"毛泽东同志在这里显然是讲:对立的统一是辩证法的核心。他在后面又说:"对于任何一个具体的事物说来,对立的统一是有条件的、暂时的、过渡的,因而是相对的,对立的斗争则是绝对的。"前后两句对立的统一的差别只是在于:前者表示古往今来,一切事物都是处在对立的统一(即又斗争又统一)之中,而后者表示任何一个具体事物的对立的统一都不是常住的,要从一种过程转化为他种过程的。因此,前后两个对立的统一,并不因为各自的说明不同,改变了它们本身的意义,否则,列宁也就不会在两个不同的去处,同样写作对立的统一,而应该把后者写作矛盾诸方面的统一性(毛泽东同志也不是如此写法)。

但是,舒炜光同志对于对立的统一是有着不同的解释的,他认为对立的统一有时仅指矛盾诸方面的统一性,所以当他看到我的文章谈到"对立的统一是相对的"以后,便以为我在此以后所谈到的对立的统一,都是讲的矛盾诸方面的统一性,并且埋怨我"没有能够明确地区分对待",认为我是混乱。实际上我倒是把二者分开了的,而舒炜光同志则有时分开,有时混为一谈。

对立的统一一语既然没有两种意义,那末,我在拙文中所说:"但是我们也不能因为对立统一是相对的,就忽视它",也就不应该误会成为指矛盾诸方面的统一性;其实我在这里仍然是就事物本身所处的对立统一的状态来说的,我的意思是说,哪怕事物本身的统一状态是相对的、有条件的、不长久的,可是我们对于事物的统一状态仍然不能忽视,因为"我们如果不了解矛盾双方的关系,在哪些方面是对立的,哪些方面是统一的,就不可能找到解决矛盾的适当的方法。"(关于对立的统一和矛盾诸方面的统一性的关系,前面已经说过,二者在现实中是不可分的,因为统一性是包含在统一之中的,没有统一性,也就不会有统一。)

在这里,我要把舒炜光同志在他的文章的后一部分的第2节中对我的批评答复一下。他说:

> 其实,《联共(布)党史简明教程》叙述辩证法的第四个特征时,仅仅谈到(论述)了发展是对立面的斗争的思想,根本没有涉及矛盾的统一性问题,……承认矛盾调和、协和不能推动发展,并不等于主张矛盾的统一性就

是调和、协和。①

舒炜光同志的意思是说：《联共（布）党史简明教程》并没有把统一当作协和，不过单只论述对立面的斗争而已。

关于《联共（布）党史简明教程》第 4 章第 2 节是不是把统一看作协和的问题，除罗森塔尔在他所写的《唯物辩证法是创造性发展的科学》一文中已经谈到之外，《学习译丛》报道的苏联哲学研究所所长费德赛耶夫在 1956 年举行的全苏哲学家联系会议上的讲话也可以作为证明。他说：

> 不久之前，我们这里广泛地流行着这样一种意见，仿佛对立面的统一是没有的……这一观点的拥护者说，仿佛"统一"这个概念抹煞了阶级斗争——历史的基本动力。

认为统一这一概念抹煞了历史的基本动力，这不是指协和是指什么呢？

舒炜光同志在上面这段话里，不仅为《联共（布）党史简明教程》第 4 章第 2 节辩护了错误，并且显示了他认为辩证法可以只谈对立的斗争，而不谈对立的统一。这种看法，我认为是值得考虑的，如果真是这样的话，那就的确是所谓"部分地离开辩证唯物主义"了。

最后，我同意舒炜光同志在结束他自己的文章时所说的话，即：关于这些问题，"不仅是一个对于概念的了解的问题，实质上是对于辩证法的核心如何了解的问题"。

注：拙文在论到"对立的统一是相对的"时说："既然在统一之中还有斗争存在，所以对立的统一是相对的"，我这样解释是根据前文说统一中存在着斗争的论点出发的。有斗争而仍统一，这个统一必然是易逝的，只有在一定的条件之下，才是可能的。这句话的正常的解释，应当是："对立的统一是有条件的、暂时的、过渡的，因而是相对的。"

（原载《学术月刊》1957 年第 8 期）

---

① 《学术月刊》1957 年第 6 期，第 42 页。

论真理没有阶级性

真理有没有阶级性？围绕这个问题，哲学战线长期以来有着不同的意见。我认为，马克思主义关于客观真理的理论，对此已作了否定的回答。可是，"四人帮"直接控制下编写的《哲学小辞典》，武断地给真理贴上"有阶级性"的标签，到处兜售，流毒甚广。今天，在深入揭批"四人帮"反革命罪行的伟大斗争中，对真理到底有没有阶级性的问题，遵照毛泽东同志提出的"百花齐放，百家争鸣"的方针，继续展开讨论，是很必要的。

客观性是真理的唯一基础

真理的问题，是一个属于辩证唯物主义反映论的问题。毛泽东同志说："按照辩证唯物论，思想必须反映客观实际，并且在客观实践中得到检验，证明是真理，这才算是真理，不然就不算。"[①]这就是说，在真理的问题上我们必须坚持辩证唯物主义的反映论。客观世界是我们的认识对象，是一切知识和思想的唯一来源，有了客观世界的种种事物，才有我们认识的具体内容。我们要正确地认识事物，只有按照客观事物的本来面目去了解它，才能使我们的主观符合于事物的客观规律，才能使我们达到对事物具有真理性的认识。因此，在马克思主义看来，真理的基础就是它的客观性。列宁关于"现象、现实的一切方面的总和以及它们的（相互）关系——真理就是由此构成"（《哲学笔记》）的教导，说的就是这个意思。马克思主义哲学关于真理是客观事物及其规律在人的意识中的正确反映的这个定义，主要也是揭示真理的客观基础。正是在这个意义上，列宁精辟地指出："认为我们的感觉是外部世界的映象；承认客观真理；坚持唯物主义认识论的观点，——这都是一回事。"[②]

[①] 《增强党的团结，继承党的传统》(1956年8月30日在中国共产党第八次全国代表大会预备会议第一次会议上的讲话)。

[②] 《列宁选集》第2卷，第129、143页。

可是，唯心主义不承认我们的知识和思想来自客观世界。在他们看来，意识是第一性的，外部世界是从意识派生出来的，是第二性的。他们否定存在于人的意识之外的客观世界，也就必然否定意识是对客观世界的反映，认为思想意识是主观自生的，是每个人从娘胎里生下来就具有的。他们所谓的真理，不过是某种主观的、先验的东西，根本否定有客观真理。

辩证唯物主义反对唯心主义的真理论，认为这是一种"无源之水，无本之木"的错误理论。列宁说："从马克思的理论是客观真理这一为马克思主义者所同意的见解出发，所能得出的唯一结论就是：遵循着马克思的理论的道路前进，我们将愈来愈接近客观真理（但决不会穷尽它）；而遵循着任何其他的道路前进，除了混乱和谬误之外，我们什么也得不到。"[1]就是说，如果我们循着唯心主义真理论的道路走去，除了混乱和谬误以外，是什么科学真理也达不到的。唯一正确的道路就是坚持辩证唯物主义的反映论，坚持真理的客观性，按照世界的本来面目去认识世界，才能达到对世界的真理性认识。

马克思主义的真理论是最彻底而又科学的真理论。它认为客观世界的规律是既不能创造也不能消灭的，是不以人的意识为转移的。比如地球围绕太阳旋转这个规律，并不因宗教势力迫害哥白尼等人就会改变，反之要太阳围绕地球旋转这是任何人也办不到的；在人类发展的历史上，也并不因为一切反动统治阶级对人民群众的疯狂屠杀，就会改变它的发展方向。这种例证无论在自然界或人类社会的领域，都是举不胜举的。斯大林在论述人们"征服"自然力量的时候说得好：人们不能够"消灭"科学规律或制定科学规律。但是，"人们能够发现规律，认识它们，掌握它们，学会熟练地运用它们，利用它们以利于社会"。[2] 这也就是说，革命人民在改造自然、改造社会的斗争中之所以能够取得胜利，就是因为他们遵循马克思主义客观真理论的道路，去认识客观规律，运用客观规律的结果。

真理是客观的。然而要坚持真理的客观性而不渗透进人们主观的东西，还需要在整个认识过程中时刻注意。这是因为，规律虽然是独立于人的意识之外的客观的东西，但是，规律是要由人来认识和运用的，而人在阶级社会里是有阶级性的，在认识客观规律时往往会受阶级的局限。拿社会规律来说，我

---

[1] 《列宁选集》第 2 卷，第 129、143 页。
[2] 《苏联社会主义经济问题》。

们不能说社会规律既具有反动阶级的属性,又具有革命阶级的属性,而只能说它是客观的,没有阶级性的。但是,革命的阶级和反动的阶级认识和对待社会发展规律的态度就不同了。革命的无产阶级能够认识社会发展的规律,按照社会发展的规律努力推动历史前进,而反动的资产阶级则不承认社会发展的规律,它由于阶级的偏见也不可能认识社会发展的规律。对客观规律的向背,是人的阶级性的表现。正因为这个缘故,我们才强调要正确地认识客观世界,正确地认识客观规律,就应尽量避免附加客观规律本身所没有的主观的东西,否则,就可能造成对客观事物及其规律的歪曲反映。科学实验和历史发展的事实告诉我们,只有坚持如实地反映客观事物的思想和认识,才是真理性的思想和认识。

主张真理是有阶级性的同志说,照你们这样看法,客观真理同客观事物还有什么区别呢?客观真理岂不等同于客观事物了吗?我们说,事实并不是这样。区别明显地存在着,区别的实质在于是不是承认辩证唯物主义反映论的问题。

辩证唯物主义反映论告诉我们,客观世界可以离开我们的认识而独立存在,我们的认识却不能离开客观世界而凭空产生;反之,我们的认识倒是从客观世界派生出来的。在这里,不仅有客观世界是第一性的,而思想、认识是第二性的主从的区别,而且还存在着反映和被反映的区别。被反映者是客观实在的物质世界,反映者不过是客观的物质世界发展到一定阶段才产生出来的一种特殊物质即人的大脑的机能或属性,通过这种机能或属性,客观世界可以反映于主观。真理就是主观与客观的统一。真理就其内容来说是客观的,它是对客观事物的正确反映;就其表现形式来说是主观的,它是人们的一种认识和意识。因此,我们不能把客观真理等同于客观事物本身。如果我们把客观真理和客观事物等同起来,不仅混淆了真理性的认识对于客观现实之间的从属关系,以及两者之间的反映和被反映的关系,而且会使我们用主观代替客观,把思想当做存在,陷入唯心主义的泥坑。

辩证唯物主义反映论还告诉我们,反映客观世界的过程是在实践基础上进行的。随着实践由低级向高级发展,我们对客观世界的真理性认识,也是不断由浅向深发展的,这就是从相对真理走向绝对真理的过程,否则就谈不上真理性的认识。列宁曾经说过:"如果有客观真理,那末表现客观真理的人的表象能否立即地、完全地、无条件地、绝对地表现它,或者只能近似地、相对地表现它?

这……就是关于绝对真理和相对真理的相互关系问题。"① 这就是说,任何时候我们都不能自满,都要在探寻客观真理的道路上前进,要在实践的基础上不断地从相对真理走向绝对真理。

不能把人在认识和运用真理时所表现的阶级性套到客观真理上去

主张真理有阶级性的同志说,真理既然是主观与客观的统一,那就不应该只强调真理的客观性,而忽略了人的阶级立场等主观方面的因素对真理的影响。

是的,我们应该充分看到认识的主观方面对认识成果即真理的重要影响。这种影响具体说来就是,人的心理、生理的健康情况,历史传统的因袭,社会思想的影响,以及阶级立场的限制等等。这些因素作为认识的主观方面,都会对认识起着制约作用,以致在人们的认识过程中,会出现真理与错误的区别。但是,我们必须清楚地看到,这种区别只是属于人的主观方面,而在客观现实本身是根本不存在的。比如,太阳系的运行,社会的发展,它们本身都是既无所谓真理,也无所谓错误的。真理和错误这两个范畴,是人在认识客观世界的过程中,认识符合或不符合客观世界而产生的。也就是说,我们在认识过程中既可以获得真理,也可以导致错误。

上面分析的这些对认识有影响的因素中,最主要的是人的阶级立场的影响。毛泽东同志说:"在阶级社会中,每一个人都在一定的阶级地位中生活,各种思想无不打上阶级的烙印。"思想是一个比较广泛的范畴,比如科学思想,经济思想,政治思想,哲学思想等等,都是属于思想的范畴。它是指客观现实在人们意识中的反映;对客观事物的正确反映就是真理。思想的内容表明人们跟周围世界的关系,任何一种思想都是由它所处的时代的社会制度、人们的物质生活条件来决定的。因此,在阶级社会中,思想是有阶级性的,不同的阶级有不同的思想体系、不同的意识形态,来为它服务。在今天,资产阶级有资产阶级的思想体系,它作为巩固资产阶级的统治,维护资产阶级的利益,实现资产阶级要求的工具而存在。无产阶级也有自己的思想体系,这就是马克思主义。它是无产阶级用来推翻资产阶级的反动统治,消灭一切阶级,最后建成共产主义的强大思想武器。

但是,真理和思想还是有区别的。思想有阶级性不等于真理有阶级性。如

---

① 《列宁选集》第2卷,第121页。

前所述，真理是对客观事物的正确反映，而思想则是从包括真理在内的各种认识中得出来的观点，是对客观事物的解释和说明。当某个阶级的利益和客观事物发展的规律相一致的时候，它就能正确地认识和运用真理；当某个阶级的利益和客观事物发展的规律相违背时，阶级的本能和偏见就阻碍它正确地认识和运用真理。比如，资产阶级在它上升时期，由于它的阶级利益是和社会历史发展的规律相一致的，因此在当时的条件下，能够站在真理的一边，对腐朽的封建统治阶级进行斗争，当然，他们并不能始终认识社会历史发展的规律。到了帝国主义阶段，资产阶级的阶级利益同社会发展的客观规律成了对抗的关系，因而他们就竭力地歪曲、攻击、诬蔑关于社会发展的客观真理，企图挽回自己面临的颓势。资产阶级在社会历史发展不同阶段对真理的不同态度，不是说明真理本身有阶级性，恰恰相反，它说明真理本身是没有阶级性的，只是由于资产阶级始终站在自己的立场上，来认识、运用或反对真理，因而才对真理表现出不同的态度。在这里，社会发展规律是客观的方面，是第一性的；人和阶级的要求是主观的方面，是第二性的，具有阶级性的究竟是主观的方面，还是客观的方面，不是很清楚吗？

可是，主张真理有阶级性的同志说，真理既然是只有先进的、革命的阶级才能发现、承认和运用它，反动、没落的阶级则反对、仇视和打击真理，这不是说明真理有阶级性吗？我们说，不是。因为"客观真理"是被发现者，属于客体；"阶级性"是发现者即人所有的性质，属于主体，怎么可以把发现者的某种性质安到被发现者的头上去呢？一旦混淆了主客观双方的关系，必然会得出所谓"真理有阶级性"的错误结论。正因为真理是客观的，是没有阶级性的，所以各个阶级出于自身的阶级利益，在认识真理和运用真理上才有着各种不同的情况。真理本身并没有要为某一个特定的阶级服务，而是看这一阶级本身的性质，对真理能够接受到什么程度。尽管资产阶级从反动观点出发，对于社会发展规律总是采取对抗的态度，可是在认识自然界的过程中，它还是能够接受若干真理的。反之，哪怕是哥白尼的太阳中心说也会受到中世纪宗教势力和地主阶级的迫害。就是革命阶级，也不能一次就完成对真理的认识。这也是因为客观真理是存在于我们的意识之外的，它是客体，是认识的对象，所以人们要去认识客观真理，发现客观真理，掌握客观真理，就不可能是直线的，而是要经历一些曲折的认识过程的。列宁在《谈谈辩证法问题》一文中谈到人犯错误的认识论根源时指出："人的认识不是直线(也就是说，不是沿着直线进行的)，而是无限地近似于一串圆圈、近似于螺旋的曲线。这一曲线的任何一个片断、碎片、小段都能被变成(被片面地变成)独立的完整的直线,而这条直线能把人们(如果只见树木不见森林的话)引到泥坑里去,引到僧侣主义那里去(在那里统治阶级的阶级利益就会把它巩固起来)。"① 为什么人们的认识总是曲线的呢?列宁的论述非常清楚地告诉我们,认识过程的曲折性本身就包含着犯错误的可能性,而所谓犯错误,就是意味着人们去认识真理犯了错误,而不是真理本身有什么错误。也就因为这个缘故,所以人们往往不能一次就完成对事物的真理性认识。

总之,只要我们坚持辩证唯物主义的反映论,就能坚持唯物主义的真理论。如果把主客观的关系弄颠倒了的话,唯物主义的客观真理也就成了唯心主义的真理了。马克思主义哲学之所以把真理叫做客观真理,根本原因就在于表明它是以辩证唯物主义的反映论为基础的,在于同唯心主义的真理论划清了界线。所谓真理有阶级性,都是这样或那样地离开了辩证唯物主义反映论,陷入唯心主义的真理论的结果。

马克思主义的阶级性和真理性是统一的

主张真理有阶级性的同志还向我们提出了另一个在他们看来似乎是很有力的论据,这就是马克思主义有阶级性。他们引证了毛泽东同志在《实践论》中的一段话:"马克思主义的哲学辩证唯物论有两个最显著的特点:一个是它的阶级性,公然申明辩证唯物论是为无产阶级服务的"。他们说,马克思主义哲学既然有阶级性,难道马克思主义哲学不是真理吗?

的确,我们应该承认马克思主义哲学是真理,而且正如毛泽东同志所指出,它是有鲜明的阶级性的。但是,对于马克思主义来说,它的阶级性和真理性并不矛盾,而是统一的。

首先,我们为什么说马克思主义哲学是真理呢?因为马克思主义哲学是正确地反映了自然、社会、思维的普遍规律的学问。马克思主义哲学承认宇宙的物质性,承认宇宙是依照它自身的规律运动、变化和发展的,从而也就承认物质是第一性的,人的意识是第二性的,它对物质只有反映的作用。因此,我们决不能把人的意识或阶级的要求等主观的成分附加到客观的物质运动规律上去。这就是说,马克思主义哲学正确地反映了客观规律,因而是客观真理。

其次,我们为什么又说马克思主义哲学具有鲜明的阶级性呢?因为无产阶

---

① 《哲学笔记》,第411—412页。

级是世界上最先进、最革命的阶级,它不仅需要彻底解放自己的阶级,同时也担负着解放全人类的伟大的历史任务。无产阶级由于革命实践的需要,不能不承认客观世界的存在,不能不正视客观规律的发展,不能不要求最科学的方法和精神武器。不是这样,它就不可能取得斗争的胜利和共产主义的实现。无产阶级的革命导师马克思、恩格斯总结了人类文化的优秀遗产,总结了直到十九世纪上半期自然科学的巨大成就,特别是总结了工人运动的实践经验,创立了关于自然、社会和人类思维发展的普遍规律的科学,即辩证唯物主义和历史唯物主义这个无产阶级唯一科学的世界观和方法论,指导无产阶级进行改造自然、改造社会、建设共产主义的伟大斗争,体现了它的高度的革命性。

其三,我们为什么说,马克思主义的阶级性和科学性是统一的?由于无产阶级是人类历史上最革命的阶级,所以它的阶级利益同社会历史发展的规律是完全一致的。资本主义必然灭亡,社会主义必然胜利,这是不可抗拒的客观规律,同时也是无产阶级要求彻底解放的主观愿望。在这里,客观规律同无产阶级的主观要求,不但不是矛盾的,而且是统一的、一致的。这也就说明了在这个世界上,只有无产阶级才能获得关于社会历史发展规律的正确认识,无产阶级受压迫、受剥削的阶级地位,决定了无产阶级是最善于发现真理、认识和运用真理的阶级。无产阶级在历史上的出现,是合乎历史规律的,因而,作为无产阶级世界观的马克思主义的阶级性同客观真理性,永远是统一的。

因此,马克思主义这个无产阶级认识和改造世界的强大精神武器,不仅具有鲜明的无产阶级的阶级性,同时具有放之四海而皆准的普遍的客观真理性。所以列宁说,马克思主义是科学性与革命性的统一。

林彪、"四人帮"为了篡党夺权,首要的一招就是歪曲和篡改马克思主义,搞乱人们的思想,割裂马克思主义的阶级性和科学性相统一的原理,鼓吹唯心主义的真理论。在理论和实践的关系问题上,他们胡说:"我们工作中最主要的东西是理论",说什么理论和实践关系的公式是:"理论——实践——理论"等等,企图从根本上推翻辩证唯物主义关于物质第一性、意识第二性这个基本原理,颠倒思维和存在的关系,推行从主观到客观的唯心主义认识路线。在他们看来,科学真理不是从社会实践中来的,不是以是否符合客观世界的规律为标准的,而完全是凭人的头脑主观想象的。这样,马克思主义的科学真理被歪曲成谬误,使它失去了作为无产阶级认识和改造世界尖锐武器的作用,因而也就从根本上篡改了它的阶级性。

林彪、"四人帮"又把马克思主义真理当作教条,破坏了它的真理性。他们从马克思主义经典著作中摘引片言只语,到处套用,并且还说什么"句句是真理,一句顶一万句"。辩证唯物主义告诉我们,凡是真理都是具体的,世界上根本不存在抽象的真理。任何一个真理都是同一定的历史条件相联系的,都是在一定历史条件下主观和客观的具体的、历史的统一。因此,只要离开了特定的时间、地点、条件,就说不上对客观事物的正确认识,当然也就无所谓真理了。无产阶级革命导师对任何问题的论述,都是有它特定历史条件的,离开了这些历史条件,原来是真理的认识也会变成谬误。所以,我们必须把马克思主义看作一个严整的思想体系,而不能断章取义,任意摘引片言只语。但是,林彪、"四人帮"不是把马克思主义看作完整的思想体系,不是看作科学真理,不是当作革命实践的指南,而是离开当时当地的实际情况,用形而上学的手法歪曲马克思主义,从而阉割了马克思主义科学真理的革命灵魂。

林彪、"四人帮"还鼓吹真理"有阶级性"。表面看去,似乎他们非常注意用阶级斗争的观点观察和分析问题,实际上是否认检验真理的客观标准。毛泽东同志说:"真理只有一个,而究竟谁发现了真理,不依靠主观的夸张,而依靠客观的实践。"①这就是说,真理是我们对客观事物的正确反映,一个事物是不可能有两种正确反映的,尽管人们的阶级立场、观点和方法不同,对于同一对象会得出不同的、甚至完全相反的结论,但是关于同一对象的真理,只有一个,就是那种符合客观事物发展变化规律的正确认识。可是,林彪、"四人帮"从主观想象的所谓真理的"阶级性"出发,狂热地鼓吹在我们的社会中,有多少阶级,就有多少真理的谬论。资本家说,他们同雇佣工人的关系,不是剥削关系,而是一种你情我愿的等价交换关系。这算是什么真理?这纯粹是资本家为自己压迫剥削工人辩护的辩护辞,是道道地地的资产阶级唯心主义的真理论。事实上,雇佣工人的工资,只是他们创造的全部价值中的一小部分,大部分则作为剩余价值为资本家无偿占有。等价交换云云,只适用于劳动力的买卖,只是资本家与雇佣工人关系的一个环节。通过劳动力的买卖,在劳动力的使用中剥削剩余价值,才是资本家与雇佣劳动关系的实质所在。这才是唯一科学的马克思主义的真理。如果认为真理有"阶级性",就必然得出真理是随阶级而异的荒谬结论。这样当然就谈不上什么客观的科学真理了。很显然,这不是什么马克思主义的观点,而是十足的资产

---

① 《毛泽东选集》(一卷本),第 623 页。

阶级唯心主义哲学家所鼓吹的真理论的翻版而已!

关于真理有没有阶级性的问题,本来是可以讨论的。但林彪、"四人帮"却在真理"有阶级性"的幌子下,人为地设置禁区,用资产阶级唯心主义的真理论来冒充马克思主义的真理论,并把他们这个反动谬论作为打人的棍子,摧残革命同志。对他们推行的法西斯文化专制主义必须彻底批判。

(原载《复旦大学学报〔社会科学版〕》1978年第1期)

再论真理没有阶级性

真理到底有没有阶级性的问题,争论很久了。我在1978年发表过《论真理没有阶级性》一文,①抛砖引玉,谈了一点个人的理解。现在讨论展开了,我觉得大家争论的症结问题在于:究竟什么是真理?什么是阶级性?社会科学的真理有没有阶级性?等等。我想就上述这几个方面,进一步谈谈个人的看法。

一

究竟什么是真理呢?参加讨论的同志都承认:"真理是对客观事物及其规律的正确反映。"可是,在具体的理解上却很不一致。这是争论中首先碰到的一个关键问题。

马克思主义真理观的一个根本观点就是认为,真理是客观的或者说真理具有客观性。可是,有的同志说:"真理是知识范畴的东西,属于认识论问题",②怎么老是强调它的客观性呢?心里总是有些疙瘩。这个情况说明,我们有的同志在唯物主义和唯心主义两条根本对立的认识路线这样的大是大非问题上,搞糊涂了。他们忘记了马克思主义的认识论是以实践为基础的唯物主义反映论。我们从真理这个定义来看,就可以知道,真理的构成包含着两个方面:(一)是人的主观认识方面(也就是反映者的方面),(二)是事物及其规律的客观存在方面(也就是被反映者的方面)。列宁说过:"被反映者不依赖于反映者而存在(外部世界不依赖于意识而存在)是唯物主义的基本前提。"③在这里,列宁一方面说明了外部世界(被反映者)是存在于人们的意识(反映者)之外,构成了我们的认识的客观内容;同时也批判了波格丹诺夫从主观唯心主义的基本前提出发,否定客观真理,把真理简单地看做纯粹的思想形式,看做人类经验(即感觉)的组织形式

---

① 载《复旦大学学报〔社会科学版〕》1978年第1期。
② 《学术月刊》1979年第6期,第81页。
③ 《列宁选集》第2卷,第122页。

的根本错误。列宁联系自然科学发展的事实进一步驳斥说:"自然科学关于地球存在于人类之前的论断,是客观真理。""如果真理是人类经验的组织形式,那末地球存在于任何人类经验之外的论断就不可能是真理了。"①非常清楚,列宁从唯物主义的基本前提出发,肯定了真理是人们对外部世界的正确反映,决不是什么纯粹的思想形式。所谓客观真理,就其内容来说,它包含着为它所反映的"不依赖于主体、不依赖于人、不依赖于人类的内容"。② 也就是说,反映者包含着被反映者的内容。就其表现形式来说,真理是主观的,是指人们对客观事物及其规律的正确认识。由于作为被反映者的外部世界是第一性的,所以,它虽然反映在意识之中,仍然是客观的,是不以人的意志为转移的。因此,真理和客观事物及其规律两者之间既有区别又有联系。正是由于这样,所以我们说,马克思主义的真理观是客观真理论。

但是,有的同志不同意这样看法。他们认为这种看法"实际上是把真理和真理所包含的不以人的意志为转移的客观内容本身混为一谈了"③。是否真的混为一谈了呢？我认为,没有。如果真理不是纯粹的思想形式,那末,它就应该具有自己的客观内容,否则,它就是没有任何客观依据的主观真理。这种看法实际上陷入了唯心主义的泥坑。真理的客观内容就是存在于人类经验之外的、不以人的意志为转移的客观存在。但是,这个客观存在只有当我们把它正确地反映在我们的认识之中时,才成为真理的客观内容。人们在实践过程中,把客观存在转化为我们的认识,而我们的认识反映着客观的事物及其规律,这是每时每刻都在进行的事情。很清楚,如果离开了客观事物这个认识对象,什么客观真理都无从谈起;反之,没有人类这个认识主体,也不会产生任何认识和真理。这是一个问题的两个方面,怎么能说是混为一谈了呢？其实这里的问题在于这些同志硬要"把真理和真理所包含的不以人的意志为转移的客观内容两者分割开来",因而埋怨别人"把真理和真理的客观内容完全等同起来"了。试问:真理的内容不跟它所反映的客观事物相符合、一致,难道真理的内容应该同主观思想相符合吗？如果真理是跟主观内容(思想)相符合,这种真理不就成了波格丹诺夫的纯粹的思想组织形式了吗？因此,这里的问题在于我们到底还承认不承认马克思主义的真理观是客观真理论呢？这些同志还说:"有的同志就是据此认为客观真

---

① 《列宁选集》第2卷,第122页。
② 同上书,第121页。
③ 《学术月刊》1979年第6期,第30页。

理是指不依人们的主观意志为转移的客观内容,也就是客观事物及其规律本身。"①很清楚,这些同志不承认所谓客观真理,就是指真理所具有的客观内容,并且自己作了随心所欲的解释,武断地认为:对方所讲的真理的客观内容"也就是客观事物及其规律本身",而不是对于它们的认识;随后他反过来又说:"列宁讲的客观真理不是指客观事物及其规律本身,而是说在人的'表象'中有不依赖于主体的客体。"②这不是明明白白把别人关于真理的客观内容的话按照自己的主观愿望作了曲解之后,又用它来批判别人吗?这样做有什么意义呢?不过是想借此扩大一点真理内容的主观成分罢了!其实真理的定义已经说明,真理的客观内容就是指人们对客观事物及其规律的正确反映,或者说得干脆一点:就是人的"表象"中的客观事物及其规律。如果谁要是离开人的认识,把真理和规律直接等同起来,那就不仅违反了大家公认的真理定义,同时也不能在认识上说明反映者和被反映者的统一,不能说明真理是主体对客体的正确反映等等一系列的基本原理。因此,我想是不应该对真理的客观内容作那样任意的解释的。并且,我们不能仅在口头上同意真理是客观事物及其规律的正确反映,而在内心里却仍然不承认这个正确反映是真理的客观内容,甚至抹煞列宁关于客观真理的原理,强调"真理是知识范畴的东西",从而抽空了真理的客观基础。殊不知,任何知识都是实践经验的总结,虽然它用概念、判断和推理等主观形式表达出来,但它的基础是辩证唯物主义的反映论。如果把包括真理在内的整个知识范畴的东西看成脱离实践,看成没有客观基础的东西,就不可避免地会陷入主观唯心主义的错误,把真理看成脱离客观事物及其规律的主观自生的东西。

总之,马克思主义的真理观是客观真理论,它始终坚持辩证唯物主义的反映论。客观事物及其规律是圆的,作为对它的正确反映的真理的内容也应该是圆的;客观事物及其规律是方的,作为对它的正确反映的真理的内容也应该是方的。真理是沟通主观和客观的知识形式,真理的实质在于思想与事物的实际情况相符合。就是说,思想与客观情况相符合,就具有了客观性,所以客观性是真理的唯一特性,除此之外,它没有任何其他独特的内容。

二

究竟什么是阶级性呢?各家的理解很不一致,因而显得特别混乱。要把讨

---

① 《学术月刊》1979 年第 6 期,第 30 页。
② 同上。

论深入下去,必须对它求得统一的理解,使大家有共同的语言。这是争论中必须解决的第二个关键问题。

我认为,阶级性是属于阶级斗争范畴的概念。在资本主义社会,资产阶级总是在"超阶级"口号之下,组成五花八门的社会团体和政治党派,来欺骗人民,为实现资产阶级的利益而斗争。在阶级社会中,由于宗教、艺术、道德、哲学等意识形态距离经济基础较远,尤其是在旧的历史条件下,人们还不能看清它们同阶级斗争的联系,因而在资产阶级学者的眼中,就显得更加神秘了。他们不仅大肆宣传意识形态的"超阶级性"、"超政治性",而且把这种学说或那种学说,说成是什么"世界精神"或"宇宙实体",使人眼花缭乱,迷惑恍惚,对广大人民极尽麻醉欺骗之能事。因此,列宁提醒我们说:"马克思主义给我们指出了一条指导性的线索,使我们能在这种看来迷离混沌的状态中发现规律性。这条线索就是阶级斗争的理论。只有把某一社会或某几个社会的全体成员的意向的总和加以研究,才能对这些意向的结果作出科学的判断。"① 这就是说,在混沌迷离的阶级斗争中,要全面分析社会成员的意向的总和,找出各个阶级的倾向性来,这是马克思主义给予我们的一条阶级斗争理论的线索。因此,阶级性就是关于阶级意向的辨别,就是对于"超阶级"的否定,它是属于阶级斗争的概念,体现在人类的精神生活过程和政治生活过程。

可是,有的同志不同意这样看问题。他们说:"这里必须弄清楚,究竟是主观的东西才具有阶级性,还是有些客观的社会现象即社会的客观事物也具有阶级性?判断一个东西有没有阶级性只是根据它是不是以阶级意志为转移,还是有其他的条件?"② 他们认为:阶级性这个概念,不仅适用于阶级斗争,也可以适用于生产关系,即不仅适用于上层建筑,也可以适用于社会基础。他们说:"整个社会形态都是具有阶级属性的。"③ 并且认为,这是真理有阶级性的客观依据。他们由此推论出:在有阶级的社会里,正确地反映社会现象的真理都是有阶级性的,并且举了很多例子,进行具体的论述:不仅各种意识形态都具有阶级性,而且任何类型的生产关系都是一定阶级的生产关系,当然也具有阶级性。例如,奴隶制生产关系、封建地主阶级的土地占有制生产关系、资本主义的雇佣劳动制的生产关系和社会主义按劳分配的生产关系等等,无不具有阶级性。他们这些话

---

① 《列宁选集》第 2 卷,第 587 页。
② 《学术月刊》1979 年第 6 期,第 31 页。
③ 同上。

说得十分明白：在阶级社会包括生产关系在内的一切社会现象，都具有阶级性，就好像动物身上的一切器官都具有动物性一样，这是谁也否定不了的。我认为，用这些来反驳人家，也是经不起辩驳的。马克思主义经典作家指出，社会规律是不以任何人和任何阶级的意志为转移的，说明它是没有阶级性的。如果生产关系一定要适合生产力性质的规律是有阶级性的话，那末是属于哪个阶级的阶级性呢？同样，我们也不能说"阶级斗争"本身是属于哪个阶级的阶级性。不同的生产关系是在不同时代出现并适应于生产力的不同发展水平的客观存在，它标志着阶级与阶级之间的关系是平等的或是不平等的。奴隶制的生产关系是以奴隶主占有奴隶为前提的奴隶主和奴隶两个对立阶级斗争的产物，怎么能说奴隶制生产关系只具有奴隶主的阶级性呢？当然，我们也不能说封建主义的生产关系只具有地主阶级的阶级性。对于资本主义的生产关系也是同样。可是，有的同志却坚持生产关系具有阶级性的论点，并且引证马克思的话作为理论依据。

的确，马克思曾经说过："资本也是一种社会生产关系。这是资产阶级的生产关系，是资产阶级社会的生产关系。"①我们应当怎样来理解这句话呢？我认为，马克思在这里是说，随着社会生产力的发展，生产关系也不断发生变化；在社会的物质生产条件发展到近代的时候，就出现了资本和资产阶级，出现了资产阶级占有资本，用以剥削雇佣工人剩余劳动这样的生产关系，即资本主义的生产关系。由于这种生产关系是资产阶级占据统治地位，正是在这个不平等的意义上，马克思才说："这是资产阶级的生产关系"。把资本主义社会完全看做资产阶级的性质，这也就说明了为什么会在社会主义革命过程中出现全盘否定资本主义社会的思想。在这里，我们应当考虑到，在阶级对立中是存在着矛盾的主要方面和次要方面的联系和区别的。同时我们也应当了解，由于社会的物质生产的矛盾发展，才出现了近代的阶级对立，出现了在无产阶级和资本家阶级的对立关系之下的人的活动的阶级性。这是一个客观发展的逻辑程序。可是有的同志把这个逻辑程序颠倒过来了，似乎是由于资产阶级的阶级性决定了资本主义社会的生产关系。可是，事实倒是由于有了资本主义的生产力，才有资本主义的生产关系，才有近代的资产阶级，然后才谈得上资产阶级的阶级性。这虽然是常识，但在这里有重提的必要。因为我们有的同志正是把这个程序搞混了，不分根本的

---

① 《马克思恩格斯选集》第 1 卷，第 363 页。

和非根本的,一齐归结到阶级性,好像在阶级社会中一切都是由阶级性来决定的,这是把人的活动的阶级性看做了社会构成的基础。还有些同志在讨论真理有没有阶级性时,总是振振有词地讲:有些真理是怎样怎样只能为进步阶级所发现并为它服务,所以真理是有阶级性的。这些同志根本没有考虑进步阶级是怎样产生的?又是什么力量使某些阶级从进步转化为反动的?在这些同志的心目中,社会发展的决定力量不是物质生产的发展,而是"阶级斗争至上"。因此,物质生产发展的规律就不能不倒转过来为进步阶级服务,因而我们所探求的社会发展规律的客观真理,也就有了为进步阶级服务的阶级性了。如果事情果真是这样的话,那么客观真理为什么不对某个进步阶级服务到底,反而使它变得反动了呢?为什么不使反动阶级早日死亡而使新生的进步阶级蒙受反动阶级迫害的灾难呢?历史发展的事实告诉我们,是物质生产发展这个客观规律决定阶级的命运,而不是真理有什么只为特定阶级服务的阶级性。在这一点上,我们需要同"四人帮"的流毒划清界限。

总之,对真理为什么没有阶级性的问题,在上面分析的基础上我们可以得出几个基本的看法。第一,真理是人对客观事物的正确反映;反映的形式虽然是主观的,但它的内容却是不依赖于任何阶级的;第二,真理只有一个,它不依赖于任何阶级,因此不存在无产阶级的真理或资产阶级的真理,只有被社会实践证明是正确的认识才是真理;第三,真理本身没有阶级性,因此,在为谁服务的问题上,它对各个阶级是一视同仁的;第四,真理没有阶级性和掌握运用真理的人本身有阶级性,这是两个不同的问题,要加以区别。

三

社会科学的真理有没有阶级性,是争论中第三个主要分歧。我认为,在这个分歧点上,关键又在于"社会科学"和"社会科学的真理"两者是否一回事的问题。

社会科学和社会科学的真理,是两个不同的概念。社会科学作为一种学说、一种理论体系,是意识形态的一部分,属于社会的上层建筑。因此,它是有阶级性的。但是,在我们日常的通俗用语中,当讲到"自然科学"时,往往是指自然科学的真理;说到"社会科学"时,往往是指正确反映社会历史规律的社会科学的真理。自然科学的真理没有阶级性,是讨论中大家一致公认的。但是,社会规律和自然规律在本质上是同一的客观的规律。恩格斯说:"以往的历史总是像一种自然过程一样地进行,而且实质上也是服从于同一运动规律的。"①如果自然规律是没有阶级性的,而它与社会规律是同一的,那末,社会规律也当然是没有阶级性的。因此,正确反映这些规律的自然科学和社会科学的真理,都是没有阶级性的。如果是从学说、理论体系这一方面来说,那就无论是自然科学也好,社会科学也好,都是有阶级性的。其实,说社会科学是一种理论、一种学说,并不否定它是对社会规律的一种论述。如果它不是对社会规律的一种论述,也就不能叫它社会科学了。虽然如此,但由于它是关于社会规律的研究和论述,其中有的是正确的,有的是错误的,有的是假设,有的是推论,有的甚至是个人的偏见,这一切都难免不是出自阶级的偏见,或来自传统的影响。因此,我们不能把社会科学简单地等同于社会科学的真理。然而,我们把社会科学看成是一种学说、一种理论,当然也并不否认它里面包含着合乎社会客观规律的真理。自然科学的情况要比社会科学的情况好一些。一般地说,自然科学著作阐述自然规律的分量占的比较多,表明自然科学家对自然规律或现象的个人意见占的比例少一些。但也不能说完全没有。从这一方面来说,自然科学也不能说没有阶级性,只不过没有社会科学那样显著罢了。因此,很多人由此简单地作出了社会科学的真理有阶级性,自然科学的真理没有阶级性的结论。其实,这种说法是完全错误的。因为科学都是人们关于客观规律的正确反映,从根本上说,大家都是从不知到知,从知道的不多到知道甚多,情况是相同的,怎么能说社会科学的真理有阶级性呢?!

主张社会科学真理有阶级性的同志认为他们有个重要论据就是马克思主义有阶级性。当然,马克思主义作为一种社会科学的学说,一种思想体系,是有阶级性的。它是无产阶级的世界观,是全世界革命人民的指导思想,都说明了它有着鲜明的阶级性。但另一方面,由于无产阶级是最彻底的革命阶级,没有任何私有的包袱,它的阶级利益同社会历史发展的客观规律是相一致的;越是深刻地揭示社会历史发展的客观规律,掌握和运用客观真理,就越是符合无产阶级的利益。这说明马克思主义的内容是客观规律的正确反映,是客观真理,因而是科学的;也说明无产阶级的阶级性和马克思主义的科学性是一致的。因此,无产阶级能够走在社会历史发展的前头,并且科学地预见社会历史发展的前途。有的同志把毛泽东同志讲过的马克思主义的哲学辩证唯物论有两个最显著的特点,其

---

① 《马克思恩格斯全集》第37卷,第462页。

中一个就是它的阶级性,公然申明它是为无产阶级服务的,作为论证真理有阶级性的一个重要论据。其实,只要分析一下就可以清楚看到,毛泽东同志讲的是马克思主义哲学作为一个完整的思想体系有阶级性,而不是指马克思主义哲学中各个具体真理有阶级性。也就是说,毛泽东同志讲的不是诸如对立统一规律等具体科学原理有阶级性。因为大家都知道,这些具体的科学原理不是属于某一个阶级的,相反,在历史上,各个不同阶级在它处于进步阶段时,都是能够在不同程度上加以认识的,所不同的只是无产阶级是在新的历史条件下,能够认识得更加深刻、全面罢了。马克思主义哲学中各个科学原理(真理)对以往哲学的继承性这一点,也是它本身没有阶级性的一个证明。对马克思主义哲学这个理论体系作具体的分析,使我们清楚地看到,哲学思想体系有阶级性并不等于真理有阶级性。可是,有的同志反对将马克思主义哲学的阶级性和科学性(真理性)加以具体的分析。他们认为,马克思主义哲学是个完整而统一的思想体系,不能分做两方面来说明。这种看法是不正确的。世界上任何事物都是可以作具体分析的。马克思主义哲学作为一个思想体系为什么不可以作具体分析呢?它不但可以从阶级性和科学真理性方面加以分析,而且还可以从辩证法和唯物论等许多方面加以分析。如果用强调马克思主义哲学是完整而统一的思想体系,反对具体分析,来维护真理有阶级性的论断,那末,我们要问:从马克思主义哲学有阶级性,是否可以得出马克思主义哲学中每个概念、每个原理都有阶级性呢?显然这样的推论是荒谬的,反对作具体分析的观点是形而上学的,是想避免人们指出马克思主义哲学中包含的真理是没有阶级性的。

* * *

我们在哲学上讨论真理有没有阶级性问题,同自然科学、社会科学一样,都是为着探索事物发展的客观规律,掌握客观真理,为建设四个现代化的社会主义强国服务,而不是什么无谓的争论。因此,我们在探索科学真理的过程中,倒是要注意我们的立场、观点尽可能地正确,尽可能地符合客观事实,不要受到落后的偏见和传统意识的影响,妨碍了我们对于客观真理的认识,这是我们理论工作者最关重要的事情,也是我们在争论真理有没有阶级性问题过程中需要注意的事情!

(原载《学术月刊》1979 年第 10 期)

略论形式逻辑和辩证逻辑的一致

关于形式逻辑这一学科,我国在二十到三十年代曾有过争论,当时很多人都倾向于否定形式逻辑,直到现在这一倾向仍有不小的影响。解放后,毛泽东同志很关心这个问题,他在1965年谈到:"说形式逻辑和辩证逻辑的关系,好比是初等数学和高等数学的关系,这种说法还可以研究。形式逻辑是讲思维形式的,讲前后不相矛盾的。它是一门专门科学,任何著作都要用形式逻辑。"

毛泽东同志肯定了形式逻辑,但他认为不能把形式逻辑和辩证逻辑的关系看成是初等数学和高等数学的关系,因为形式逻辑是一门专门研究思维形式的科学,它和反映事物发展规律的辩证逻辑不同。毛泽东同志对形式逻辑的看法,同黑格尔有些相近。黑格尔认为形式逻辑是研究思维形式的,有着重要的意义,但它割裂了认识的内容,因而不能揭示事物的本质,求得真理。辩证逻辑则是从认识的形式和内容的一致的基础上来考察思维形式的,所以只有辩证逻辑才是揭示事物真理的科学。

黑格尔对形式逻辑的看法,可能受到康德的影响。康德明白主张:形式逻辑只管形式,不管内容。这样就使形式逻辑成了完全主观、绝对空虚、从外面附加到事物上去的东西。实际上,形式逻辑所研究的思维形式也是事物的一定关系的反映,只不过它所反映的关系是事物的最基本、最一般、最简单的关系而已。它不像辩证逻辑那样按照认识内容之逐步深化的过程而随之变化、发展,因而不能揭示事物的深刻的本质,但它决不是完全主观、绝对空虚、从外面附加到事物上去的,而是有着自己的客观基础。正是由于形式逻辑所反映的是事物最基本、最一般、最简单的关系,所以它才能成为保证正确思维的普通逻辑。违反了这一普通逻辑,谁要想探究事物的本质或真理,都不可能达到目的。

那末,形式逻辑和辩证逻辑的关系到底怎样呢?我们知道,亚里士多德是逻辑科学的奠基人,他一方面按照思维的现成样子描述了思维的各种形式和结构,可是并没有把形式逻辑作为纯粹形式的东西,而是作为具有一定内容的科学,从而奠定了形式逻辑的基础；另一方面，亚里士多德的逻辑学也包含有辩证逻辑的因素，他总是把逻辑的思维形式和认识之由浅入深的过程在一定程度上联系起来。所以列宁说："亚里士多德的逻辑学是寻求、探索，它接近于黑格尔的逻辑学"。

逻辑科学的实质既然是反映客观事物的关系，那么要说明形式逻辑和辩证逻辑的关系就不能不先从物质的运动谈起。

运动是物质存在的方式和形式，是物质不可缺少的属性；不过，在物质运动的过程中，也包含着它自己的对立面——静止，即暂时平衡。恩格斯说："物体相对静止的可能性，暂时平衡状态的可能性，是物质分化的根本条件，因而也是生命的根本条件。"① 这就是说，物质运动的相对静止和暂时平衡乃是一切物体和生命存在的根本条件，没有静止和平衡便没有了事物，没有了我们的世界。

物质运动的相对静止，反映在人类思维活动中就是我们的知性认识。知性认识通过事物的相对静止，可以反映出事物本身的稳定性及其质的确定性，以及在不同事物之间的一定联系和作用，从而使人们能够认识到事物在运动过程中所达到的结果。因此，黑格尔把形式逻辑叫做知性逻辑，是有道理的。形式逻辑的任务就是肯定我们思想中事物的质的确定性，识别我们思想中事物的相互区别性，保证我们对事物的认识前后不相矛盾。

黑格尔在评价形式逻辑时说：形式逻辑的同一律（即 A 是 A）能使我们的思想具有"坚定性和确定性"，从而能"加以充分确切的把握"，"不以混沌模糊的印象为满足"；反之，如果一个人不遵守同一律，他的思想必然"游移不定"难以理解。"而知性的定律为同一律，为单纯的自我相关。也就是由于根据这种同一律，知识的历程才能够由一个范畴推到别一个范畴"。②

当然，黑格尔也指责了形式逻辑的同一不是真正的同一，不是"包含有殊异于自身"的具体同一，认为"形式逻辑错误地认定思维的活动只在于建立抽象的同一"。在这里，黑格尔显然是把形式逻辑与形而上学混同了。实际上，形式逻辑决不像形而上学那样根本否认客观现实的运动、变化和发展。形式逻辑虽不能表述辩证思想，但它决不排斥辩证逻辑。形式逻辑认为事物在其一定的质的规定范围内，虽然存在着这样或那样的矛盾和变异，但是每一事物都具有不同于

---

① 《马克思恩格斯选集》第 3 卷，第 563 页。
② 《小逻辑》中文本，第 184 页。

其他事物的质的确定性,每一发展阶段都具有不同于其他发展阶段的规定性。形式逻辑的同一律就是要求我们在思维时所用的概念要保持同一,要保持事物的质的规定性,不要游移不定。它并不认为"任何存在都要按照同一律存在",永恒不变,也没有错误地认定思想活动只在于建立抽象的同一性,当然更说不上排斥具体的同一性了。

形式逻辑的原理表现为同一、矛盾、排中三大定律。同一律的意义已如上述,至于矛盾律(即 A 不是非 A)则不过是同一律的否定说法,即从同一律的反面来说明"同一"的含义。如果因此就认为矛盾只存在人们的思想之中,而不存在于客观现实,以为矛盾只是现实中、思想中的一种不正常的偶然现象,那就把形式逻辑形而上学化了。实际上,形式逻辑的矛盾律所要求的不过是要我们在肯定某一思想时,不要同时又否定这一思想,动摇事物的质的规定性,造成自相矛盾。至于事物本身包含有相反的矛盾因素,这是形式逻辑所不能管的。形式逻辑只在于肯定当前事物的确定性质,不要"出尔反尔",弄得含糊不清。正是由于形式逻辑抽取了决定事物性质的矛盾主要方面,而舍弃了矛盾次要方面,才为我们提供了对事物性质的正确认识。

排中律就是通常所谓"非此即彼"、没有中立的规律。排中律和矛盾律一样,也是从不同方面对同一律的说明,即某一事物或者是 A 或者是非 A,不能是第三者。我们在思想活动中,为了排除各种模棱两可、模糊不清的思想,就不能不承认排中律乃是正确思维必不可少的原则。如果因此就认为形式逻辑否认世界上有不同的东西,或对立的东西同时存在,那就太可笑了。实际上,即令我们根据辩证规律,承认事物有着"亦此亦彼"的关系,但如果不首先肯定"此"就是"此","彼"就是"彼",找出"由此达彼"的统一关系,而硬说"此"就是"彼",那就是不充分的,甚至可能陷于诡辩。

综上所述,可知形式逻辑所要求的是从互相联系、错综复杂、变动不定的现实中,抽象出一个现象,或一个方面,使它同有联系的其他现象、其他方面脱离开来,成为一个孤立的、静止的、确定不移的东西。黑格尔认为"知性起始于当前对象的确定分别",是有道理的。因为我们不能分析辨别,就不可能认识事物,这也证明了"知性"乃是认识过程中不可缺少的阶段。当然,如果因为知性的重要,就使思想完全停留在这一认识阶段,那是有局限性的,那样就会把一个有机统一体分解成许多孤立的、静止的、片面的东西;而无法从其联系、发展和矛盾统一中把握其实质。所以仅仅依靠形式逻辑的思维方法,是不可能说明事物发展的全部过程的,是不可能认识到客观的具体真理的。正确的思维必须一方面肯定形式逻辑的思维方法,另一方面又要认识到:分析辨别只是认识过程的一个方面,重要的还是要使分离开了的各个方面复归于有机的统一。这也就是说,只有辩证逻辑才能真正按照对象的本来面目去把握对象,才能把握具体的真理。黑格尔认为"知性"前进就到了"理性",由"知性逻辑"(形式逻辑)前进就到了"理性逻辑"(辩证逻辑);并说,"玄思(理性)逻辑内即含有单纯的知性逻辑,而且从前者即可抽得出后者,我们只要把玄思逻辑中之辩证性的和理性的成分排除掉,便可得到知性逻辑。这样一来,我们就得到普通的逻辑,这只是各式各样的思想形式之排列在一起的事实纪录……"。① 黑格尔认为辩证逻辑包含形式逻辑,并且辩证逻辑之强于形式逻辑的地方就是它的辩证法成分,而形式逻辑则是各种思维形式之排列。从黑格尔这段话,我们可以完全肯定:形式逻辑和辩证逻辑的关系:(1)从形式逻辑必须前进到辩证逻辑来说,两者是低级思维形式和高级思维形式的关系;(2)从在辩证逻辑中可以抽得出形式逻辑,即排除掉辩证法成分就可得到知性逻辑来说,形式逻辑即包含在辩证逻辑之中。恩格斯说:"形式逻辑和辩证逻辑的关系,好比是初等数学和高等数学的关系。"当然,也不排除在高等数学之中包含有初等数学的因素。总之,形式逻辑和辩证逻辑两者是互相渗透,不可分离的,没有必要把它们看作两种不同的专门学科。它们正如恩格斯所说,同是"在以往的全部哲学中还仍旧独立存在的""关于思维及其规律的科学"。②

(原载 1987 年 8 月 17 日《光明日报》哲学版第 357 期)

---

① 《小逻辑》中文本,第 193 页。
② 《反杜林论》"引论"。

马克思的唯物史观在中国的胜利

——纪念马克思逝世一百周年

历史唯物主义是马克思主义哲学世界观不可分割的重要组成部分。中国新民主主义革命和社会主义革命、社会主义建设事业的伟大胜利,是对唯物史观真理性之检验,是它的伟大胜利。以毛泽东同志为主要代表的中国共产党人在实践中丰富和发展了唯物史观。坚持唯物史观的基本立场、观点和方法,进一步研究我国社会主义建设的新情况,全面开创社会主义现代化建设的新局面,这是摆在我们面前的一个重要课题。

一

马克思的名字永垂于科学史册,在他的许多重要发现中,"历史唯物主义是科学思想中的最大成果",[①]是一项最伟大的贡献,是马克思主义哲学区别于以往一切哲学的主要的标志。

在马克思之前,哲学上自然观方面的唯物主义虽有悠久的传统,但在历史观方面从总体上来说,唯心主义却占据着统治地位。奴隶社会和封建社会的思想家,或从神的"天命",或从"圣人"的意志去探究社会变迁、历史兴衰的根本原因。资产阶级的思想家们虽然猛烈地批判封建的神创历史的谬论,但仍摆脱不了两个主要缺点:第一,这种历史理论至多考察了人们历史活动的思想动机,而没有深入考究产生这些动机的原因,没有发现社会关系体系发展的客观规律性,没有看出物质生产发展程度是这种关系的根源;第二,没有说明人民群众的活动,不能跳出"英雄史观"的窠臼。在他们看来,以往的历史只值得怜悯和鄙视,现在只要等待杰出人物的思想阳光照射黑暗的大地,人类便会进入"理性王国"。

德国古典哲学家黑格尔和费尔巴哈对马克思的影响是巨大的。客观唯心主

[①] 《列宁选集》第 2 卷,第 443 页。

义者黑格尔批判了"意见支配世界"的观点,他指出在历史人物所标榜的动机后面还有别的动力,应该予以研究和揭示。他并且已经看出人是自己劳动的产物,所谓历史就是人通过劳动自我生成的过程,它存在着某种必然性。恩格斯对这一合理思想作了高度的评价,指出:"这个划时代的历史观是新的唯物主义观点的直接的理论前提。"①可是,在黑格尔看来,支配人类历史的"民族精神"不过是神秘的"绝对精神"发展的一个阶段,劳动也只是纯粹精神的活动。这样,他的"历史哲学"从根本上来说,只是"倒立着"的历史,即历史唯心主义。费尔巴哈从"人本主义"出发,批判了黑格尔的思辨哲学,恢复了唯物主义的权威。可是,这种人本主义的历史观不懂得人和动物的本质区别,它把人归结为生物学上的"类",而不是理解为现实的活生生的在历史中行动的人。事实上,这种和社会相脱离的人是不存在的。现实的人是在改造自然的劳动中产生的,并通过劳动获得自己的本质,在不断改造自然的同时不断改造自身。因此,永恒不变的"人性"是不存在的。当费尔巴哈用抽象的"人类本性"来解释历史的时候,正如恩格斯所指出的那样:"当费尔巴哈是一个唯物主义者的时候,历史在他的视野之外;当他去探讨历史的时候,他决不是一个唯物主义者。"②

马克思的哲学学说是从费尔巴哈那里产生出来的。它不是重复旧的东西,而是认真地在理论上发展唯物主义,把唯心主义从社会历史领域中驱逐出去,以便修盖好唯物主义哲学这所建筑物的上层。因此,如列宁所说,马克思"特别注意的不是唯物主义认识论,而是唯物主义的历史观"③。马克思的早期著作,如《博士论文》以及发表在《莱茵报》《德法年鉴》上的文章重点谈的都是社会历史问题。一八四四年的《经济学—哲学手稿》,中心内容是通过解剖"市民社会"来发现历史发展的客观规律。随后,《关于费尔巴哈的提纲》已经是唯物史观的天才萌芽。马克思的第一部成熟著作《德意志意识形态》,它的内容主要就是"马克思所制定的唯物主义历史观"④。在这部著作中已经相当完整地阐明了唯物史观的基本原理。此后问世的《共产党宣言》,是科学共产主义的第一个伟大纲领。《共产党宣言》始终贯彻了唯物史观这样一个基本思想:每一历史时代的经济生活以及由此必然产生的社会结构,是该时代政治的和精神的基础。从原始公社

---

① 《马克思恩格斯选集》第 2 卷,第 121 页。
② 《马克思恩格斯选集》第 1 卷,第 50 页。
③ 《列宁选集》第 2 卷,第 366 页。
④ 《马克思恩格斯选集》第 4 卷,第 207 页。

解体以来,全部历史都是阶级斗争的历史。而阶级斗争发展到现代,无产阶级用暴力推翻资产阶级和建立自己的统治,已经成为客观的历史的必然。

历史唯物主义的创立,是人类思想史上最伟大的旭日东升。它成为马克思主义哲学区别于以往一切哲学的最主要的标志,使得社会历史的研究第一次有可能成为真正的科学。马克思第一次对人类历史发展的基本过程和一般规律作了精辟的概括,他指出:"社会的物质生产力发展到一定阶段,便同它们一直在其中活动的现存生产关系或财产关系(这只是生产关系的法律用语)发生矛盾。于是这些关系便由生产力的发展形式变成生产力的桎梏。那时社会革命的时代就到来了。随着经济基础的变更,全部庞大的上层建筑也或慢或快地发生变革。"[①]依据这个原理研究资本主义社会,马克思又发现了剩余价值学说,揭露了资本主义制度的剥削本质,阐明了无产阶级的社会地位和历史使命,展示出推翻资本主义、实现社会主义革命的正确道路。这样,由于唯物史观和剩余价值学说的发现,使社会主义摆脱了从抽象的"理性"出发的空想性质,揭露了所谓"公道"、"正义"、"平等"的虚伪性,揭示了资本主义必然灭亡、社会主义必然胜利的客观规律,也找到了埋葬资本主义、实现社会主义的社会力量。这就从根本上克服了空想社会主义一系列缺陷,使社会主义由乌托邦变成了科学,为无产阶级的解放指明了正确的途径。十月革命的胜利,是马克思唯物史观的伟大胜利;中国革命的胜利,是马克思唯物史观的又一伟大胜利。

二

历史刚刚跨进二十世纪,马克思主义的唯物史观和社会主义学说的译著就开始被介绍到中国。到了"五四"时期她已经为一批先进的中国人所接受。这是历史的必然。马克思指出:"理论在一个国家的实现程度,决定于理论满足这个国家的需要的程度。"[②]二十世纪初,辛亥革命的失败,使人们对西方资产阶级的民主主义怀疑增长。回顾自太平天国以来的历史,多少仁人志士"昭揭真理之帜","掷无量之头颅、骸骨、心思、脑血",换来的却是"满地兵燹,疮痍弥目,民生凋敝"[③]的惨景。资产阶级民主共和国的蓝图,在走马灯式的帝制复辟、军阀混战中化为泡影。第一次世界大战震动了全世界。俄国人举行了十月革命,创立

---

① 《马克思恩格斯选集》第2卷,第82—83页。
② 同上书,第1卷,第10页。
③ 《李大钊选集》,第13页。

了世界上第一个社会主义国家。从这里中国人看到了希望。十月革命一声炮响,送来了马克思列宁主义。它帮助中国的先进分子寻觅到有效的救国良方:抛弃资产阶级民主共和国的幻想,实现无产阶级领导的新民主主义革命,最后实现共产主义。

然而,唯物史观要在半封建半殖民地的中国这块土地上扎根、开花和结果,却不是一帆风顺的,从一开始就遭到种种压制和阻挠。反动势力视她为"洪水猛兽",胡说"不合中国之国情",急呼"赶早筑成数十万丈厚的长堤",抵挡马克思主义的传播,"毋使溃溢横决"。① 这样,马克思主义的唯物史观与反马克思主义的唯心史观的激烈冲突不可避免了,在"五四"时期就发生了三次大论战。

第一次是关于问题与主义的论战。当中国的共产主义者提出要用唯物史观作为观察国家命运的工具时,资产阶级改良主义者胡适抛出了《多研究些问题,少谈些主义》一文,并邀请杜威来华讲学,鼓吹实用主义的历史观,否认历史发展的客观规律性;鼓吹阶级合作,反对马克思的社会革命论;鼓吹英雄豪杰决定历史,否认人民群众创造历史的伟大作用;鼓吹专制与盲从,反对自由、民主和平等。以李大钊等同志为代表的共产主义者,奋笔疾书,有力地驳斥了胡适等人的歪曲和攻击,论证了中国进行社会革命的必要性,肯定了十月革命的道路是中国革命的必由之路。

第二次是关于社会主义的论战。由于"问题与主义"论战的胜利,社会主义在中国人民的思想上留下了烙印,梁启超、张东荪等人为了迷惑群众,接过社会主义的旗帜,进行招摇撞骗。他们邀请罗素来中国讲学,鼓吹基尔特社会主义,企图以发展教育和开发实业的方法,来实现所谓的社会改革,反对无产阶级革命和无产阶级专政。李大钊、李达等同志写了文章,在各种进步报刊发表,驳斥了这种主张,宣传了只有马克思的科学社会主义是救中国的唯一出路。

第三次论战,是马克思的唯物史观和无政府主义的斗争。无政府主义是资本主义制度下破产的小私有者的悲观失望情绪的产物。当时,除了一部分小资产阶级知识分子信仰无政府主义之外,还有一些流氓政客如吴稚辉、李石曾等人,也用无政府主义作为伪装"革命"的工具,诱使一些渴望革命的青年人走入歧途。通过对无政府主义的分析批判,广泛地宣传了无产阶级专政的学说,宣传了俄国十月革命的经验,宣传了革命的权威和组织纪律的必要性,使一些革命青年

---

① 转引自《五四时期的社团》(二),第 79、65 页。

转向了马克思主义。

　　三次论战,都以资产阶级思想的失败而告终,充分显示出马克思主义唯物史观的强大生命力。1920 年,毛泽东同志在给蔡和森同志的信中就业已明确指出:"唯物史观是吾党的哲学根据"。1921 年,中国共产党成立,它既是马克思主义唯物史观战胜形形色色唯心史观的必然结果,又为唯物史观在中国更有组织、更为广泛的传播创造了条件。党的出版机构着手系统翻译出版马克思主义原著。任弼时、恽代英等同志编写了有关唯物史观的多种书籍。1930 年,《资本论》第一卷翻译本问世,8 年之后,出齐了《资本论》的全部译本。与此同时,针对研究中国问题,还有目的地翻译了马克思、恩格斯、列宁、斯大林关于中国革命和殖民地民族解放运动的著作。全国一些高等学校开设了介绍马克思学说的课程,革命的和进步的报刊陆续发表介绍唯物史观的文章。中国的思想界由于这股强劲的清新空气而面貌为之一新。

　　马克思的唯物史观的基本原理,是国际无产阶级进行革命、建设社会主义、实现共产主义的共同的指导思想。但是,在中国这样一个有着典型的特殊性的东方大国里进行革命,必然遇到许多特殊的复杂问题。靠背诵马克思列宁主义一般原理和照搬外国经验,不可能解决这些问题。1919 年底,列宁曾经向东方各民族的共产主义者指出:"你们面临着一个全世界共产主义者所没有遇到过的任务,就是必须根据欧洲各国所没有的特殊情况来运用一般的共产主义理论和共产主义措施。"①在这里要反对千篇一律、死板划一、彼此雷同,必须考察、研究、探索和把握本民族的特点和特征。因此,"再没有比'为了历史唯物主义'而一律用浅灰色给自己描绘这方面的未来,在理论上更贫乏,在实践上更可笑的了"。② 然而,在本世纪二十年代后期和三十年代前期,在国际共产主义运动中和我们党内却盛行着把马克思主义教条化,把共产国际决议和苏联经验神圣化的错误倾向,这曾使中国革命几乎陷于绝境。

　　为了把唯物史观的一般原理与中国的社会实际相结合,"认清中国社会的性质,就是说,认清中国的国情"③,这个问题具有头等重要的意义。于是,三十年代理论界展开了中国社会性质的论战。这是唯物史观在中国传播史上的一件重大事件。当时正值大革命失败之后,共产国际中的托洛茨基、季诺维也夫、拉狄

---

　　① 《列宁全集》第 30 卷,第 138 页。
　　② 《列宁全集》第 23 卷,第 65 页。
　　③ 《毛泽东选集》(一卷本),第 596 页。

克等人认为,中国已是资本主义国家,封建势力已是"残余的残余",中国革命不应当是反帝反封建的民主革命,而应该改变资本主义生产关系。在他们看来,由于北伐的失败,无产阶级已经没有力量,只有让中国资本主义充分发展,等待世界革命,中国才有希望进行无产阶级革命。这种观点在中国共产党内也很有影响。于是,一场围绕着中国社会性质的论战开始了。王学文、潘东周等人认为,中国社会经济形态虽然有自然经济和商品经济同时并存,但势力最雄厚的却是小商品经济,这正是半封建经济的特点;同时,由于帝国主义的侵入,它同封建势力相勾结,压抑民族资本的发展,使中国的经济又带有半殖民地的性质。他们主张半封建半殖民地是中国社会的性质。钱俊瑞、薛暮桥、孙冶方等人进一步论证了中国农村的半封建性质。与此相对立,严灵峰、朱其华、任曙、刘镜园、胡秋原等人则主张,中国在帝国主义的推动下,已经发展成为"十足全称"的资本主义,农村经济已不是封建性,而是资本主义性质。争论一直延续进行了七、八年。后来毛泽东写了《中国革命和中国共产党》、《新民主主义论》,精辟地论述了中国的社会性质,从而明确回答了中国革命的性质、任务和前途等问题。

毛泽东的《中国社会各阶级的分析》通过细密而又深刻的对各阶级经济地位的考察,解决了敌、我、友这个中国革命的首要问题。工业无产阶级人数虽然不多,却是新的生产力的代表,是近代中国最进步的阶级,是革命运动的领导阶级。农民在中国人数最多,按其经济地位虽有不同的情况,但从总体上来说他们是无产阶级最广大和最忠实的同盟军。中国资产阶级区分为民族资产阶级和官僚资产阶级两个部分,民族资产阶级在一定时期能够在一定程度上参加革命或者保持中立,既有革命要求,又往往摇摆不定,具有两重性。即使官僚资产阶级也不是铁板一块,其内部在特定历史条件下也会有不同的政治态度。这些科学分析都体现了对中国社会历史的深邃的历史唯物主义的考察。在这样的基础上,中国共产党制定了无产阶级领导的、以工农联盟为基础的、人民大众的、反对帝国主义、封建主义和官僚资本主义的新民主主义革命的理论,找到了党、人民军队和统一战线这民主革命的三大法宝,发展了马克思的无产阶级革命学说。

中国革命应当走什么样的道路?我们党内一度盛行教条化的错误,照搬俄国革命从大城市开始的经验。这给革命带来了危害,因为它不符合我国国情。以毛泽东同志为杰出代表的中国共产党人坚决批判了这种"本本主义"的错误。他们从中国没有资产阶级民主,反动统治阶级凭借武装力量对人民实行独裁恐怖统治的事实出发,认定中国革命只能以长期的武装斗争为主要形式;他们又从旧中国半殖民地半封建的政治、经济具体特点出发,制定了农村包围城市,最后夺取城市的革命道路,提出了"工农武装割据"的思想,即在无产阶级领导下,以武装斗争为主要形式,以农民土地革命为主要内容,以农村根据地为主要阵地。中国革命发展的胜利历程证明,这样一条根据中国国情而开辟的革命道路是完全正确的。

中国共产党经过第一次和第二次国内战争,从两次胜利和两次失败的经验教训中,逐步解决了马克思的唯物史观同中国的具体实际相结合这一个至关重要的问题,从此,革命走上比较顺利的道路。中国共产党人对历史唯物主义的运用和发展是多方面的,是以掌握中国革命的发展规律为中心的。1949年8月至9月,在新中国诞生前夕,毛泽东写了《唯心历史观的破产》等5篇文章,对中国革命的发生和胜利的原因作了透彻的理论上的说明,指出中国革命的胜利是以马克思列宁主义这个科学的宇宙观作为指导的。而"马克思列宁主义来到中国之所以发生这样大的作用,是因为中国的社会条件有了这种需要,是因为同中国人民革命的实践发生了联系,是因为被中国人民所掌握了"。总之,"我们是反对历史唯心论的历史唯物论者"[①]。

三

中华人民共和国的诞生,这是马克思主义一曲响彻云霄的凯歌。科学社会主义在我国从理论变成了现实。历史唯物主义被直接用于指导建设无产阶级自己的国家和社会。

从新中国成立到1956年,中国共产党领导人民不停顿地、有步骤地实现了新民主主义革命向社会主义革命的伟大转变,创造性地开辟了一条适合中国特点的社会主义改造的道路。马克思和列宁都曾设想过用和平的赎买的办法把资本主义经济改造为社会主义经济。但是,由于历史的原因,设想并没有成为现实。毛泽东对我国民族资产阶级进行了阶级的历史的科学分析,指出这个阶级在社会主义革命时期既有剥削工人阶级的一面,又有拥护宪法,愿意接受社会主义改造的一面。"工人阶级和民族资产阶级的斗争一般地属于人民内部的阶级斗争。"[②]结合我国具体实际,制定了对社会主义工商业利用、限制、改造的正确

---

① 《毛泽东选集》(一卷本),第1404页。
② 《关于正确处理人民内部矛盾的问题》。

方针,在很少社会震动的情况下,胜利地完成了和平变革资本主义经济的历史使命。与此同时,我们在城乡实现了对个体手工业和个体农业的社会主义改造。这样,到1956年,全国绝大部分地区基本上完成了对生产资料所有制的社会主义改造,基本上实现了生产资料公有制和按劳分配,消灭了剥削制度和作为阶级的剥削阶级。在一个几亿人口的大国中比较顺利地实现了如此复杂、困难和深刻的社会变革,促进了工农业和整个国民经济的巨大发展,这是马克思的唯物史观学说的巨大胜利和发展。那种低估和否认这场社会主义革命的必要性和正确性,企图把我国社会制度退回到建国初期去的主张,是完全错误的。

  在消灭剥削制度和剥削阶级之后,社会主义社会的发展规律是什么?这是需要解决的历史的新课题。党的八大会议指出:国内主要矛盾已经不再是工人阶级和资产阶级的矛盾,而是人民对于经济文化迅速发展的需要同当前经济文化不能满足人民需要的状况之间的矛盾,全国人民的主要任务是集中力量发展社会生产力;虽然还有阶级斗争,还要加强人民民主专政,但其根本任务已经是在新的生产关系下面保护和发展生产力。毛泽东集中集体智慧专门写作了《关于正确处理人民内部矛盾的问题》,科学地提出了关于社会基本矛盾的原理、关于两类不同性质矛盾的学说。这在历史唯物主义的发展史上占有重要的地位。

  马克思在著名的《〈政治经济学批判〉序言》中第一次科学地揭示了推动人类社会历史前进的真正动因,对生产力和生产关系、经济基础和上层建筑之间的矛盾作出了经典的论述。列宁沿着马克思开辟的道路继续前进。十月革命后,他考察了过渡时期的阶级矛盾和阶级斗争,肯定了社会矛盾的客观存在,明确指出:"对抗和矛盾完全不是一回事。在社会主义制度下,对抗将会消失,矛盾仍将存在"。① 斯大林在理论上是有失误的,他长期不承认在社会主义制度下存在着生产力和生产关系、经济基础和上层建筑之间的矛盾,直到逝世前一年,他在《苏联社会主义经济问题》一书中才对上述看法有所修正。从马克思主义哲学发展史上来看,正是毛泽东创造性地提出了社会主义社会基本矛盾的原理。他指出,在社会主义社会中,基本矛盾仍旧是生产力和生产关系、经济基础和上层建筑之间的矛盾,正是这些矛盾的统一和斗争,推动着社会主义社会的向前发展;我国在生产资料私有制的社会主义改造基本完成之后,社会主义生产关系同生产力发展是既相适应又相矛盾的,上层建筑同经济基础也是又相适应又相矛盾的,相

---

① 《对布哈林〈过渡时期的经济〉一书的评论》。

适应是基本的,相互矛盾是经常发生的;社会主义社会的基本矛盾同以往一切剥削制度中基本矛盾有着根本不同的情况:它不表现为对抗性和激烈的阶级斗争,可以经过社会主义制度本身的逐步发展、调节和完善,不断地加以解决。毛泽东的这些科学论述,尖锐地批评了不承认社会主义社会还存在矛盾的形而上学观点,为我们正确认识和把握社会主义社会发展的客观规律奠定了理论基础。

那么,社会主义社会存在的基本矛盾,又是如何通过人与人之间的关系而表现出来的呢?毛泽东明确提出必须正确区别和处理社会主义社会两类不同性质的社会矛盾,并指出正确处理人民内部矛盾,以便团结全国人民发展经济和文化,已经成为国家政治生活的主题。为了解决好这个主题,必须懂得"人民"这个概念在不同的国家的不同的历史时期,有着不同的内容。在建设社会主义的时期,一切赞成、拥护和参加社会主义建设事业的阶级、阶层和社会集团,都属于人民的范围;一切反抗社会主义革命和敌视、破坏社会主义建设的社会势力和社会集团都是人民的敌人。两类矛盾具有完全不同的性质:敌我之间的矛盾,是对抗性的矛盾,是在敌对阶级、势力根本利益冲突基础上形成的矛盾;人民内部的矛盾,一般说来是在人民利益根本一致的基础上的矛盾,不是对抗性的。"但是如果处理得不适当,或者失去警觉,麻痹大意,也可能发生对抗。这种情况,在社会主义国家通常只是局部的暂时的现象。这是因为社会主义国家消灭了人剥削人的制度,人民的利益在根本上是一致的。"① 这就需要对不同性质的矛盾采用不同的方法去解决。对于敌我矛盾,用专政的方法去解决;对于人民内部矛盾,则要用民主的方法去解决,应当遵循"团结——批评——团结"的公式,就是从团结的愿望出发,经过批评或者斗争使矛盾得到解决,从而在新的基础上达到新的团结。毛泽东分析了人民内部矛盾的种种表现,制定了一系列正确处理人民内部矛盾的方针和方法。总之,在中国历史发展的转折时期,系统地创立关于两类不同性质的矛盾的学说,大大加强了人们对社会主义社会发展规律的认识,对于顺利进行社会主义建设具有重大的理论和实践意义。这是一门科学,值得好好研究。

但是,在社会主义建设时期创造性地坚持和运用历史唯物主义的理论,决不是一帆风顺的。一个正确的认识常常需要经受正反两方面的考验。由于种种复杂的社会政治原因,我们党在指导思想上,后来实际上偏离了八大所确定的方

---

① 《关于正确处理人民内部矛盾的问题》。

针,造成了阶级斗争的严重扩大化,直至最后爆发了"文化大革命"这样的悲剧。特别是林彪、江青反党集团出于反革命的目的,利用"文化大革命"的错误,把它推向极端,制造和推行了一条极左路线,完全背叛了马克思的唯物史观。他们颠倒主观和客观、精神和物质的关系,极端夸大社会意识对社会存在、上层建筑对经济基础、生产关系对生产力的反作用,认为人们可以随心所欲地对上层建筑和生产关系进行所谓变革和改造。他们宣传天才决定论,否认人民群众是历史的创造者。他们大肆批判所谓"唯生产力论",否认生产活动对于人类历史发展的决定意义,否认社会主义的巩固和发展需要物质基础。他们鼓吹应当根据人们的思想和政治观点来划分阶级,断言在已经消灭了剥削制度的社会主义社会中永远充满着阶级斗争,据说这种所谓的阶级斗争永远是社会主义社会发展的唯一动力。他们捏造所谓"阶级关系新变化"的理论,鼓吹党内已经形成了一个资产阶级,把我们党和无产阶级专政的国家机器当成所谓"彻底砸烂"的对象。他们提出所谓"全面专政"的口号,根本推翻了无产阶级专政对于人民是历史上最广泛的民主的原理,在他们权力所及的范围内实行反革命的法西斯专政。他们是马克思的唯物史观的凶恶敌人。

我们走过了坎坷曲折的道路。十一届六中全会通过的《中国共产党中央委员会关于建国以来党的若干历史问题的决议》,总结了正反两方面的经验,特别是"文化大革命"的教训。人们深刻地认识到,坚持历史唯物主义的基本原理,对于建设社会主义具有头等重要的意义。具体地来说:

第一,社会主义取代资本主义,就是要解放生产力,不断提高劳动生产率,满足人民物质和文化生活的需要。这是社会主义革命的根本目的。特别是在社会主义改造基本完成以后,我国所要解决的主要矛盾,是人民日益增长的物质文化需要同落后的社会生产之间的矛盾。党和国家工作的重点必须转移到以经济建设为中心的社会主义现代化建设上来。

第二,对社会主义制度确立以后的国内阶级状况和阶级斗争形势,必须作出合乎实际的科学分析,采取正确的方针和方法。在剥削阶级作为阶级消灭以后,阶级斗争已经不是主要矛盾。由于国内的因素和国际的影响,阶级斗争还将在一定的范围内长期存在,在某种条件下还有可能激化。因此,我们既要反对认为阶级斗争已经熄灭的观点,又要反对把阶级斗争扩大化的观点。一定要严格区分两类不同性质的矛盾。在任何时候,都决不能再搞"文化大革命"那一套所谓无产阶级专政条件下继续革命的理论和实践。

第三,必须正确理解群众、阶级、政党和领袖之间的相互关系,这在社会主义社会中尤其重要。马克思的唯物史观不否认杰出的个人在历史上的重大作用。但是,归根到底,历史是人民群众创造的。作为无产阶级政党和社会主义国家的领导者,按照列宁的说法,通常不是一个人而是由若干被称为领袖的人组成的集团。因此,我们在任何时候,都不能搞任何形式的个人崇拜,决不能贬低集体,贬低群众,任意夸大领导者个人的作用。必须在党和国家生活中充分发扬民主,坚持民主集中制,实行集体领导。

第四,社会主义生产关系的变革和完善必须适应于生产力的状况,有利于生产的发展。要根据我国生产力发展的要求,在每一个阶段上创造出与之相适应和便于继续前进的生产关系的具体形式。社会主义经济建设必须根据我国的具体国情,努力走出一条适合我国情况和特点的实现现代化的道路。

四

具有伟大历史意义的中国共产党第十二次全国代表大会,确定了全面开创社会主义现代化建设的新局面的宏伟目标和战斗任务。在十二大精神的指引下,如何对社会主义社会的发展规律作出进一步的认识和科学概括,这是历史唯物主义研究的重要任务。研究的课题是多方面的,这里仅提几个问题。

众所皆知,阶级斗争问题,是马克思的唯物史观的一个重大理论问题。阶级斗争作为一种社会历史现象,"仅仅同生产发展的一定历史阶段相联系"。而社会主义,如列宁所说就是意味着消灭阶级。用历史的、发展的眼光看问题,要求我们随着历史阶段、革命任务的转变和历史条件的变化,正确认识无产阶级所进行的阶级斗争的内容、形式及其在社会生活中的地位所发生的变化。过去我们在阶级斗争问题上发生严重的"左"的错误,一个重要的原因,就是没有真正弄清楚社会主义社会的阶级斗争,同过去新民主主义革命时期和社会主义改造时期阶级斗争的区别。今天,我们必须坚决废除社会主义社会实行"以阶级斗争为纲"的方针。但是,在我国阶级斗争在一定范围内还将长期继续存在,在某种条件下还可能激化。那种离开人的社会性、阶级性,用所谓抽象的"人"的观点去看问题,丧失应有的阶级斗争的警惕性,也是错误的。这里有一系列的问题需要进行认真的研究,作出科学的说明:在剥削阶级作为阶级消灭之后,如何看待和处理阶级残余和阶级斗争的因素?如何认识阶级斗争在社会矛盾总体中的地位和影响?随着我国社会主义建设事业的发展,我国社会内部的各种矛盾将会发生什么样的变化？我国现阶段阶级斗争的内容和特点是什么？人民内部有没有阶级斗争？回答这些问题都必须严格遵循历史唯物主义的基本原理,按照党的十二次代表大会规定的科学精神,以便帮助人们正确认识新时期的阶级斗争现象,不断地发展安定团结的政治局面,不断地把社会主义现代化建设推向前进。

从党的十一届三中全会以来,党中央曾多次提出,辩证地认识和处理社会主义建设中物质因素和精神因素的相互关系问题。十二大又进一步把它作为一个战略方针提了出来,包含了对唯物史观和科学社会主义理论的深刻的思索。强调生产力在社会发展中的决定作用,这是历史唯物主义的基本原理。但是,对此不能作简单的理解。事实上,马克思说过,在改造世界的生产活动中,"生产者也改变着,炼出新的品质,通过生产发展和改造着自身,造成新的力量和新的观念,造成新的交往方式,新的需要和新的语言"[①]。毛泽东也指出,无产阶级和革命人民改造世界的斗争有两个方面的任务："改造客观世界,也改造自己的主观世界。"[②]精神文明和物质文明的关系是十分密切的。从人类发展的总进程来说,物质文明的进步,精神文明的进步,社会制度的进步,三者是相互适应、平衡发展的。在社会主义制度下,应当努力求得物质文明和精神文明的相互适应和相互促进。物质文明的建设是社会主义精神文明建设不可缺少的基础。但是,以共产主义思想为核心的社会主义精神文明不会由于物质文明的发展提供的基础而自然发展,必须由共产党领导广大群众凭借这个基础,自觉地、坚持不懈地进行艰巨的工作,才能发展。同时,物质文明的建设还需要社会主义精神文明为它提供精神的动力,并且保证它的正确发展方向。两种文明的建设,互为条件,又互为目的。十二大的报告已经对此作了深刻的论述。摆在我们面前的任务就是应当根据历史唯物主义的基本原理,加深对这个问题的研究和宣传,促进社会主义事业的健康而蓬勃的发展。

十一届三中全会以来,我们党已经逐步走出一条适合我国情况和特点的实现现代化的道路。现在,许多问题需要我们依据唯物史观加深认识,才能自觉地贯彻十二大精神。社会主义公有制的建立开辟了人类对社会生活进行全面地有计划地自觉调节的时代。然而,经验告诉我们,这种自觉调节的充分实现将是一个过程,现阶段还存在着一系列自发的因素。对于我国社会主义建设的客观规

---

① 《马克思恩格斯全集》第46卷(上),第494页。
② 《毛泽东选集》(一卷本),第285页。

律,我们还有盲目性,需要不断认识,才能比较多地从必然王国飞跃到自由王国。认真地认识我国的实际情况,认真地研究经济规律和自然规律,在这方面有许多工作要我们去做。如何对社会主义的发展规律作出进一步的认识和科学概括,这是历史唯物主义研究的重要任务。

最后,加强对历史唯物主义基本原理的研究,这也是一个重要的工作。马克思的唯物史观从产生到现在已经一百多年了。尽管它是不可战胜的,却一直遭到资产阶级学者的责难,受到种种歪曲。现代西方资产阶级哲学思潮就在许多根本问题上向唯物史观进行挑战。这种思潮在国内也不可能不有所反映。这是问题的一个方面。另一方面,一百多年来世界确实发生了很大的变化,历史的发展出现了许多新情况,社会实践迫切需要把唯物史观继续推向前进。这些都需要我们理论联系实际,有的放矢地加强对历史唯物主义基本原理的研究。

＊　　＊　　＊

马克思逝世一百周年了。他所创立的唯物史观在我国的传播,如果从"五四"时期算起,也已半个多世纪过去了。历史告诉了我们什么呢?它证明:中国人接受历史唯物主义学说是近代中国革命进程发展的必然结果,是先进的中国人长期革命探索的必然归宿。自从用唯物史观作为观察国家命运的武器,中国革命就面貌一新。它显示了一个颠扑不破的真理:无论是新民主主义革命,还是社会主义革命,或是社会主义建设,什么时候遵循唯物史观,我们的事业就前进,就胜利;什么时候违背了唯物史观,就会遭到挫折,甚至失败。只有马克思主义才能救中国。它揭示了一条基本经验:马克思的唯物史观是我们革命者的行动指南,而决不是要人们去生吞活剥的僵死教条。一切忠于历史唯物主义学说的革命者,有责任不使它同社会生活隔绝、停滞不前、僵死枯萎,而必须同我国的具体实践相结合,以新鲜的革命经验丰富它,使它保持旺盛的生命力。这当然不是轻而易举的事情。在今天,需要我们付出艰巨的劳动,倾注毕生的精力,把历史唯物主义基本原理同中国社会主义现代化建设的具体实际更好地结合起来,忠诚地、创造性地继承和推进马克思所奠定的理论和开创的事业。这,就是最好的纪念。

(定稿于 1982 年 10 月,原载《马克思主义研究的几个问题》,复旦大学出版社 1983 年版)

艾思奇论哲学的通俗化、中国化和现实化

——纪念艾思奇同志逝世二十周年

艾思奇同志离开我们二十周年了。回忆我们同他的交往,细读《艾思奇文集》中的篇篇文章,我认为在艾思奇留下的哲学遗产中,最值得学习和发扬光大的一点,就是他在毕生的理论工作生涯中,出色地坚持了毛泽东同志倡导的理论联系实际的根本方向,为马克思主义哲学的通俗化、中国化和现实化作出了示范性的贡献。我们写这篇文章,一方面是为了怀念艾思奇同志,更主要的则是为了自勉和与同志们共勉,共同为繁荣我国的哲学事业去努力。

一

艾思奇的哲学生涯开始于三十年代初,历经抗日战争、解放战争和新中国成立后的社会主义革命与建设等历史变革。他之所以能不断进步,在理论上作出许多重要成绩,根本动力来源于他对党和人民的一片忠心,对无产阶级革命事业的热忱,对马克思主义的坚信不移。

在半殖民地、半封建的旧中国,哲学派别纷繁,既有种种资本主义型之哲学,又有封建的哲学传统之不断的复活。艾思奇经过分析思考、实践检验、自身体验,从青年时期起,就否定了这些在当时颇有影响的思潮,转到完全相信马克思主义哲学。1933年,他在《二十二年之中国哲学思潮》一文中就明确判断中国社会的"发展情势是日甚一日的破产,民众的百分之九十九都不可避免地向下没落,而全世界的资本主义恐慌也一天天地大起来,中国民众的命运与全世界被压迫者的命运在同一前途上看见了同一的曙光,历史的法则已现露于世界之前,中国人也看见科学底社会主义了,于是辩证唯物论的哲学思潮便狂风暴雨似的披靡了整个哲学界"①。艾思奇是把马克思主义哲学当作"新的前进人们的哲学"

---

① 《艾思奇文集》第1卷,第59页。

而加以接受和传播的,是为了用它来改变中国的"恶劣的现实"而加以钻研和运用的。

艾思奇在理论上有着革命的坚定性。他始终不渝地为马克思主义哲学在中国的传播进行不折不挠的奋斗,勇猛地批判各种反动哲学。1933 年 7 月,针对有人用假科学的"生物自然发生说"作为"真凭实据",反对达尔文的进化论,艾思奇在《进化论与真凭实据》一文中一针见血地指出,各种反科学的东西之所以能在当时的刊物上大肆泛滥,原因在于:"在社会里,支配阶级却不一定爱真理!"①从此之后,他就将对反动思潮的理论批判结合于对反动统治的政治批判。他批判胡适的实用主义,批判张君劢的玄学折中主义,批判张东荪、叶青的反动哲学,批判陈立夫的"唯生论"和"力行哲学",都服务于中国人民的解放事业。1943 年艾思奇写了《中国之命运——极端唯心论的愚民哲学》一文,以锐利的笔法指出,蒋介石在《中国之命运》一书中鼓吹的乃是"中国式的买办封建性的法西斯主义的政治学,和反对科学唯物主义,提倡迷信盲从的法西斯主义的唯心哲学"②。他积极地维护和宣传毛泽东思想,写道:"到了今天,铁的事实已经证明,只有毛泽东同志根据中国的实际情况发展了和具体化了的辩证唯物论和历史唯物论,才是能够把中国之命运引到光明前途去的科学的哲学,才是人民的革命哲学。"③

艾思奇不仅具有理论的坚定性,而且非常重视理论的科学性。即拿批判来说,1932 年他连续写了《论批判》和《再论批判》两篇文章,对理论界、学术界那种"左得可爱"的非历史主义的倾向提出了批评。他写道:"错误的理论并不是毫无真理。而是因为真理被它误用了,也即是:被它歪曲了。我们批判错误的理论,并不是一笔涂抹,主要地是把歪曲的给他纠正。"④艾思奇认为,胡适鼓吹的实验主义是错误的,但这种主义在"五四"时期有着和封建传统相抗争的作用,自有它的历史价值。艾思奇指出有两种不同性质的批判,"前进的批判是以前进的思想为根据,批判的本身,就是在于要建立和充实前进思想。简单的否定对于这样的努力是没有帮助的,因为它不能从批判中获得发展的材料和暗示","实际上是阻止了新的前进"。他诚恳地相劝,"自问有良心的我们的批判家们,当提起笔来的

---

① 《艾思奇文集》第 1 卷,第 15—16 页。
② 同上书,第 678 页。
③ 同上书,第 698 页。
④ 同上书,第 373 页。

时候,实在应当先想一想:自己写下来的东西,是不是有被'可恶的人'利用去了的危险。"①列宁在论述马克思主义的党性与科学性相一致的原理时说过,这一理论之所以能够"把严格的和高度的科学性和革命性结合起来",原因之一就是因为这个"学说的创始人兼有学者和革命家的品质"②。艾思奇作为一个马克思主义理论工作者,他以马克思、恩格斯、列宁和毛泽东为榜样,身体力行,注重革命性和科学性的统一,可以毫不夸张地说,在他身上也兼有学者和革命家的品质。

我们现在处在一个历史的新时期,马克思主义学说传遍了全世界,在我国业已成为国家的指导思想。但是,马克思主义的发展也是在曲折中前进的。在今天,坚持马克思主义对于理论工作者来说显得特别重要。一方面,我们面对着过去未曾碰到过的许多新情况,对此,只有马克思主义才给我们观察、分析、研究和解决这些新情况的唯一正确的立场、观点和方法,从而对遇到的新问题作出有重大指导意义的答案。另一方面,无产阶级世界观同资产阶级世界观、封建主义残余思想的斗争仍然存在,并在一定时期可能显得特别尖锐。对于这一点,我们一定要有坚定的、清醒的认识。因此,邓小平同志在党的全国代表会议上,向全党干部提出了学习马克思主义理论的要求。这是在新形势下具有深远意义的一项任务。在这种情况下,我们应当学习艾思奇,对马克思主义坚定不移,对那些非议、怀疑、攻击马克思主义的思潮作出充分说理的分析、引导和批判,分清唯物主义和唯心主义、辩证法和形而上学、历史唯物主义和历史唯心主义的根本区别。在进行这项工作的时候,既要坚持原则,又要谨慎,防止给敌人以口实。

二

艾思奇在现代中国,是哲学大众化通俗化的先驱。1934 年 11 月,他发表了"哲学讲话"的第一篇《哲学并不神秘》,此后,他在《读书生活》上每期写一篇,到1935 年底写成 24 篇。1936 年 1 月集结成《哲学讲话》出版,深受广大读者,特别是青年人的欢迎。后来虽遭国民党反动派的查禁,改名《大众哲学》再版,到1938 年即已出到第十版,到 1948 年已出到三十二版。可见,《大众哲学》在中国大众中的影响极大。不少青年人也因为看了这本书,对马克思主义哲学发生了

---

① 《艾思奇文集》第 1 卷,第 379 页。
② 《列宁选集》第 1 卷,第 79 页。

兴趣，走上了革命的道路。因此，李公朴先生称赞说："这本书是用最通俗的笔法，日常谈话的体裁，深化专门的理论，使大众的读者不必费很大的气力就能够接受。这种写法，在目前出版界中还是仅有的贡献"。又说："尤其值得特别一提的是这本书的内容，全是站在新哲学（即马克思主义哲学）的观点上写成的。新哲学本是大众的哲学，然而，过去没有一本专为大众而写的新哲学著作。"

艾思奇写出《大众哲学》，当时的困难是很大的。在主观方面，他在《我怎样写成〈大众哲学〉的?》一文中说："就我个人的兴趣来说，仍是尽量偷空做出专门的研究，我的这一种兴趣上的偏好使我成为一个爱读死书的人"。完全是出于革命的需要，他才转而以极端严肃认真的精神来从事哲学普及工作。在客观方面，谁都知道写《大众哲学》是件"吃力不讨好的工作"，最大的一个原因，是因为这种通俗的体裁还没有人尝试过，甚至是没有人屑于这样尝试的。在一些书斋学者看来："艰深的哲学怎么能通俗呢?""通俗就是庸俗"。即使一般的老百姓，也存在如俄国思想家车尔尼雪夫斯基所说的一种偏见："我不懂哲学，因此，凡是我能够懂的就不是哲学"。艾思奇可说是迎着困难上，呕心沥血，以一种探索精神，打破哲学的神秘感，为马克思主义哲学在中国大众中的传播大胆地去实践。他一生写过许多通俗的哲学文章，除《大众哲学》外，还有《知识的应用》《实践与理论》《如何研究哲学》，以及关于历史唯物论的通俗读物。这些著作在马克思主义哲学在中国的传播史上，占有灿烂的一页。

其实，无产阶级革命导师是非常重视哲学普及工作的。马克思和恩格斯都要求自己的文章尽可能做到通俗易懂，以便为普通的工人群众所接受。列宁曾经在给阿克雪里罗得的信中说："我最大的希望和幻想得最多的就是能够给工人写作。"[①]毛泽东同志也曾多次提出哲学的通俗化任务，指出："关于辩证唯物论的通俗宣传，过去做得太少，而这是广大工作干部和青年学生的迫切需要"，应加强这方面的工作，"使成百万的不懂哲学的党内外干部懂得一点马克思主义的哲学"。[②] 哲学的通俗化，从根本上来说，也是无产阶级解放事业的要求，马克思主义哲学是革命的真理，怎样才能把它变成改造世界的物质力量呢？马克思指出："思想根本不能实现什么东西。为了实现思想，就要有使用实践力量的人。"就是说，思想只有被千百万群众所接受，并且通过他们的实践，才能显示出自己的力

---

① 《列宁全集》第34卷，第6页。
② 《毛泽东书信选集》，第407、487页。

量。不搞普及,将理论束之书斋课堂,不仅妨碍理论发挥作用,而且由于脱离群众的需要,最终也必然影响理论的繁荣。从马克思主义哲学发展史上来看,大凡理论取得辉煌成就的时期,往往总是伴随着大众理论兴趣的高涨。《大众哲学》是时代的产物,它不仅促进了哲学的普及,而且直接带来了诸如"关于形式逻辑与辩证逻辑"、"关于认识论上的问题"、"关于内因论和外因论"等专门理论问题的深入讨论,推动了哲学的提高。这就验证了艾思奇的看法:"哲学本身也是从日常生活的基础里发生的"。①"认真说起来,就是真正的专门问题,也同普通生活有关系的,一般专门问题之所以专门,是因为被教授学者们过分抬高了,使我们看不见它和生活的关系。"②

有的同志总是瞧不起哲学的普及读物。其实,写好它决不是一件容易的事情。没有坚实的马克思主义理论基础,没有比较广博的知识,没有对问题的深刻理解,没有对群众的满腔热情,是很难做到"深入浅出"的。那种把通俗化等同于浅薄的看法是站不住脚的。艾思奇在1936年曾这样说过:"目前中国哲学上的同道者,也许会有人起来努力做一件更好的工作。《大众哲学》如果能产生这样一种'抛砖引玉'的效果。那就是我们要引为慰藉的了。"我们今天的情况与艾思奇写《大众哲学》时已全然不同,不再有"要说的话不能直说,要用的字不能不用别的字代替,要举的例子也只好不举"的"环境困难"。我们应当进一步发扬艾思奇当年撰写《大众哲学》的精神,写出一批新时代的《大众哲学》,以适应时代的需要。

三

《大众哲学》第一版出版两年之后,1938年4月艾思奇在《哲学的现状和任务》一文中进一步提出:"现在需要来一个哲学研究的中国化、现实化的运动。过去的哲学只做了一个通俗化的运动,把高深的哲学用通俗的词句加以解释,这在打破从来哲学的神秘观点上,在使哲学和人们的日常生活接近,在使日常生活中的人们也知道注意哲学思想的修养上,是有极大意义的,而且这也就是中国化现实化的初步";"然而在基本上,整个是通俗化并不等于中国化现实化";"另一方面,因为整个并没有做到中国化现实化,所以也不够充分的通俗化"③。能够得

---

① 《艾思奇文集》第1卷,第135页。
② 同上书,第107页。
③ 同上书,第387页。

出这样深刻的认识,是艾思奇1937年去延安后在党和毛泽东思想哺育下的思想上的飞跃,也是他在研究和宣传马克思主义哲学征途上的新突破。

马克思主义哲学的中国化,这不仅是一个重要的实践问题,而且本身是一个重要的哲学理论问题,它涉及普遍与特殊的辩证关系。艾思奇批判了两种倾向:强调中国的特殊性,否认马克思主义的普遍性固然不对;如果只是抽象、空洞谈论马克思主义的普遍性,而不与中国的特殊性相结合,也是错误的。为此,艾思奇在1940年专门撰文写了《论中国的特殊性》,从理论上论述了哲学中国化问题。他指出,以叶青等人为代表,也大喊"把握特殊性",实质是要全面否定马克思主义。叶青强调中国的"国情",强调中国的"特殊性",认为"欧洲历史是合规律的,中国则不然",抹煞人类历史的一般的规律,宣扬中国自己的道路是完全在一般人类历史发展规律之外的。如叶青所说,所谓中国化,就是要据中国自己的特殊情形,把外国的东西加以根本修改使它变成另外的东西,如果"唯物辩证法仍旧是唯物辩证法",那就"丝毫没有中国化"。① 对于这种主张,艾思奇予以痛斥,他驳斥道:"谁也容易明白,叶青所谓的中国化,在实际上是想要取消马克思主义中国化,是要反对把辩证法唯物论应用于中国的实际,是要想从战斗的中国人民的手中,夺去最锐利的科学思想的武装"。② 他又指出,"马克思主义之所以能中国化,就因为马克思主义有一般的正确性,正因为它是'放之四海而皆准'的,是'万能的'。倘若它没有这一般的正确性,倘若它仅仅是特殊的东西,那就完全谈不到'化'的问题了。"因此,"正因为我们要求马克思主义的中国化,所以就尤其要坚持马克思主义的基本原则和基本方法,正因为我们要具体地应用马克思主义到中国的现实的特殊条件上,所以我们就尤其要站稳马克思主义的立场"。③

那么,"马克思主义者是不是完全否认中国社会的特殊性,反对把握中国社会的特殊性呢? 当然不是这样的。马克思主义者一方面要坚持马克思、恩格斯所发现的关于社会发展的基本的科学规律,承认它有一般的指导的作用,而同时却一刻也不能忘记这些规律在不同的国家、不同的民族中间,因着客观条件的差异而有着各种各样特殊的表现形式。因此,当我们在中国的社会里来应用来实践马克思主义的时候,也必须注意到中国的特殊性,也必须要具体地来了解中国

---

① 叶青:《论学术中国化》。
② 《艾思奇文集》第1卷,第553页。
③ 同上书,第482、480页。

的社会"①。使马克思主义中国化也就是在中国应用和发展马克思主义,"就是要坚决地站在马克思主义的观点上,在马克思主义基本原则和基本精神上,用马克思、恩格斯所奠定了的,辩证唯物论的和政治经济学的科学方法来具体地客观地研究中国社会经济关系,来决定中国无产阶级在中国民族革命斗争中的具体任务及战略策略。问题是在于要能正确地研究和把握中国社会的客观现实,并正确地决定革命的任务和战略和策略"②。在艾思奇看来,毛泽东同志是实现马克思主义中国化的光辉典范,是他自己要毕生学习的榜样。

实现马克思主义哲学的中国化,除了首要的一点就是要把马克思主义哲学的普遍真理与中国的具体实际情况相结合外,艾思奇认为还要"能控制中国传统的哲学思想,熟悉其表现方式"③。目的在于"对于中国自己的过去哲学史上的唯物论和辩证法因素的发扬,以及对于中国的形而上学和唯心论思想的批判"④。但又决不能搞"思想上的闭关自守主义",应当善于吸收"外国的科学文化以及革命理论经验教训等等"。⑤ 艾思奇自己是努力朝这个方向去做的,他特别关心对中国哲学史和中国传统文化的研究,并取得一定的成果。1957年,他对中国哲学遗产的继承问题发表了如下意见:"我们必须遵照毛主席所说的那些原则,正确地分清精华与糟粕,分清什么应该肯定和继承,什么应该加以否定和抛弃";"这里,往往发生两种偏向:一、把马克思列宁主义原理简单化,教条主义地从马克思列宁主义一般原理演绎出中国哲学史,用抽象的公式硬套;二、过分的夸大中国哲学史的特点,忘掉了马克思列宁主义的一般原理。前者的错误,其结果就是不能充分的表述出中国哲学史的特点,后者的错误则是背弃了马克思列宁主义"⑥。

我国是个历史悠久、文化遗产丰富的文明古国,在当前探索建设具有中国特色的社会主义道路,建设社会主义物质文明和精神文明的新时期,如何进一步促进哲学的中国化具有重要的意义。重读艾思奇的有关论述,颇有启发。我们应当运用马克思主义的立场、观点和方法,采取具体分析的科学态度,一方面要深入地开展中国文化的研究,使传统的中国文化现代化,做到"古为今用";另一方

---

① 《艾思奇文集》第1卷,第477页。
② 同上书,第480页。
③ 同上书,第420页。
④ 同上书,第556页。
⑤ 同上书,第471、472页。
⑥ 同上书,第2卷,第417页。

面要学习和吸取国外的优秀成果,使西方文化中国化,做到"洋为中用"。固守传统文化,排斥西方文化是不可取的;全盘欧化也是不可取的。在马克思主义的基础上,加强中西文化的交流,辩证地综合各自的优秀特质,密切结合我国的四化建设实践,我们就一定能丰富和发展中国文化,就一定能更深地展开哲学的中国化,使其结出更为丰硕的果实。

四

艾思奇认为,无论哲学的通俗化还是中国化都不是目的,更重要的乃在于哲学的现实化。他遵循毛泽东同志的教导,反复强调:"哲学的主要任务是要能够真正解决人类生活上事实上的问题,要能真正解决这些问题,才足以证明它是事实上的真理"[1]。马克思主义哲学,"要能担负起改革世界的任务,就必须与革命的实际行动结合,成为指导革命行动的观点,必须'把握大众,成为物质力量'"[2]。

哲学的现实化,要求克服经验主义,特别是要反对教条主义。这两种倾向都曾给中国革命带来严重的危害。艾思奇指出:"有两种相互对立的学习态度。为读书而读书,为简单'满足求知欲'或为夸耀知识而学习,不联系实际,不解决问题,这是教条主义的学习态度。为掌握马列主义的基本立场、观点、方法来读书,着重联系实际,解决问题,这是真正马列主义的学习态度。我们要反对教条主义的学习态度,坚持真正马列主义的学习态度。"[3]因此,"要评判辩证唯物论的研究是否有成就,并不在于(至少是不完全在于)纯理论本身讲得多么熟练,而要看清这研究的人在遇到革命的实际问题(或与革命有联系的问题)的时候,能否在辩证法唯物论观点上给予正确的解决"[4]。这就要"反对书呆子式的专门从名词公式上推敲的倾向",克服"套公式的研究法",如若不联系实际,理论就会成为空洞及教条,金子"也常常在我们的手里不知不觉变为泥土"。艾思奇按照理论联系实际的原则严格要求自己,无论是在抗日战争、解放战争,还是全国解放以后,他都尽可能多的深入到工农大众中去,深入到实践中去,从实际经验中吸取哲学的养料,用哲学理论去分析和解决中国的实际问题。这些都在《艾思奇文集》中有生动的记载。

---

[1] 《艾思奇文集》第1卷,第139页。
[2] 同上书,第449页。
[3] 同上书,第3卷,第37页。
[4] 同上书,第1卷,第451页。

哲学的现实化不仅是运用理论。而且必然要求在实践中发展理论。艾思奇十分强调马克思主义作为科学的方法,乃是客观地具体研究问题的引导。"它只能起引导的作用,而不能起教条的作用,因为一切先进者所奠定的基本原则,在后来者所处的条件之下,就必须有新的表现,所以先进者所奠定的理论中的某些个别论点,在新的条件下常常不能不有多少改变。就是说,不能把马克思主义的文句和一切个别论点当作绝对不变的信条,无条件地搬到新的情况之中来硬套"。① 因此,一切有出息的理论工作者都要根据中国革命每一时期的经验,不断地来丰富和发展马克思主义理论。在今天,不坚持马克思主义的基本原理,是不行的;不冲破某些已经过时的或者实践证明不完全正确的个别原理,而代之以马克思主义的新的原理,也是不行的。马克思主义是科学的思想体系,而不是许多个别论断和结论的总和。马克思主义是发展的,它要求用新的时代和新的历史时期的实践经验来丰富它,把它推向前进。

艾思奇批判教条主义的时候,还十分明确地提出了什么是理论的问题。他说:"我们对于什么是理论,认识就非常模糊。我们事实上是把外国的名著里所抽出来的原则公式看做唯一的理论,而把其他只看做应用。因此,对于中国的理论,对于毛泽东同志的著作、报告,对于党的文件,就不当做理论而加以重视。"这是一种错误的观念。如果搞理论的人对我们党的主要领导人的著作,对党的路线、方针、政策没有兴趣,就不可能真正解决理论联系实际的问题。

我国现在正处于社会主义现代化建设的一个关键的时期,社会实践是异常丰富的,为哲学社会科学的研究开拓了广阔的天地。但是,应当承认我们的理论研究还同中国社会主义现代化建设的实践结合得不够密切。有的同志热衷于向往远离现实的"纯学术价值",对生气勃勃的四化建设的现状若明若暗,对党的路线、方针、政策兴趣不浓,对群众关心的问题不深切关心,这种情况应当改变。关键在于一定要明确理论工作的根本方向,就是要理论联系实际,同实际密切结合,就是要用马克思主义的立场、观点、方法,研究中国问题,研究世界问题。历史经验告诉我们:马克思主义在中国的传播和发展,最重要的就是看它和中国的实际结合的程度如何。今天,我国十亿人民进行的社会主义物质文明和精神文明的建设,既是理论发展的源泉,又是理论服务的对象。正如邓小平同志所指出的那样:"深入研究中国实现四个现代化所遇到的新情况、新问题,并且作出有

---

① 《艾思奇文集》第 1 卷,第 483 页。

重大指导意义的答案,这将是我们思想理论工作者对马克思主义的重大贡献,对毛泽东思想的真正高举。"①我想,今天我们纪念艾思奇同志,应当明确这是我们应尽的职责。

(1986年1月与陈珪如同志合写。原载《马克思主义哲学家艾思奇》,中共中央党校出版社出版)

---

① 《邓小平文选》,第165页。

把学习理论和学习哲学史结合起来

——谈如何学习哲学

青年时期我印象最深的是五四运动。《新青年》杂志上登载了陈独秀、李大钊、鲁迅等人的激扬文字，他们对封建主义狂风暴雨的攻击使我热血沸腾。当时，我感到中国要"改弦更张"，提倡新文化实在是太重要了。于是，到北京大学读书我选择了文学专业。但是，随着新文化运动的深入发展，各种"主义"的争论越演越烈：李大钊宣传布尔什维主义，胡适鼓吹实用主义，梁启超、张东荪宣扬基尔特社会主义，还有人主张克鲁泡特金的无政府主义。各种思潮均自称"新文化"，一时使人真伪难分。究竟什么"主义"能够救中国？这成为一代青年最关心的课题。这时，我对"主义"产生了浓厚的兴趣，于是改学哲学。半个多世纪过去了，事实证明只有马克思主义能够救中国。在新民主主义革命一个接一个的漩涡里，经过艰难曲折，我也把学习、研究和宣传马克思主义哲学当做自己的终生职业，至今深感如德国哲学家黑格尔所说："我知道很多美妙的科学，但是我不知道有比哲学更加美妙的科学了。"

现在有些青年人，往往认为哲学深奥莫测、玄而又玄，以致影响自己对哲学的兴趣和钻研。这实属一种偏见。哲学一词原来自希腊文，意即爱智慧。作为一门关于世界观的科学，它是自然、社会和思维知识的概括和总结，是人类世代相继、百折不回探索世界奥秘的结晶。哲学理论比起各门具体科学更具抽象性。但是，这种抽象不是空洞，而是揭示事物的普遍本质，它作为时代的精华，与人们的生活息息相关。我们常说草木无情，人非禽兽，就是说，每个人都是由一定的世界观支配着生活。没有科学的世界观就不可能对世界有正确的认识，就不会懂得世界发展的客观规律，就难于认识别人和自己，就不能自觉地懂得如何做人，怎样生活。这就如同失去了灵魂和理想，就会庸庸碌碌了却一生。这岂非辱没了做"人"的资格？正因为这样，哲学史上出现了许多献身哲学的动人事例：文艺复兴时期意大利哲学家布鲁诺为了坚持自己的哲学信仰，就义于宗教裁判所的火堆；荷兰哲学家斯宾诺莎虽为宗教团体的长老所迫害，受尽苦难，孑然一身，仍对唯物主义和无神论的哲学理想忠贞不渝；无产阶级革命导师马克思和恩格斯更是不取高官厚禄的仕途，摆脱经商致富的良缘，视富贵荣华如浮云，把艰难困苦当草芥，为着创立和宣传辩证唯物主义和历史唯物主义哲学世界观，生命不息、战斗不止。马克思主义哲学是无产阶级认识世界和改造世界的思想武器，学了它，可以帮助我们树立共产主义的人生观；它是我们党制定路线、方针和政策的理论基础，学习它，可以帮助我们确立一条正确的思想认识路线；它是科学的世界观和方法论，学习它，可以为我们掌握现代科学技术指明正确的方向，做好"四化"征途中的各项工作。因此，学习马克思主义哲学乃是每个青年的启蒙课，各行各业的必修课，献身马克思主义哲学实在是无限光荣的职责。

怎样才能学好马克思主义哲学呢？我以为，马克思主义哲学的阶级性、科学性和实践性，决定了学习时应当采取的正确态度和方法。既然这种哲学是无产阶级的世界观，学习和掌握它就要紧密联系自己的世界观的改造，重在言行一致、身体力行，否则就会南其辕而北其辙。既然这种哲学具有严密的科学性，学习和掌握它就要求努力掌握一些具体科学知识（特别是一定的历史知识和自然科学知识），决不能把马克思主义哲学视作无所不包、凌驾于具体科学之上的学说，它是以各种科学知识为基础的一门理论科学。既然这种哲学独具鲜明的实践性，学习和掌握它就必须把理论和实践统一起来，克服和防止教条主义，要有的放矢，学以致用，一味死记硬背、在概念中打转是学不好马克思主义哲学的。以上这三条都是最基本的学习方法，一定不能违背。在这前提下，我还想着重谈谈必须把学习理论和学习哲学史结合起来的问题。这不仅因为马克思主义哲学原理和中、外哲学史是哲学系的两门基础课、专业课，而且在我看来，哲学工作者中间不同程度存在两种倾向：或重理论轻哲学史，或重哲学史轻理论。这种情况不改变，必然影响我国哲学水平的提高。

学哲学一定要学习哲学史。我想这里有两点道理：其一，哲学思想源远流长，已经有几千年的历史。哲学发展虽然归根到底决定于社会物质生产，并受到自然科学发展和阶级斗争的制约，但作为一门科学，哲学的发展有它一定的相对独立性，前后一贯的继承性，也即自己的特征、内在逻辑和发展规律。哲学发展史集中体现了人类对世界的认识发展史。因此，不学习哲学史就不能真正懂得什么是哲学。其二，这涉及逻辑和历史的关系，我们要求将两者辩证统一起来。所谓历史的东西，既指客观物质世界（包括自然和社会）的历史发展，又指人类对客观物质世界认识发展的历史(包括科学史、语文发展史、特别是哲学史)。逻辑的东西则是上述历史过程在思维形式中的概括反映,即历史的东西在理论思维上的再现。我们一定要学好哲学理论,因为它反映了历史东西的本质。但是,理论又是从哪里来的呢?逻辑的东西是历史的东西的反映。我们常说"论从史出",也就是说,"历史从哪里开始,思想进程也应当从哪里开始,而思想进程的进一步发展不过是历史过程在抽象的、理论上前后一贯的形式上的反映;这种反映是经过修正的,然而是按照现实的历史过程本身的规律修正的,这时,每一个要素可以在它完全成熟而具有典范形式的发展点上加以考察"。① 历史上大凡作出重要贡献的哲学家都十分注重学习哲学史,因为哲学史体现了逻辑和人类认识发展史的统一。例如,黑格尔就有大部头的《哲学史讲演录》,他认为"哲学体系在历史中的秩序同观念的逻辑规定在推演中的秩序是一样的"。由此,他认为研究哲学史,在一定意义上说就是研究哲学本身。恩格斯和列宁都十分赞赏这一看法。哲学原理离开了哲学史,就会脱离历史、脱离实践、脱离人类的认识。

有的同志会认为,既然马克思主义哲学的产生是人类认识史上空前的大革命,我们只要学习辩证唯物主义和历史唯物主义的原理就行了,何必花费精力去学那"过时"的哲学史。这是一种幼稚的想法。十月革命后,俄国出现的以波格丹诺夫和普列特涅夫为首的所谓"无产阶级文化派"就曾打着"文化革命"的旗号,号召无产阶级对待文化遗产应该像信教的人对待异教徒一样,"作为一堆废物彻底扔掉"。列宁狠狠地驳斥了这种虚无主义的主张,称之为"昏话","因为要知道,这是伪造历史唯物主义!玩弄历史唯物主义!"②诚然,马克思主义的产生确实是人类思想发展史上最光辉灿烂的旭日东升。但是,在马克思主义里绝没有与"宗派主义"相似的东西,绝非如资产阶级反动思想家所攻击的是离开人类文明发展大道的"非婚生子",恰恰相反,它是人类先进思想发展的必然结果。马克思主义哲学不是从天上掉下来的,也不是几个人凭空能杜撰出来的,它是哲学史上最伟大代表学说的直接继续。众所皆知,马克思和恩格斯在建立自己学说的时候,十分注意批判地继承哲学史上唯物主义和辩证法的传统,特别是批判地吸取了黑格尔辩证法中的"合理内核"和费尔巴哈唯物主义的"基本内核"。列宁和毛泽东在捍卫和发展马克思主义哲学的时候也都很重视哲学史的研究。譬

---

① 《马克思恩格斯选集》第 2 卷,第 122 页。
② 《列宁全集》第 35 卷,第 557 页。

如,列宁就阅读和研究过西方大哲学家的许多哲学著作,其中尤以对黑格尔更为重视。仅在1914至1915年中,列宁就读了《逻辑学》、《小逻辑》、《历史哲学》、《哲学史讲演录》,其研究成果集中表现于《哲学笔记》中。在列宁看来,不懂得黑格尔就不能理解马克思主义辩证法。我们常说马克思主义哲学的产生是伟大的革命变革,这是什么意思呢?许多人并不真正理解。我认为,这种革命变革就体现于马克思和恩格斯对人类社会所创造的一切,都用批判的态度加以审查,凡是人类思想所建树的一切,他们都探讨过,在工人运动中检验过,于是回答了人类先进哲学思想已经提出的种种问题,得出了那些被资产阶级偏见束缚住的人所不能得出的结论。如果不学习哲学史,不了解这种问题在人类认识史上如何提出的,为了解决这些问题走过了一条多么漫长而艰巨的坎坷道路,在这条道路上许多哲学家都作出了什么样的贡献,许多哲学家又为什么深深地陷入了迷途……对所有这些我们如若都不知道,可以肯定这种人是绝对不懂得马克思主义哲学的伟大意义的。他可以把马克思主义哲学原理背得滚瓜烂熟,但不会熟知这些原理的深刻内容。几十年来,我常常碰到这种事情,在哲学中几百年前就已提出了的、早已在哲学上被废弃了的命题,常常又被人们当作全新的智慧出现,而且在一个时期甚至成为时髦的东西。不懂哲学史,就会受骗上当。要记住,蔑视哲学史是不能不受惩罚的。

  我还想强调一下学习哲学史的实践意义。首先,一部哲学史也就是人类知识发展史。正如一个人的成长总要经历童年、青年逐渐成熟起来一样,每一个人的理论思维也总是要经历由低级到高级的辩证发展,而这个过程是不能超脱整个人类认识发展史的。恩格斯指出:"这种能力必须加以发展和锻炼,而为了进行这种锻炼,除了学习以往的哲学,直到现在还没有别的手段。"[①]一个民族要想站在科学的最高峰,就一刻也不能没有理论思维。这种理论思维的获得和提高则有赖于学习哲学史。熟知人的思维的历史发展过程,熟知各个不同的时代所达到的见解,熟知人类认识取得的成功经验和失败教训,熟知人类运用科学概念和范畴的本领是如何历史地形成,才能帮助我们学会正确地思维,以期达到少犯错误、做好工作的目的。其次,哲学史上的思想精华,不仅可以批判继承、加以借鉴,而且可以用来服务于无产阶级革命事业。举例来说,恩格斯早嘱咐过现代无产阶级的领导者,要把十八世纪末叶战斗唯物主义者所写的那些锋利的、生动

[①] 《自然辩证法》,第27页。

的、有才华的无神论的文献翻译出来,广泛地传播到人民中去。列宁十月革命后也主张尽快出版这些文献,以唤起群众自觉地对待宗教问题,自觉地批判宗教。有人说,这些老文献已经过时、不科学、很幼稚等等,列宁批评说,"这种不是掩盖学究习气就是掩盖对马克思主义一窍不通的冒充博学的诡辩,是再坏也没有了。"[①]我国"文革"时期,在极左路线的影响下,也曾盛行过对哲学遗产的"彻底决裂",说什么学哲学要走"捷径",管他什么黑格尔、"白格尔",学好"语录",一本万利。在把黑格尔当作一条"死狗"来对付的同时,猖獗的却是一种比黑格尔唯心主义还要浅薄和庸俗一千倍的唯心主义和形而上学。这种教训,我们不应忘记。

哲学史大体上又分为外国哲学史和中国哲学史,这两部分是同样重要的。我中华民族有悠久的哲学传统,在国际上也有深远的影响,我们不能妄自菲薄,言必称希腊。学习中国哲学史,能够帮助我们将马克思主义哲学的普遍原理中国化和民族化。毛泽东同志的哲学思想正是具有这种鲜明的民族特色,深为广大人民群众所拥护,在指导中国革命建设的过程中,发挥了巨大的作用。《实践论》讲认识和实践的关系,就是借中国哲学史上长期争论不休的知和行的关系的问题而予以透彻的阐明;"实事求是"一语原出《汉书》,毛泽东在延安整风时期予以理论上的改造,赋予新的内容,成为共产党人的哲学信条。其他,如《易经》、《老子》、《庄子》、《孙子》中的许多丰富哲学思想,也都被毛泽东经过改造运用得得心应手。毛泽东同志在这方面的贡献是十分重大的,为我们学习、宣传和发展马克思主义哲学作出了光辉的典范。

怎样学好哲学史呢？初学者往往满足于把各种哲学体系、理论观点按其出现时间的先后顺序简单地罗列。这是不行的。我们应当找出人类认识发展的必然规律,弃其糟粕而取其精华,并剥取那些在错误形式中所获得的成果。要达到这个目的,充分地占有材料固然重要,坚持马克思主义科学方法更是至关紧要。这需要刻苦学习马克思主义哲学理论。否则,几千年的哲学史在你面前只能是纷繁迷离,一堆乱麻,理不出头绪,抓不住要领,分不清是非,只能如堕烟海,充其量做一个资料袋。

我要向年轻的朋友提醒,在哲学史这个领域存在着马克思主义的哲学史观同非马克思主义的哲学史观的对立。有人不承认,但这是抹煞不了的客观事实。

---

① 《列宁选集》第 4 卷,第 605 页。

譬如说,哲学史发展的动力是什么?有的人就用虚构的原因(追求真理的欲望、"纯粹理想"的要求等等)来代替真正的现实的物质基础。哲学的党性原则对不对?有的人就主张所谓"客观主义",反对将哲学家依照他们如何回答思维和存在的关系问题而分成唯物论和唯心论两大阵营。研究哲学史要不要严格遵守历史观点?有的人任凭个人的好恶,在评价哲学家时,或以他们没有提供现代所要求的东西为出发点,或把古人事实上没有的思想硬挂在他们名下。在研究哲学史时有没有必要区分精华和糟粕?有的人不取分析的态度,一会儿来个虚无主义的全盘否定,一会儿又来个绝对主义的全盘肯定,结果不是弃其糟粕取其精华,倒是丢了精华陶醉于糟粕之中。凡此种种倾向,说明学习和研究哲学史必须以马克思主义为指导。列宁是我们的榜样,他一方面认为,理解马克思主义哲学,要研究黑格尔。反过来他更为强调,只有站在马克思主义哲学的立场上,才能真正读懂黑格尔,并从中吸取"合理的内核"。列宁是用马克思主义的观点去研究黑格尔的,因而取得了马赫主义、新黑格尔主义研究黑格尔所不可能达到的丰硕成果。这是一条根本原则,也是我们学习哲学史应当坚持的。这是一条减少曲折、免入歧途、增加效益的道路。因此,当着我们强调学习哲学史的时候,决不能放松、忽视马克思主义哲学原理的学习,而是应该加强,应该好好地读一读《政治经济学批判序言》、《路德维希·费尔巴哈和德国古典哲学的终结》、《自然辩证法》、《反杜林论》、《唯物主义和经验批判主义》、《哲学笔记》、《实践论》、《矛盾论》等著作。这些著作不仅精辟地阐明了辩证唯物主义和历史唯物主义的原理,给人以无产阶级的立场、观点和方法,而且是科学地研究哲学史的楷模,从中我们可以受到根本性的启发。

学习哲学史不仅需要马克思主义哲学的指导,而且哲学史的学习不能代替马克思主义哲学原理的学习。因为,马克思主义哲学乃是无产阶级的世界观和方法论。它的产生标志着以往一切旧哲学的终结,表明了人类哲学思想发展进入了一个崭新的阶段。在以往旧哲学的体系中,总的来说,唯物论和辩证法、自然观和历史观是互相脱节的,特别是对于社会历史的看法基本上是唯心主义的。马克思主义哲学则不然,作为一种全新的、完备的、严密的唯物主义理论体系,实现了唯物主义和辩证法的高度统一、辩证唯物主义的自然观和历史唯物主义的历史观的高度统一。那种把马克思主义哲学视作以往哲学史上若干种观点机械凑合的看法,是十分错误的,必须防止。

马克思主义哲学博大精深,足够我们学习和研究一辈子。现在有些人对马克思主义兴趣不大,认为这是一百年前的理论,不时兴了。但是,你若问他究竟认真读过几本马克思主义的著作,少得可怜。没有认真读过,岂能动辄就谈"过时"?! 如恩格斯在批评杜林时所说,现在人们可以批判和撰写"他们所不曾研究过的东西",这实在是一种很坏的学风。我们学习马克思主义哲学,一定要刻苦认真,持之以恒。应当尽可能多学一些原著,不要太依赖和迷信第二、三手的辅导参考材料。这自然会遇到一些困难,但不必害怕。学习无捷径,它成于勤而毁于惰。一、二遍不懂,多读几遍,联系思考,总会豁然贯通的。列宁曾经要求每一个觉悟的工人,对马克思主义的"全部观点以及这些观点的发展有一个独立的概念",①这自然应当也是我们的目标。对于马克思主义哲学的学习,不能搞片言只语,要注意系统性和完整性。在由一整块钢铁铸成的马克思主义哲学中,决不能去掉或忽视任何一个基本前提,任何一个重要部分,不然就会离开客观真理,就会落入资产阶级反动谬论的怀抱。在这方面,就我个人多年的体会特别感觉到,应当重视唯物辩证法和历史唯物论的学习。我们常说,马克思主义哲学是完备的唯物主义。究竟完备在哪里? 就在马克思和恩格斯把哲学史上的唯物主义形态推向前进,创立辩证唯物主义和历史唯物主义。因此,辩证法思想是马克思主义唯物论哲学的精华,"历史唯物主义是科学思想中的最大成果"②。但是,遗憾的是人们常常把马克思主义哲学唯物论混同于一般的唯物论。这就带来了一系列后果。譬如,近来很多自然科学家和哲学家都在谈论近代自然科学发展向马克思主义哲学的"挑战"问题,不可否认,处于"知识大爆破"阶段的自然科学的蓬勃发展,确实提出了许多新的问题,需要马克思主义哲学加以概括和总结。可是,能否认为马克思主义哲学的基本原理不灵了呢? 不能。这些基本原理是不会过时的。说到底,近代自然科学的发展只是更加证实了唯物辩证法,它是在向形而上学的唯物主义挑战。再譬如,从教学便于学生掌握知识的过程来说,总是把历史唯物主义当作辩证唯物主义的直接继续,这是有一定道理的。但是由此如若认为历史唯物主义是次要的,甚至要把历史唯物论从马克思主义哲学体系中分化出去,我认为是不妥当的。

总之,几十年来,我先后讲授过中国哲学史、外国哲学史和马克思主义哲学原理的原著课,根据我的体会,学习理论和学习哲学史确实是学习和研究马克思

---

① 《列宁选集》第 3 卷,第 175 页。
② 同上书,第 2 卷,第 443 页。

主义哲学很重要的两个方面。只要善于把两者结合起来,就能收到相互促进的益处。在这个过程中,要有毅力,做一个孜孜不倦的苦学者,一曝十寒是不行的。恩格斯在攻读黑格尔十分晦涩的著作时,记下了这样的体会:"假如您在读黑格尔的著作时陷入了'沼泽地',可不要因而止步,半年后,您会在这个沼泽里发现一些支撑点,沿着这些支撑点将会顺利走上大道。"① 为了学好中外哲学史,还必须掌握好古汉语和外文。在学习中要养成思考和分析的习惯,主要领会精神实质。徐特立老前辈有句名言:"不动笔墨不看书。"做点读书笔记,可以锻炼思维能力,也有利于记忆和融会贯通。笔记可以有许多种类型:心得式、眉批式、提纲式、摘要式、索引式等等。列宁的《哲学笔记》就是这样诞生的。只要学习目的明确,又肯花功夫,注意学习方法,马克思主义哲学是一定能学好的。

(原载《怎样学好大学文科》,复旦大学出版社1982年版)

---

① 《马克思恩格斯全集》第38卷,第207页。

解放后哲学教学的主要失误

近年来,在哲学问题的讨论中对哲学教学的意见特别尖锐,认为解放以来的哲学教学都是教条、空洞、僵化,没有生命力,不能适应时代的需要,应该加以改造和创新。的确,解放以来,在哲学教学上存在的问题太多了,不改进是没有出路的。

从哲学教学来说,我认为过去最大的失误,是没有真正理解马克思主义哲学的精神。恩格斯在《路德维希·费尔巴哈和德国古典哲学的终结》中说:"全部哲学,特别是近代哲学的重大的基本问题,是思维和存在的关系问题。……哲学家依照他们如何回答这个问题而分成了两大阵营。凡是断定精神对自然界说来是本原的,从而归根到底以某种方式承认创世说的人,组成了唯心主义阵营。凡是认为自然界是本原的,则属于唯物主义的各种学派。"

由于解放以来,哲学教学都是遵循统一的教学提纲,而提纲的制定者根据恩格斯的这一指示,把古往今来的哲学都划成了"唯物"、"唯心"两大阵营。这样一来,哲学工作者在理论联系实际的要求之下,就不仅把所有的哲学家、思想家、实际活动家都贴上了"唯物"、"唯心"的标签,而且认定凡是唯物主义者都是正确的,凡是唯心主义者都是反动的。否则,就是没有坚持哲学的党性原则。因而所谓哲学基本问题也就是在两大阵营中属于哪一个阵营的问题,它不仅是一个哲学理论的问题,也是一个属于什么政治关系的问题。因而,在"文化大革命"中,很多知识分子被批斗得死去活来,就是这一思潮酿成的后果。实际哲学教学提纲的制定者根本没有理解恩格斯在《路德维希·费尔巴哈和德国古典哲学的终结》中对于黑格尔的说明。我们知道,黑格尔是近代哲学史上的一个伟大的客观唯心论者,可是恩格斯就在阐明他的哲学是唯心主义时说:"……对他的思维来说他的哲学是正确的,所以他的哲学也就是唯一正确的。"恩格斯不仅把黑格尔哲学认做唯一正确的哲学,而且认为一些企图复活康德、休谟观点的不可知论者所采取的也是在"暗中接受唯物主义而当众又加以拒绝的羞羞答答的做法"。难道恩格斯自己也搞不清楚划分"唯物"、"唯心"的哲学原则吗？当然不是这样。恩格斯在《路德维希·费尔巴哈和德国古典哲学的终结》中说得明白，他说："但是，思维和存在的关系问题还有另一方面：我们关于我们周围世界的思想对这个世界本身的关系是怎样的？我们的思维能不能认识现实世界？我们能不能在我们关于现实世界的表象和概念中正确地反映现实？"

这就是说，所谓哲学基本问题，一方面是要解决思维和存在谁是本原的问题；另一方面是要解决思维和存在相互关系，即能否一致的问题。因为一个哲学家纵然强调自然是世界的本原，但是他的思维和行动如果同客观现实不相符合，这还有什么意义呢？黑格尔虽然自认是唯心主义者，但是他认为，概念既是作为本质的客体，也是本身自由能动的主体。在他看来，事物的本质就是概念或客观概念，思维是可以通过直观或表象来把握它的。这个把握过程，也就是概念的自我认识，因为主体也就是概念。所以他说："对象在思维中是怎样的，那它起先在自在和自为中也就是怎样的；它在直观或表象中是怎样的，那它就是现象。"这就是说，黑格尔在思维中抛弃了直观或表象的直接性而产生的概念，是自在自为的，它既是主体又是客体。说明了我们的认识是一个从感性到理性的辩证过程，因此，恩格斯才说："这决不妨碍黑格尔从他的思维和存在的同一性的论证中做出进一步的结论：因为对他的思维来说他的哲学是正确的，所以他的哲学也就是唯一正确的；只要人类马上把他的哲学从理论转移到实践中去，并按照黑格尔的原则来改造全世界，思维和存在的同一性就会得到证实"。由此可知，在恩格斯看来，一种哲学思想是否正确，并不完全决定于它属于唯心主义的阵营或是唯物主义的阵营，倒是决定于它能否真正解决思维和存在的相互关系，把握到客观的现实，作出符合客观实际的判断和决定。这也就是说，哲学的真正任务是在哲学基本问题的第二方面，而不在第一方面。第一方面不过是第二方面的理论前提，它说明了思维与存在在哲学领域中各自作为理论根据的不同过程，它没有要求和解决思维与存在之间存在的矛盾，所以哲学基本问题的第一方面不可能包含着第二方面，反之，第二方面在论证思维与存在能否同一的过程中倒是包含了第一方面。因此，认为第一方面已经包含了第二方面乃是不明白哲学任务是什么的一种误解，从而引出了不少问题。

但是，解放以来的哲学教学，都把"唯物"、"唯心"的对立，看作了超乎一切学术思想的最高准则，似乎任何一个问题、任何一个理论，若不归结到这个对立的观点上来，就不是马克思主义的立场。因而往往忽视了事物的所以发生、所以成长和转化的种种重要环节,只是满足于抽象的结论。马克思倾其毕生精力于资本主义社会规律的研究,而不仅仅满足于唯物世界观的树立。列宁一再强调:"马克思主义的活的灵魂,它的根本的理论基础,是辩证法。"并说:"辩证法就是认识论"。列宁这些话,无非说明马克思的唯物主义是要深入事物,不要满足于个别的实际经验,而要上升到理性认识,把握到符合于实际的事物本质,才算是达到了主观认识同客观现实的一致。所以列宁常说"辩证法、逻辑、认识论是一个东西",也就是这个意思。可惜这些马克思主义的创始人对于哲学基本问题第二方面的重要意见,并未受到我们的重视,而对思维与存在、人与自然、主体与客体这样重要的哲学内容,却抹煞了它们之间的复杂的辩证过程,而简单地归结为"一切服从客观规律",实际是一切服从主观意识,终于陷入个人崇拜与个人独断的泥坑。虽然事物变化都有其复杂的种种因素,但从哲学思想方面来看,不能不说是理论工作的重大失误。

总的说来,(一)马克思主义哲学的最大特征是把实践引入认识论的领域,明确了人和自然的辩证关系。人类在其社会历史的发展过程中,不仅能改造客观世界,同时也受到客观世界的改造。这一深刻的内容,充分说明了哲学基本问题第二方面的无比重要。(二)再就哲学本身的发展来看,古代哲学家对世界本原问题探讨的较多,近代哲学家则对认识论的研究比较侧重,而马克思正是通过他对认识论的重大贡献指出认识是能动的、革命的反映,才引起了哲学的伟大变革。(三)我们常说:我们不仅要认识世界,而且要改造世界,也具体说明了哲学的主要任务,是在哲学基本问题的第二方面,而不是在第一方面。为什么我们对此不加以认真地研究和发挥,而往往只是顺便带过,造成"失之毫厘,谬以千里"的恶果呢?归根到底,学习哲学的目的和任务,不是为了划分"唯物"或"唯心",而是要为人们的活动提供一个如何才能符合实际的途径和方向,可以达成我们认识世界和改造世界的目的。马克思主义哲学是一门独立的学科,它绝不代替其他科学去解决各个科学部门自己所要解决的问题,它的任务就在于阐明主体与客体、思维与存在之间的辩证关系,而不仅是交代世界是可知的,或不可知的。

(原载1988年12月20日《文汇报》学林版第353期)

马克思哲学的遭遇

马克思哲学在中国的影响是巨大的。它不仅广泛地提高了中国人民的思想认识,同时也有力地推动了中国社会的变化和发展。但是经过"文化大革命",很多人说:马克思主义哲学过时了,它不适合中国的需要。问题的关键在哪里?恐怕还得从马克思哲学的传播说起。

《联共(布)党史简明教程》是一本有代表性的著作,它在阐述马克思哲学时说:

"马克思与恩格斯在说明他们的辩证法时,通常都援引黑格尔,认为他是表述了辩证法基本特征的哲学家,但是这并不是说,马克思与恩格斯底辩证法和黑格尔底辩证法是一个东西。其实,马克思与恩格斯仅仅从黑格尔辩证法中采取了它的'合理内核',而抛弃了黑格尔唯心主义的外衣,并向前发展了辩证法,因而赋予了辩证法一个现代的科学的形态。"

《联共(布)党史简明教程》认为马克思与恩格斯采取并发展了黑格尔的辩证法,这是事实。但是该书所反映的辩证法是不是黑格尔辩证法的"合理内核"呢?恰恰相反,它不是从黑格尔发展了辩证法,而是从黑格尔取消了辩证法。我们知道,事物中普遍存在着"同一与差异"的关系,这个事实,不论形式逻辑或辩证法都是同样承认的。不过形式逻辑把两者孤立了,认为它们是互不相干的两个方面,而辩证法则认为两者是统一的,离开了一方,就没有了另一方,彼此是分不开的。所以黑格尔在他的《逻辑学》中说:

"由于他们死抓住以差异为其对立面的,这个不动的同一,所以他们看不到他们这样做时,就是把同一造成了片面的规定性,而这样的规定性,并不具有真理。人们也承认同一性命题只表述了片面规定性,只是包含一个抽象的、不完全的真理。——但是在这个正确的判断中,直接便包含这样的意思,即真理只有在同一与差异的统一中,才是完全的,所以真理唯在于这种统一。"[①]

---

① 《逻辑学》下册,第33页。

黑格尔说得非常明白,真理存在于同一差异的统一中,如果死抓住同一,把同一当做差异的固定的对立面,同一就变成了片面性的东西,没有了真理的意义。这也就是说,体现同一的一方与体现差异的一方,两者是又对立又统一的,既不能只看到两者的对立,也不能只看到两者的统一,这是辩证法的要义所在。因此,列宁认定:对立的统一乃是辩证法的核心。但是《联共(布)党史简明教程》在阐述马克思的辩证法时,把事物的关系,简单地归结为相互制约,没有了事物的内在联系,也没有了事物的转化,通篇看不到一句"对立统一"的用语,认为"发展就是对立的斗争"。这样没有统一作为前提的斗争,便成了无原则、无条件的乱斗。他们不了解斗争要以统一为前提,统一要以"斗争"求进展。他们曲解了斗争是绝对的含义,把斗争视为超乎一切的最高真理,认为只要斗争彻底就可以迅速地进入共产主义社会,结果适得其反,造成了整个社会从物质生活到精神生活的全面滑坡,同时马克思哲学也作为"斗争哲学"受尽了人们的指摘。

《联共(布)党史简明教程》在说明马克思哲学的"合理内核"之后,继续写道:

"马克思与恩格斯在说明他们的唯物主义时,通常都援引费尔巴哈,认为他是恢复了唯物主义应有权威的哲学家。但这并不是说,马克思与恩格斯底唯物主义和费尔巴哈底唯物主义是一个东西。其实,马克思与恩格斯是从费尔巴哈底唯物主义中采取了它的'基本内核',把它向前发展成了科学的哲学唯物主义理论,而抛弃了它的唯心主义的和宗教的伦理杂质。"大家知道,费尔巴哈虽然基本上是个唯物主义者,但他极力反对唯物主义这个名称。恩格斯屡次说过:"费尔巴哈虽有唯物主义的基础,但还没有摆脱旧时的唯物主义'羁绊',我们考察费尔巴哈底伦理学和宗教哲学时,便立刻看出他实在有一种唯心主义思想。"[①]

这里所说的"基本内核",当然是指唯物主义的理论。我们知道,费尔巴哈在当时德国古典哲学盛行的时候,恢复了唯物主义的权威,它的意义当然是很大的。但也正如上述引文所说,费尔巴哈的哲学也有许多重大的缺点,他的唯物主义并未摆脱机械论、形而上学和历史领域中唯心主义的窠臼,他的哲学实际上仍是属于旧唯物主义性质,那末,费尔巴哈的哲学为什么还会在当时产生这样巨大的影响,并使马克思和恩格斯也转变到他的唯物主义的立场上来呢?显然在费尔巴哈的哲学中还有为旧唯物主义所不曾有的特点,这是应该予以指明的!实际上这个特点就是费尔巴哈关于人的哲学。费尔巴哈不像旧唯物主义那样,把

---

① 《马克思恩格斯全集》第14卷,第652—654页。

人完全看成机械的东西。虽然他也认为人和自然同样是客观的实在,但是他用作出发点的哲学基础,乃是真实的感性的人,因此费尔巴哈把他的全部哲学叫做人的哲学。他断言思维从存在产生,而不是存在从思维产生,精神的东西如果没有感觉就不可能存在。他说:"神的主体是理性,而理性主体是人。"这就是费尔巴哈的人的哲学的根本观点。

费尔巴哈在他所写的《未来哲学原理》的"引言"中说:

"……未来哲学的任务就是将哲学从'僵死的精神'境界重新引导到有血有肉的、活生生的精神境界,使它从美满的神圣的虚幻的精神乐园下降到多灾多难的现实人间。……因此,目前的问题,不在于将人之所以为人陈述出来,而是在于将人从他沉陷的泥坑中拯救出来。……这些原理的任务,就是从绝对哲学中,亦即从神学中将人的哲学的必要性,亦即人类学的必要性推究出来,以及通过神的哲学的批判而建立人的哲学的批判,因此,要想对于这些原理加以评价,必须以近代哲学的明确认识为前提"。①

在这里,费尔巴哈说明了:(1) 他的哲学是人的哲学,或者叫做人类学。他要把哲学从僵死的精神境界解放出来,重新回到有血有肉的、活生生的境界中来,充分表现了费尔巴哈的唯物主义的立场。(2) 人的哲学具有两个任务:一是要通过哲学批判把人从他沉陷的泥坑中拯救出来;二是要把人之所以为人陈述出来。(3) 他认为:目前还不可能将人之所以为人陈述出来,因为这需要用一种"纯粹而真实的人的态度去思想,去说话,去行动"。所以,这是有待于下一代人的事情,因此目前还只能着重于将人从他沉陷的泥坑中拯救出来(即第一任务)。可是费尔巴哈的这个有待于下一代人的任务,即有关人之所以为人的陈述(即第二任务),却被马克思完成了。马克思不仅接受了费尔巴哈唯物主义的立场,同时也深化了费尔巴哈对于人的认识,马克思认为费尔巴哈不应该把关于人的认识局限于生理学和心理学等生物学的范围,而应该充分认识到人是生活在社会的实践之中,因而只有人的社会性才是人之所以为人的主要依据。这样也就丰富了费尔巴哈关于主体与客体统一的理论。费尔巴哈认为,"我对自己来说是主体,对他人来说则是客体",便是主客体的统一。实际主体与客体的统一乃是社会(包括自然)的客观存在与人类生活实践的统一,也就是思维与存在的同一性的体现。可是《联共(布)党史简明教程》引文只从表面看到马克思继承并发展了

---

① 《费尔巴哈哲学著作》(选集)上卷,第 120 页。

费尔巴哈的唯物主义,而不知道实际也是马克思继承发展并完成了费尔巴哈关于人的哲学的第二个任务。如果只看到马克思终生致力于社会的客观研究,便认为马克思没有把人作为哲学的出发点,这是不公正的。我们要知道马克思同恩格斯如果不是热忱地欢迎费尔巴哈通过神的哲学的批判而建立人的哲学的批判,就不会转变到接受费尔巴哈的唯物主义影响,而这个唯物主义的理论要求也正是费尔巴哈要把人从泥坑中拯救出来的第一个任务。这些事实说明了一个问题,即不承认马克思关于社会的研究,是为了把人从泥坑中拯救出来,从而获得人性的健康发展,是无法令人信服的。我们也知道,对于醉心"斗争哲学"的人们来说,当然是愈强调客观条文,愈对使用权力、巩固统治有利,因而他们不愿倾听把人从泥坑中拯救出来的呼声。这样一来,就使马克思哲学成了只强调"社会关系",而不是阐明"人的社会关系"的教条。

总之,不论马克思是从黑格尔那里接受"合理内核",还是从费尔巴哈那里接受"基本内核",它们都被《联共(布)党史简明教程》歪曲了。这就是马克思哲学在近些年来的遭遇!

(原载 1989 年 5 月 2 日《文汇报》学林版第 362 期)

我们应该怎样评价康德哲学

——就康德哲学的几个问题和李泽厚同志商榷

李泽厚同志的《康德哲学与建立主体性论纲》一文(见《论康德黑格尔哲学》,上海人民出版社1981年8月版),言简意赅,提出并解答了很多根本性的哲学问题。他的见解发人深省。但是,对文中的某些论点,我有一些不同的想法,提出来向李泽厚同志求教。

一

李泽厚同志认为,"康德哲学的巨大功绩在于,他超过了也优越于以前的一切唯物论者和唯心论者,第一次全面地提出了这个主体性问题,康德哲学的价值和意义主要不在他的'物自体'有多少唯物主义的成分和内容,而在于他的这套先验论体系(尽管是在谬误的唯心主义框架里),因为正是这套体系把人性(也就是把人类的主体性)非常突出地提出来了。"李泽厚同志表示,"要用马克思主义哲学来分析康德所提出的问题,作出符合时代精神的回答。"在怎样具体地分析康德所提出的问题并作出怎样的回答方面,我不完全同意李泽厚同志的看法。

我认为,旧的唯物论跟康德的先验论相比,既有优点又有缺点。优点在于它提出了一条唯物论的反映论的哲学路线。离开了这条哲学路线,就不能说明知识的客观性质,即知识来源于客观实际,知识的真假取决于是否符合客观实际。它的缺点在于没有能够说明在知识的产生和发展的过程中人的主观能动性的作用,而把认识当作一种消极的、被动的、机械的摹写。近代科学的发展,一再肯定了第一点而否定了第二点。我觉得第一点比起第二点来,是更加基本和更加重要的。在这个意义上,我认为旧的唯物论优于康德的先验论。

康德的这套先验的体系是否真的突出了人在认识中的主观能动性呢?我觉得要从两方面来看。一方面,人在每一个具体的认识过程中,都要运用自己所具有的理性知识来帮助分析、整理和组织感性材料,提高感性认识。在这个意义上,康德提出了人要运用一套基本的范畴来进行认识,确实突出了主体的能动作用。但是,另一方面,康德认为,认识的基本逻辑范畴不是从实践中得来的,而是人生下来就有的,是先于人的实际经验的;同时,康德还给人的认识划定范围,认为人只能认识事物呈现给我们的现象,而不能认识"自在之物",不能如实地认识事物本身,就是说,人的认识只能达到现象界,不能达到本体界。这样,康德实际上否定了人有不断向知识的深度和广度进军的认识能力。在这个意义上,我认为康德的先验论体系,倒是限制和贬低了人在认识中的主观能动性。

更加重要的是,能动性的一个重要标志,是它随着历史的发展而发展。而在康德的先验论体系中,人的认识形式是先天固有而不可改变的。这个看法是不符合人类认识发展史的。爱因斯坦相对论的时空观对牛顿的绝对时空观的否定,表明人类对时空的认识是一个不断深化的过程。同样,人类对因果范畴的认识也一直经历着重大的变化。古代印度的佛教认为前世作孽是后世受苦的原因。其实这样的因果关系是根本不存在的。从哲学史上看,休谟主张因果规律是虚设的心理规律;分析哲学家罗素和维特根斯坦则只承认概念上的逻辑必然性,不承认现实中的因果必然性;结构主义者阿尔都塞又认为,除了历时性的"线性的因果关系"之外,还有共时性的"结构的因果关系"。跟唯心主义者不同,辩证唯物主义者则坚持因果关系的客观性质,认为因果关系是事物间的一种内在的必然联系。人类认识发展史上的这些情况,不仅说明根本不存在什么固定不变的认识形式,而且说明人在认识过程中所使用的基本范畴不是由少到多地"积淀"而成的,而是在实践基础上,通过对象本身的矛盾发展或自我否定的规律不断发展的。李泽厚同志在分析康德哲学的时候,没有注意到能动性本身是发展的这一方面。他反复强调:人的心理结构是"积淀"而成的。但是,"积淀"这个概念怎么能够反映出心理结构变化发展的特征呢?

人在认识过程中的主观能动性,还表现为人不是预成地运用范畴,而是根据观察材料,有选择地运用范畴的。因此,是观察材料决定应该选择什么样的范畴,而不是范畴决定观察材料。物理学家必须首先观察物理现象,然后根据它们的性质来决定运用什么样的数学公式,对它们加以整理,列出表达它们之间数量关系的方程式。正因为这个原因,我认为:就每一个具体的认识过程来说,把它分为"感性认识"和"理性认识"这样两个阶段,是完全合理的。它坚持了"感觉是我们知识的唯一源泉"①这个认识论的前提,坚持了唯物主义的反映论。认识的实际过程,并不是像李泽厚同志所说的那样:"从感觉一开始就先有一整套主观方面的因素在里面"起作用。

李泽厚同志特别强调"理性直观的能力"。"直观"这个概念在各派哲学家手里有不同的用法,因而经常引起混乱。而"理性认识"一般是指人们在感性认识的基础上,运用概念进行抽象思维,从而形成多少反映事物本质的新概念的一种认识活动。我不知道李泽厚同志所说的"理性直观",是否指不借于概念的抽象思维,而直接凭感官去把握事物本质的一种认识活动?如果是那样的话,那么我认为:这样的认识活动事实上是不存在的。为了说明"理性直观",李泽厚同志举了爱因斯坦讲的"自由创造的能力"来证明。但是,爱因斯坦作为一个自然科学家,十分强调概念必须经受实践的检验,而由观察得来的材料的真伪,必须要运用概念的抽象思维。证伪主义者波普尔认为,从"问题"到"推测"是一个非逻辑的过程,只有从"推测"到"反驳",才是一个逻辑的过程。我同意他的后半点看法,不同意他的前半点看法。因为他只承认演绎法是逻辑的方法,不承认归纳法也是逻辑的方法。归纳法和演绎法在实际的认识过程中是相辅相成的。在科学研究中,归纳法在过去和现在都起着积极的作用。当然,形成概念、思想和理论的方法不仅仅限于演绎法和归纳法,而且它们(特别是后者)都还不很完备,还在继续发展中,其他的方法跟它们相比较,就显得更不规范化了。在这种情况下,我们要形成概念,当然不能受这两种方法的限制。我认为,爱因斯坦提出"概念的自由创造"的观点,其用意在于打破现有的演绎法和归纳法对于形成概念的束缚,而不是反对使用概念的逻辑方法。

李泽厚同志还提出了"感性直观中理性积淀"的理论。我猜想:这大概就是他的"理性直观法"的理论根据。我认为,要形成一个新的概念,必须要有实践的基础,要经历感性认识的阶段,在这个基础上运用我们已经获得的概念或范畴,对它们进行分析、整理和概括,从而提出新的概念,然后再让概念经受实践的检验。实践的检验本身,又有一个运用概念的逻辑思维过程。所以,在辩证唯物主义看来,不经过运用概念的逻辑思维而凭直观认识事物本质的所谓"理性直观",事实上并不存在。离开了实践,离开了人的抽象思维活动,主体和客体是不能直接地"交融合一"的。

---

① 《列宁选集》第 2 卷,第 125 页。

把康德称为在哲学史上第一个突出了主体能动性的哲学家,这个评价似乎也不符合哲学史的历史事实。人在认识过程中的能动性,充分体现在人选择和运用概念的能力上。康德为认识所设置的框架,对于人类来说既不可选择,又不可改变。这样势必为认识划定界限,势必导致不可知论。在这个意义上,康德的这套先验论体系不仅没有突出主体在认识中的能动性,反而束缚了主体能动性的发挥。他自己也明白地表示过这一点。与康德相反,黑格尔却是强调了主体的能动作用。因此,我觉得在哲学史上,第一个真正突出了主体在认识中的能动作用的哲学家是黑格尔,而不是康德。

李泽厚同志还提出了"人类学本体论的实践哲学"。它是通过改造康德的哲学来完成的。他认为康德的先验论体系把人类的主体性非常突出地提出来了,但是它跟唯心主义的框架结合在一起,所以必须加以改造,即去掉它的唯心主义的框架。这里讲的"主体性",主要是指"主体的知、情、意的心理结构",用康德的话来说,即包括"理论的理性"、"实践的理性"和"审美和目的论的判断"在内的一整套体系。李泽厚同志认为,它们是通过漫长的历史实践建立起来的。我很同意这个看法。但是,他对主体的论述似乎还包括以下两个含义:(一)主体的心理结构相对于人类来说,是从实践中建立起来的,但是相对于个人来说是先验的;(二)这种结构通过生物遗传的方式一代一代传下去。李泽厚同志还说:"从遗传密码、大脑结构到人体特异功能,是否正在开辟另一个无比灿烂的科技前景呢?今天的哲学认识论为什么不为通向未来而高瞻远瞩鸣锣开道呢?为什么不可以反'反心理主义'呢?"我之所以用了"似乎"二字,是因为担心误解了李泽厚同志的原意。例如,前面提到的"积淀",它是一个哲学的概念还是物理学的概念?"理性"究竟是怎样"积淀"到"感性"中去的?这个概念虽无确切的含义,却是李泽厚同志哲学观点的关键所在。

在我看来,心理结构应区分关于意识内容的结构和关于心理机能的结构这两个方面。第一方面不是通过生物的方式遗传的,第二方面是可以通过生物的方式遗传的,它的进化当然也要受社会实践活动的巨大影响。李泽厚同志所说的心理结构属于前者,因为他指的是"时空"、"因果"等认识的范畴和"仁"、"礼"等伦理的规范等等。我认为,这一方面的心理结构不是先天遗传的,其理由如下:

(一)一个人如不接触现实,不学习他人的间接知识,不对自己的直接经验加以总结,就没有关于这些基本范畴的任何知识。(当然,笛卡儿、莱布尼兹、乔姆斯基等唯理论者早就说过:这些范畴已经先天地存于人的头脑中,跟现实接触只是把它们诱发出来罢了。)

(二)假定这些范畴已经先天地存在于人的头脑中,那就主要考虑以下情况:

如前所说,"时空"、"因果"等认识范畴和伦理的规范等等在社会历史中经历着不断的变化和发展。当新的一代人学习新的范畴和规范时,并不先诱发出旧的范畴和规范,而是直接学习新的范畴和规范。而从生物学的观点看,凡是由先天遗传因素决定的东西,在后天至多只能有部分的变化,而不发生根本性的变化,根本性的突变首先发生在基因中;如果用这个观点来解释认识范畴与伦理规范等等,那么就要得出心理结构的根本变化,是由遗传基因的突变决定的荒谬结论。事实上,就意识内容的心理结构而言,并不是通过生物的方式,而是通过社会的方式"遗传"的。前一代人的心理结构不是保存在遗传密码中,而是保存在社会的语言文字中,保存在还继续活着的人们的记忆和思想行为的模式中。新一代人在家庭和社会的影响下,在各种程度不同的教育的熏陶下,通过自己的社会实践活动,把所获得的直接经验跟间接经验知识加以比较和鉴别,从而形成自己的心理结构。这里既有继承的一面,又有创新的一面。

总之,相对于人类来说,心理结构是后天形成的;相对于个人来说,心理结构也是后天形成的,是在人类的社会实践中逐步建立起来的。心理结构是一种能动的结构,它在历史中经历着革命性的变化,而这种变化跟人类历史上的科学革命、文化革命和社会革命是相适应的。

二

李泽厚同志在《康德哲学与建立主体性论纲》一文中还分析了人性的问题。长期以来,由于林彪、"四人帮"的歪曲,马克思主义关于人的学说被糟蹋得不成样子,这是酿成十年悲剧的重要因素之一。为了防止这种悲剧的重演,人的问题在当前受到普遍重视,这是很自然的。我们理论工作者在这些问题上的应尽责任是什么呢?是恢复、澄清并在这个基础上发展马克思关于人的学说,还是像存在主义所说的那样:由于马克思主义"忘记了人",因此要用某种"人学"来补充马克思主义?答案虽然显而易见,但做起来并不容易。拿我自己来说,就有一番克服情绪上困扰的过程。另外,马克思论述人性的一些著作,如《1844年经济学—哲学手稿》和《德意志意识形态》等等,都非常艰深。因此往往出现这样的情况,我觉得别人的理解不正确,别人也会觉得我的理解不正确。但是,为了弄清问题,我还是对李泽厚同志关于人性的不同看法直言不讳地提出我个人的意见,以进行讨论。

李泽厚同志认为,人性不能归结为"自然性",也不能归结为"社会性",而"应该是异化了的感性和异化了的理性的对立面,它是感性与理性的统一,亦即自然性与社会性的统一。这统一不是二者的相加、凑合或混合,不是'一半天使,一半恶魔',而应是感性(自然性)中有理性(社会性),或理性积淀在感性中,两者合二而一,融为整体。这也就是马克思《1844年经济学—哲学手稿》中讲的自然的人化或人化的自然。"这是李泽厚同志对人性的概括说明。我觉得这种说明跟马克思的思想是不一致的。

马克思在《关于费尔巴哈的提纲》中说:"费尔巴哈把宗教的本质归结于人的本质。但是,人的本质并不是单个人所固有的抽象物。在其现实性上,它是一切社会关系的总和。"[1]这段话是大家都熟悉的,但人们对它的理解却出入很大。我认为,马克思说得很清楚,人性是指人的社会性,即"一切社会关系的总和",而不是所谓"自然性与社会性的统一"。可是,李泽厚同志认为"社会性"这个概念"并不很清楚";从这个"并不很清楚"的概念出发,经常会把人性"变成一种异化的存在,或具有异化的性质"。因此,把社会性当作人的本性,就会把人的异化性质当作人的本性,而人的本性应该是跟人的异化的性质相对立的。不可否认,很多人一谈到异化的人性时,往往就会从一种简单的逻辑推理出发,得出了必定存在一种非异化的固有的人性的结论。而这种固有的人的本性到底是什么呢?一种看法是人的自然性,另一种看法是人的自然性和社会性的统一。李泽厚同志持后一种看法。

这种考虑问题的思路是欠妥的,是对马克思异化学说的误解。马克思从来不认为存在固有的人的本性,异化的人性不是相对于固有的人的本性而言的,而是对于在历史的无限展开的过程中的未来的人而言的。人一旦成其为人的时候,就是社会的人。人通过自己的社会实践活动来创造自己的历史,人的本质就体现在这一创造活动过程中,即体现在生产活动中,体现在生产活动中形成的并且是以生产关系为基础的一切社会关系的总和中。因此,每一历史时期的人的本质在其现实性上,它是这一时期一切社会关系的总和;而非异化的人的本质,

---

[1] 《马克思恩格斯选集》第1卷,第18页。

既不应从人的自然属性中去寻找,也不应着眼于过去,把它看成是历史上某一时期所形成的东西在人的生理——心理组织上的凝结或积淀,而应着眼于将来,它体现在人今后的创造活动中,它是未来社会关系的总和。当共产主义社会为人的全面发展,为人性的完善创造了条件时,而完善的人性就体现在那样的一种社会关系的总和中。马克思在论述人性时,还批判了费尔巴哈不懂得人性是一个社会范畴和历史的范畴,指出费尔巴哈:

(1) 撇开历史的进程,孤立地观察宗教感情,并假定出一种抽象的——孤立的——人类个体;

(2) 所以,他只能把人的本质理解为"类",理解为一种内在的、无声的、把许多个人纯粹自然地联系起来的共同性。①

我觉得,如果要把人跟普通动物区分开来,找出人跟普通动物在自然属性方面的差别,并不是不可能的。生物学家完全可以根据人的脑、手甚至细胞组织的特性,把人归入到特殊的一个"类"中去。但是,如果要把这种"类"的特性当作人性,那就不能表现出人性是在历史的过程中展开的和在社会关系中实现的这两个根本特点。正是这两个根本特点,使马克思主义关于人性的学说跟资产阶级的人道主义人性论划清了界限。

有的同志曾认为,从《关于费尔巴哈的提纲》中可以得出马克思主张不存在固有的人性的结论。但是,根据《1844年经济学—哲学手稿》,却得不出这样的结论。因为马克思在《手稿》中谈到了"人向自身的还原或复归";②在《资本论》中,他又说:"要研究人的一般本性,然后要研究在每个时代历史地发生了变化的人的本性。"③有的同志说,马克思这里所谈的"人的一般本性"就是指"人的固有本性","人向自身的还原或复归"就是向人的固有的本性的还原或复归。要不然,异化以及还原或复归的问题就无从说起。

人们会问:是不是在马克思的思想中存在自相矛盾的地方呢?是不是马克思的思想前后不连贯呢?我认为不是这样。因为第一,马克思所说的"人的一般本性",决不是指人的固有本性,它乃是从每个时代历史地发生了变化的人的本性中总结出来的。不是像费尔巴哈那样把人当作"类",然后从单个中找出现存的共同的跟普通动物相区别的东西,并把这种东西当作人的本质;而应当根据历

---

① 《马克思恩格斯选集》第1卷,第18页。
② 《1844年经济学—哲学手稿》,第73页。
③ 《马克思恩格斯全集》第23卷,第669页。

史的发展,分析每个时代发生了变化的人的本性,再从中找出真正的人的本性是什么。马克思运用这种历史唯物主义的方法,得出真正的人的本性应是在未来的消灭了私有财产的共产主义社会中所体现出来的人性,从而"人性的复归"跟"实现共产主义"统一起来。所以马克思说:"共产主义是私有财产即人的自我异化的积极的扬弃,因而也是通过人并且为了人而对人的本质的真正占有;因此,它是人向作为社会的人即合乎人的本性的人的自身的复归,这种复归是彻底的、自觉的、保存了以往发展的全部丰富成果的。"① 从这段话中可以看出,马克思所说的"合乎人的本性的人",是指"作为社会的人",而不是指作为自然性的人或作为"自然性与社会性的统一"的人。

我觉得,李泽厚同志并没有把人性当作一个社会的和历史的范畴来理解。这可以从以下几个方面看出来:第一,他关于人性是"感性(自然性)中有理性(社会性),或理性积淀在感性中"的说法,归根到底是把社会性落实到自然性中去,是从人的自然性中去发掘人的本性。第二,虽然他谈到"积淀"是在历史中进行的,但是这与马克思关于人性是一个历史性的范畴的看法相去很远。马克思认为,非异化的人性是体现在发展的历史的趋势中的,是在未来的共产主义社会中实现的。而李泽厚同志认为,非异化的人性是以往"积淀"的结果。一个是向前看,而另一个是向后看。第三,他试图找出全人类共同的人性,并认为这种人性就是人的"主体性"。我觉得,按照马克思关于人的本质在其现实性上是一切社会关系的总和的看法,就现实的人来说,在全人类废除私有财产、消灭阶级差别、实现共产主义以前,这种全人类的共同的人性是不存在的。社会制度的不同、社会阶级地位的不同以及意识形态的不同,就决定了在一定的社会关系中生活的人具有不同的人性。第四,他关于人性就是"理性积淀在感性中",就是"超生物族类的主体性"的说法,牵涉到对康德整个哲学的评价问题。康德在这个问题上的看法,同唯物主义的反映论是根本对立的。马克思恩格斯指出:"我们的出发点是从事实际活动的人,而且从他们的现实生活过程中我们还可以揭示出这一生活过程在意识形态上的反射和回声的发展。甚至人们头脑中模糊的东西也是他们的可以通过经验来确定的、与物质前提相联系的物质生活过程的必然升华物。"② 这就是说,人头脑中的概念、范畴等等,都是在社会生活实践基础上

---

① 《1844年经济学—哲学手稿》,第73页。
② 《马克思恩格斯全集》第3卷,第30页。

对客观世界的反映。

有一种看法,凡是关心人、关心人的命运和人的解放的学说,都是人道主义,或至少应该包含人道主义。我觉得为人道主义下这样一个定义太宽了。历史上有哪一种哲学,甚至有哪一种宗教不高喊关心人、关心人的命运和解放的呢?从基督教的"赎罪救世"、佛教的"普度众生",到实证主义的创始人孔德的"人道教"和分析哲学家波普尔的"社会改良主义",不是都把人放在中心位置上吗?在近现代,实证主义的思潮一直是被看成跟人道主义的思潮相对立的,但是就实证主义的"捍卫科学和拒斥形而上学"这一基本纲领来说,其最终目的不也是为了要把人从异己的自然力量和社会力量的控制下解放出来吗?实际上,人道主义这个词有着特定的含义。它是一种假定人有着固有的抽象的本质,并从这种本质出发,提出和论证一系列社会理论的学说。人道主义人性论,最初是近代资产阶级提出来,用以反对以宗教神学为精神支柱的封建主义的一面旗帜,在历史上起过进步作用,但它跟马克思主义关于人性的学说有着根本的区别。马克思主义认为,只有具体的人性而没有固有的抽象的人性。人性是一个社会性和历史性的概念,要把它放到一定的社会关系中去考察。在人类历史上,也只有马克思主义才真正关心人,才真正要解放人类,才真正为人性的完善和人的全面发展指明了一条确实可行的道路。人道主义和马克思主义,两者有着原则区别。西方存在主义的人道主义虽然也呼喊反对人的异化,但它并没有指出一条确实可行的摆脱异化、实现人的解放的道路。它不但没有从根本上解决问题,反而转移了人们从实质上去解决问题的注意力。马克思主义对存在主义一类的人道主义,应采取分析批判的态度。今天,在东方反对封建残余,在西方反对各种人性异化的真正有效的思想武器,只能是马克思主义,而不可能是存在主义之类的人道主义。

三

在谈到康德哲学中的伦理学、美学和认识论、逻辑的关系时,李泽厚同志认为:康德比黑格尔高明。他说:黑格尔把整个哲学等同于认识论,这实际上是一种泛逻辑主义或唯智主义,它把一切予以逻辑化、认识论化,人的存在的深刻的现实性经常被忽视或抹掉了。"黑格尔这种泛逻辑主义和唯智主义在今天的马克思主义哲学中也留下了它的印痕和不良影响。它忽视人的现实存在,忽视了伦理学的问题。在黑格尔那里,伦理学是没有地位的,不过是他的认识论和逻辑学的一个环节罢了"。我觉得,这样评价黑格尔的伦理学、认识论和逻辑学等的关系,是不公平的。

事实刚好同李泽厚同志说的相反,在康德哲学中,认识论、逻辑和伦理、美学几部分之间的关系是断裂的;而在黑格尔哲学中,这几部分之间却是统一的;并且,在康德看来,伦理规范和审美判断是不可认识的,是不合逻辑的,而在黑格尔看来,它们却是可以认识的和合逻辑的。我认为,在这方面黑格尔比康德高明。我们下面可以对康德和黑格尔的伦理学作些对比分析。

首先,康德只强调人的道德动机,而不问人的实际行为,把动机与效果割裂开来了。黑格尔反对这种观点,主张动机与效果应该是统一的。他认为,道德是以个人对善与恶的理解为基础的,实际上这是人们对主观意志的自我规定。人在自己的活动中有满足自己兴趣、爱好和愿望的权利。这种权利,就是个人行为的目的和动机。按照这种动机去做,就会产生一定的效果。但是,要使个人的行为成为合乎道德的行为,必须使个人的行为符合于个人的自觉意志,这种行为对个人来说,就有主观的价值。黑格尔指出,只强调道德行为的动机,而不问实际效果的观点,等于从来不会发绿的枯叶,是没有意义的。

其次,黑格尔从动机与效果统一的观点出发,认为在追究道德责任时,只有当自觉意志的过错而产生的不良结果,对个人来说才是有责任的。比如,杀死自己父亲的欧狄普斯由于当时不是故意要杀他的父亲,所以是不应该被控告为有罪的。在黑格尔看来,人只能对自己明知情况时所作的事情承担责任。这种对问题采取分析的态度,是有其合理因素的。

再次,黑格尔还反对康德的为尽义务而尽义务的道德形式主义,主张尽义务不能和满足个人的兴趣爱好对立起来。在康德看来,人只是为尽义务而活着,而尽义务的"高尚品格却与快乐的生活毫无共同之点"。这就是说,在社会生活中,对工作不能要求个人的兴趣和爱好,否则就会贬低人存在的价值。黑格尔认为,这样来看待个人的道德,是把道德看得过于严峻了。当然,个人应该对社会尽义务,但尽义务和照顾个人的兴趣与利益两者不是对立的,处理得好,是可以统一起来的。就这方面讲,黑格尔的观点是积极的,比康德的为尽义务而尽义务的形式主义有更多的合理因素。

黑格尔把保存人的生命作为评价道德的主要依据。对保存生命有重要意义的行为,在道德上应给予充分的肯定。比如当人的生命处于危急之中,并且到了只有偷窃一片面包才能维持生命,在这种情况下偷窃面包的行为就不能算作寻常的偷窃。他说,生命作为各种目的的总和,具有与抽象的法相对抗的权利。

最后,和康德不同,黑格尔认为道德和伦理两个概念是有区别的。道德仅仅是从个人的主观意志来说的,是对个人意志的一种规定。在道德的领域是不能使用暴力的。包括家庭和国家在内的社会中人和人的关系就是"伦理"。黑格尔说:"伦理的实体是个人的本质"。在黑格尔看来,个人的道德必须以社会和国家为基础,否则,就谈不上个人的道德。当然,黑格尔是个唯心主义者,他所说的家庭、社会和国家,是绝对观念的体现,而不是现实的经济基础和上层建筑。马克思主义认为,要了解伦理规范的性质,必须具体地分析当时的社会经济状况,看它是否顺应历史发展的趋势。在历史上,新的、代表社会进步的伦理规范,往往随着社会革命而诞生。例如,在美国的独立战争和法国大革命中就产生以"人权宣言"为代表的反对封建特权的资产阶级的伦理规范。伦理规范是否正当,也要看它是否符合社会历史发展的规律(逻辑),是否适应当时社会经济基础发展的要求。因此,必须首先认识历史发展的规律(逻辑),才能评价和制定伦理规范。在这里,认识论、逻辑学和伦理学是相统一的。这并不是把伦理学消溶在认识论和逻辑学中,而是指出它们之间实际的相互关系。

在康德哲学中,认识论并没有贯穿到伦理学中去。因此,康德的伦理学具有神学主义的色彩,把伦理学变成了上帝的"绝对命令"。康德所谓的"实践理性"成了论述上帝存在的根据。可是,在黑格尔看来,伦理规范的性质可以从逻辑的发展中得到证明,并且不是一成不变的东西,不是不可知的,而是可变的,是可以认识的。我认为,黑格尔的伦理学比起康德的伦理学来,更近乎表述了伦理学的实质,包含有更多的合理性。

恩格斯指出:"我们断定,一切已往的道德论归根到底都是当时的社会经济状况的产物。而社会直到现在还是在阶级对立中运动的,所以道德始终是阶级的道德;它或者为统治阶级的统治和利益辩护,或者当被压迫阶级变得足够强大时,代表被压迫者对这个统治的反抗和他们的未来利益。在这里没有人怀疑,在道德方面也和人类知识的所有其他部门一样,总的说是有过进步的。但是我们还没有越出阶级道德。只有在不仅消灭了阶级对立,而且在实际生活中也忘却了这种对立的社会发展阶段上,超越阶级对立和超越对这种对立的回忆的、真正人的道德才成为可能。"①这就是说,道德是由经济基础决定的,是随着经济的发

---

① 《马克思恩格斯选集》第3卷,第134页。

展而发展的,不同的时代有不同的道德。道德是属于历史的科学。这是马克思主义对道德的基本看法。

可是,李泽厚同志一方面认为"永恒不变的共性也许只是动物性,不同的生存、婚姻、美味、爱情都具体地制约和被决定于社会环境和历史",而社会性"经常变成了一种异化存在,或具有异化的性质"。按照逻辑,在"感性"中所"积淀"的"理性",所"积淀"而成的心理结构,就不应是非异化的心理结构,而应该是异化的心理结构。另一方面,他又主张所"积淀"下来的是非异化的"理性",所"积淀"而成的是非异化的心理结构。这两者怎么能够统一起来呢?他还说:"道德继承性不会是具体内容的继承,内容随时代、社会、阶级具有极大差异甚至对抗,但也决不是语言外形式的继承,不是借用或沿袭道德的名词和概念。实际上继承的应是这种人类心理结构的内形式。尽管内容可以是历史具体地决定于社会、时代、阶级,但正是这种形式原则却构成人类的伦理学本体。"我觉得这段话颇难理解。人类心理结构的内形式究竟是指什么呢?内形式怎样跟内容相分离呢?在逻辑上,只有当假定除了有其性质决定于社会、时代、阶级的伦理道德之外,还有另外一种道德,才能谈得上作为一种"人类心理结构的内形式"的道德继承问题。

事实上,李泽厚同志是从全人类的角度来谈伦理道德问题。他写道:"王国维讲李后主的词,说作者好像有担负人类整个罪恶的境界。如果借来说明这样一种责任感倒是合适的。这样,就把个人和整个人类完全合一了。因之它也就超乎任何集体或个体的因果规律或功利效应,正因为这样,它才具有那样一种崇高性质而激动人心,由此而产生的道德感情才是'敬畏':只有人类才有的自觉的理性感情。这样一种伦理行为和理性感情便与基于本能的动物牺牲个体保护群体区别开来。"这样离开人类发展的特定历史条件,谈论全人类的道德,我以为是难以取得正确结论的。

从唯物史观看来,在私有制消灭以前的阶级社会中,根本不存在超越一定的政治和经济的集团,当然也不存在超越阶级的伦理道德。在完成了社会主义的所有制改造,资产阶级作为一个阶级已经消灭的现今的中国社会中,是否应把建立一种以全人类为出发点的伦理学提到首位呢?我认为在考虑这个问题之前,必须明确无产阶级的历史使命是解放全人类。在这里,无产阶级的阶级性跟"担负全人类的存在和发展的义务和责任感"是统一的。两者并不存在什么矛盾和对立。如果我们为了克服"阶级斗争扩大化"造成的危害而放弃阶级分析的方法,提出一种"人类学本体论的伦理学",那就会引起混乱,就会在"阶级斗争扩大化"和"人性论"这两个极端上来回颠倒。

今天,为了建设社会主义的精神文明,尤其需要重视伦理学的研究。伦理规范的建立应该跟实现四个现代化和共产主义的宏伟目标和理想联系起来。伦理规范不是神秘的东西。我们要在唯物史观的指导下,建立一套为大家所遵循的新的伦理规范,并随着认识的深化而不断对它们加以修正,为实现我们伟大的理想服务。

我像李泽厚同志一样,深信"马克思主义哲学本身的创造性有待众多中华儿女——而不是依靠个别人物——去恢复和发扬"。作为理论工作者,我们确实有责任按照马克思主义的基本原理,对历史上遗留下的和现实存在的各种问题,进行深入的研究,在共同探索、相互切磋和相互攻难中作出较为系统的哲学方面的说明。这也就是我写这篇商榷文章的原由。

(原载《复旦大学学报》1983年第5期)

评"西方马克思主义"的主要哲学观点

所谓"西方马克思主义",是指一种具有特定内容的意识形态。它产生于第一次世界大战以后,而在五十年代六十年代广泛流行。英国学者安德森说:"它是在二十年代,尤其是在第二次世界大战的世界巨变中,冲破苏联、第三国际和各国共产党的控制而在西方产生和发展起来的。"[①]"西方马克思主义"同"西方的马克思主义"不是同一个概念,它只是在现代资本主义社会形形色色的"马克思主义"中的一种思潮,不过比较起来,它延续的时间较长,包括的范围较广,对人们思想的影响较大,同现代资产阶级哲学的关系也较深。

"西方马克思主义"又有许多不同的分支,这些不同的分支观点不尽相同,在有的问题上甚至相互对立。我这里介绍的主要是当前较流行的一些"西方马克思主义"主要流派的观点。它们是:法兰克福学派(代表人物是霍克海默尔、阿多诺、马尔库塞、弗罗姆、哈贝马斯及施米特等);存在主义的马克思主义(代表人物是:梅劳-庞蒂和萨特尔等);新实证主义的马克思主义(代表人物是德拉-沃尔佩及他的学生科莱蒂);结构主义的马克思主义(代表人物是阿尔都塞)。"西方马克思主义"的早期代表卢卡奇、柯尔施、葛兰西以及第二次世界大战以后的代表人物布洛赫和列斐伏尔等人的论点也收集了一部分。此外,有些人如实用主义者胡克和一些新托马斯主义者,虽不属"西方马克思主义"之列,但在有些问题上因其观点和"西方马克思主义"有相通之处,为了说明问题起见,也在个别地方引用了他们的论点。

一、"西方马克思主义"对马克思主义总的看法

卢卡奇在1923年发表了《历史和阶级意识》一书,这本书现在被公认为"西方马克思主义"的第一部代表作。卢卡奇在这本书中第一篇文章的第一页上写

[①] 安德森:《西方马克思主义思考》。

道:"什么是马克思主义的正统?""正统的马克思主义,并不意味着无批判地接受马克思的研究成果,它并不是对这个或那个命题的信仰,也不是对某本'圣'书的注释。相反,正统性只指方法。辩证唯物主义成为通向真理的道路,它的方法能沿着其奠基人制订的路线发展、扩充和深化,正在于它具有科学的说服力。"①这段话本身并没有什么重大错误,马克思主义确实要反对教条主义,要在实践中向前发展。但是,"西方马克思主义"者却在反对教条化的旗号下走向极端,提出了两个具有很大影响的论点。

1. 马克思主义危机论

阿尔都塞在 1977 年 11 月 11—13 日在威尼斯举行的关于"革命后的社会"问题会议上,发表了题为《马克思主义的危机》的演说。他说,马克思主义的危机并不是最近才有的,也不是从中苏分裂公开化以及西方共产党同苏共之间的分歧而加深的国际共运的危机开始的,甚至不是从苏共二十大开始的,而是在三十年代就出现了。不过一出现就被斯大林压下去了,使它没有爆发出来,而现在这场危机终于"爆发"了。他说:"在六十年代的整个检验时期,我们以我们的不同方式'回到经典',当时,我们阅读或重读马克思、列宁、葛兰西,试图在他们那里发现一种活的马克思主义,而现在,却不得不承认,我们的理论传统虽然并不是'纯粹的';即同列宁的过于轻率的说法相反,马克思主义并不是'一块钢铁',而是包含着困难、矛盾和空白"。他还说:"经典作者并不给我们提供了一个统一而完善的整体,而是给我们提供了一系列著作,其中包含许多可靠的理论原则和分析,同时也混杂着困难、矛盾和空白,这一点是没有什么奇怪的"。②

科莱蒂在 1974 年一次答记者问时说:《资本论》中的一些预言,有的成了问题,而且《资本论》本身的主要考验还没有通过,即《资本论》预言,进步的西方发生一次社会主义革命还未实现。因此,今天马克思主义处于"危机"之中。要克服这种危机,唯一的办法是承认这个危机。他在另一个场合还说过:"马克思主义一出现,它就定型了。但是,从十月革命后,二十年代起,发生了什么事呢?在西方,革命失败了,无产阶级被挫败了。马克思主义只是在各大学里作为一种学院思潮而存在着,出版的都是一些纯理论和文化方面的著作。……这是在西方的命运。在东方又怎样呢?革命的确发生了,但是那些国家资本主义发展程度

---

① 卢卡奇:《历史和阶级意识》。
② 阿尔都塞:《马克思主义的危机》。

很落后,因此,没有机会可以建立社会主义社会。在那些国家,马克思主义的经典范畴在现实中找不到相符的客观体系。那儿有革命的政治实践,有时取得了极其重要的创造性的群众性的经验,但这些情况发生的历史舞台是同马克思本人理论的中心范畴完全不同。因此,这种实践从未能在马克思主义本身内部促成理论上的发展。所以,简言之,在西方,马克思主义已成为一种纯文化、纯学术的现象;在东方,革命过程在一种太落后的环境中发展,不可能实现社会主义,因而不可避免地表现了非马克思主义的观念和传统"。①

马尔库塞早在 1958 年发表的《苏联的马克思主义》一书中就说:"资本主义的实际发展提出了另一种超越于(马克思主义关于文明的进步和产业无产阶级的革命活动之间的)历史一致性的方式,这就是:通过两个相互冲突的阶级之间关系中的根本变化,无产阶级没有作为革命阶级而行动起来……归根到底是革命无产阶级的发展在规定着资本主义发展的不可扭转的方向。结果是,如果潮流在无产阶级一边被逆转了,那么,资本主义的发展就达到了传统的马克思主义范畴不再适用的一个新阶段。一个新的历史时期开始了,其特征是基本的阶级关系中的变化。这样,马克思主义就面对着重新规定过渡到社会主义去的概念以及在这个时期的战略的任务"。② 在 1972 年出版的《反革命和叛乱》中,他又重复了同样的看法。

2. 马克思主义多元论

"西方马克思主义"的理论家们在认为马克思主义正处于危机状态的基础上,又进一步否认作为统一的世界观的马克思主义,提出马克思主义应该是多元的,应允许各种各样的马克思主义存在。

列斐伏尔在《马克思主义的分化》一文中说:"我们不妨想想马克思主义这个术语,我认为应该把它从词汇中抹去";"事实上,并没有马克思主义。但是,马克思主义在词汇中已经十分通行,因而很难改变这个术语的涵义。没有马克思主义!只有马克思得出的一些概念,这些概念会构成一种理论,但是马克思主义作为一个体系并不存在";"没有单一的马克思主义,但有多种多样的马克思主义。中苏分裂并不是马克思主义内部的一种分裂,因为有一种中国式的马克思主义和一种苏联式的马克思主义。同样,有一种意大利式的马克思主义,一种法国式

---

① 科莱蒂:《从卢梭到列宁》。
② 马尔库塞:《苏联的马克思主义》。

的马克思主义以及其它国家的马克思主义。单一的马克思主义应该从生活中一笔抹掉。特别是,对于所谓单一的马克思主义,必须在更为广泛的总体运动中去理解它。……到了十九世纪末期,应该把马克思、拉萨尔和巴枯宁看作同一个总体运动中三个不同的而且是对立和矛盾的表现形式";"正如大家看到的,我尽可能把马克思主义说成四分五裂,我甚至否认马克思主义这个名称。在整体运动中,出现了各种术语和理论表述的尝试,每当人们谈到马克思主义的时候,总是企图把这人或那人从马克思主义中排斥出去。我觉得,这种做法既是无聊的,又是落后于时代的。攻击这个人或那个人,说这个人是马克思主义者,那个人不是马克思主义者;我觉得这种方法,这种思想作风是不好的。好的思想作风应该是:把各种著作以及不同的政治和理论观点全部放到改造现代世界的总运动中去"。①

原是法国共产党理论家,后被开除出去的伽罗迪也宣扬这种观点。他在《二十世纪的马克思主义》中提出,要搞"多元的马克思主义",应该允许多种相互对立的假设存在,应该允许"在马克思主义哲学内部有各种不同观点的竞争"和"它们之间的尖锐对立",因为其中每一种观点都"丰富"了马克思主义。他鼓吹不管是宗教哲学、存在主义、精神分析学说还是别的其他哲学流派提出来的,都应当"包括"到马克思主义中去。② 1979 年底,伽罗迪在欧洲的一次马克思主义讨论会上还说:"从实质上看,马克思主义是马克思思想加上今日许多马克思主义的实践,有些人想把它搞出一个完整的体系、一种世界观,是办不到的。"

很显然,"西方马克思主义者"提出所谓"马克思主义的危机"问题,主要的方面指的是马克思主义本身出了问题,这和我们讲的马克思主义正面临重大突破的前夕,需要我们面对世界的实际,敢于创新,在斗争中发展马克思主义是根本不同的。而他们提出的"马克思主义多元论",鼓吹多种多样的马克思主义兼收并蓄,更和我们讲的马克思主义要同各国的具体情况相结合、允许在马克思主义内部展开不同观点的争论是两码事。

二、"西方马克思主义"者论马克思主义和
德国古典哲学的关系

"西方马克思主义者"主观片面地解释马克思主义哲学和德国古典哲学、特

---

① 列斐伏尔:《马克思主义的分化》。
② 伽罗迪:《二十世纪的马克思主义》。

别是黑格尔哲学的关系。阿尔都塞在 1977 年 11 月召开的那个威尼斯"革命后的社会"问题会议上,把"马克思辩证法和黑格尔辩证法的关系问题"列为"马克思主义危机"的表现之一。

存在着两种相互对立的倾向:一种是把马克思主义黑格尔化的倾向。这种倾向由卢卡奇开创,后又被法兰克福学派和存在主义的马克思主义所继承。他们抹煞马克思主义哲学和黑格尔哲学的原则区别。另一种是由新实证主义的马克思主义和结构主义的马克思主义所代表的倾向,他们断然否认马克思主义哲学和黑格尔哲学的任何联系,而把马克思主义哲学的思想渊源归之于康德的哲学。

1. 把马克思主义的哲学和黑格尔哲学等同的倾向

他们认为马克思原封不动地继承了黑格尔的辩证法理论,根本不存在什么对黑格尔头足倒置的辩证法进行唯物主义的改造。卢卡奇说,在马克思那里,"有一系列具有核心重要性的,以及经常使用的范畴,是直接地从黑格尔的《逻辑》中产生出来的"。① 科莱蒂则认为:"辩证唯物主义的普通的辩证法是建立在黑格尔逻辑基础上的三个一组的结构的简单抄本"。② 马尔库塞跟他们稍有不同,他不否认马克思对黑格尔的辩证法有所改造,但他认为这种改造不在于使之颠倒过来,从唯心辩证法变成唯物辩证法,而在于马克思"使辩证法失去其本体论的基础"和"形而上学的性质",限制了辩证法的应用范围,拒绝把它扩大应用于"一切存在和运动"。③

他们又认为马克思全盘继承了黑格尔的理性主义。梅劳-庞蒂写道:"在《资本论》第二版跋里,马克思把辩证法称为'对现存事物的肯定的理解',因此当他在晚年重申自己忠于黑格尔的时候,我们可不能误解他的意思;他在黑格尔那里寻求的已经不再是辩证法的灵感,而是理性主义,为的是用它来为'物质'为'生产关系'服务,而把生产关系看成一种自在的秩序,一种完全肯定的外在势力。问题已经不在于把黑格尔从抽象中挽救出来,重新创造辩证法,把它托付给内容的运动本身,并不建立任何唯心主义的准则,而在于把黑格尔的逻辑联系到经济学上去"。④

---

① 卢卡奇:《历史和阶级意识》。
② 科莱蒂:《马克思和黑格尔》。
③ 马尔库塞:《理性与革命》。
④ 梅劳-庞蒂:《辩证法的历险》。

不仅如此，他们认为甚至连马克思的革命理论也是从黑格尔那儿继承来的。布洛赫打出重新估价整个黑格尔的遗产的招牌，把黑格尔描绘成一个在基本上是激进的思想家，把马克思的革命思想说成是同黑格尔主义的见解密切地关联着的。① 在1979年12月西德巴伐利亚州普里恩举行的研究马克思主义意识形态的学术讨论会上，瑞士的博亨斯基在发言中说，黑格尔的无神论和革命理论至今还在继续不断地影响着各种马克思主义者。

2. 把马克思主义哲学和黑格尔哲学绝对割裂的倾向

新实证主义的马克思主义以马克思在1843年所写《黑格尔法哲学批判》为主要依据，断然否认在马克思辩证法同黑格尔辩证法之间有任何连续性。德拉—沃尔佩在《卢梭与马克思》一书中说，以卢卡奇和柯尔施为一方和斯大林为另一方，都假定在黑格尔和马克思主义之间存在着一种如同在"辩证法"中看到的连续性，而他则认为马克思的辩证法同黑格尔辩证法毫无关系。② 阿尔都塞也极力强调马克思辩证法和黑格尔辩证法的彻底不同性。他说："黑格尔辩证法的种种结构，如否定，否定的否定，对立的统一，'扬弃'，由量变到质变，矛盾，……等等，在马克思那里具有一种与黑格尔手中所有的结构不同的结构，不仅如此，马克思的矛盾观也根本不同于黑格尔的矛盾观"，"多元的决定构成了与黑格尔的矛盾相反的马克思主义的矛盾的特殊性"。③

他们把马克思辩证法和黑格尔辩证法绝对割裂的一项主要理由是，黑格尔的保守体系同他的辩证方法是不可分割的，马克思不可能抛开他的外壳而只继承他的"合理内核"。阿尔都塞说：《资本论》中关于将黑格尔辩证法"'颠倒过来'这种说法，只是示意性的，甚至是比喻性的，它所提出的问题并不比它已经解决的问题少"，这是因为，"决不能设想，辩证法可能藏在黑格尔的体系里面，如同一个内核藏在它的外壳里面一样；所谓黑格尔辩证法的神秘形式不是相对地存在于辩证法之外的一种因素（例如"体系"），而是黑格尔辩证法的一种内在的、同质的因素"，所以，要解放辩证法，只剥掉它的第一层外壳（体系）是不够的，还必须也剥除附在它身上的第二层外壳。我敢于说，"这第二层外壳就是辩证法本身的、不可分离的皮，就是黑格尔的辩证法——直到它的基础——本身"，所以，"把辩证法从它的黑格尔的形式中严格地夺取过来，这只会使我们陷入种种危险的

---

① 布洛赫：《主体—客体对黑格尔的解释》。
② 德拉-沃尔佩：《卢梭与马克思》。
③ 同上。

暧昧之中"。①

他们中有的人否认马克思主义哲学同黑格尔哲学的内在联系,把康德哲学说成是马克思主义哲学的思想渊源,认为马克思在哲学上深受康德的影响。

三、"西方马克思主义"的所谓"两个马克思"的理论

本世纪三十年代初,马克思早期著作《黑格尔法哲学批判》(1843年写)、《经济学—哲学手稿》(1844年写)等相继公开发表,西方马克思主义者把这当作是个"新发现"。他们宣扬,马克思的早期思想同后来的思想"截然不同",也同目前流行的对马克思主义的理解"截然不同"。于是,他们打着"恢复马克思主义本来面目"的旗号,按马克思的早期著作的精神对马克思进行"重新理解和重新审查"。

西方马克思主义者毫不掩饰他们制造"两个马克思"的政治意图。弗罗姆在论述以马克思的"主要哲学著作"(指《经济学—哲学手稿》)来消除对马克思主义的"曲解和误解"时指出:"我们由于宣布俄国和中国的制度是'马克思主义'的,并且把马克思主义、社会主义与苏联的国家资本主义、中国的极权主义混为一谈,因而的确大力支持了俄国和中国的主张。……我们就在一场争夺民心的战斗中竭力帮助了苏联和中国的共产党人"。他说,必须把马克思的思想"与俄国和中国的假马克思主义区别开来","才能为现实的和建设性地对待这些情况的挑战作好准备"。② 在这里,其政治意图是表达得很清楚的。

这些宣扬"两个马克思"的西方马克思主义者,大多数是以颂扬青年马克思来贬低以至否定1848年以后的马克思。马尔库塞就说:"《经济学—哲学手稿》给理解历史唯物主义和科学社会主义全部理论的起源和本来的真正含义,提供了完全的基础"。③ H·德·曼认为,《经济学—哲学手稿》证明,"马克思的成就的顶点是在1843年至1848年之间","切不可高估马克思的晚期著作,相反的,这些著作暴露出他的创作能力的某种衰退和削弱";"马克思虽然做了超人的努力,但并未能经常克服这种衰退和削弱"。④ 兰德舍特说:"全面地看看马克思三十岁以前的著作,就会更加清楚:马克思精神世界全部丰富内容,被迄今为止的

---

① 阿尔都塞:《为了马克思》。
② 弗罗姆:《马克思关于人的概念》。
③ 马尔库塞:《论新发现的马克思的手稿》。
④ H·德·曼:《新发现的马克思》。

马克思思想的阐述者缩小到何等狭小的范围,被'唯物主义地'弄得多么贫乏!正是这些青年时期的著作打开了精神的眼界,没有它,既不能理解历史唯物主义,也不能理解《资本论》的真正含义"。① 还有人甚至公然把《资本论》这部巨著贬低为"马克思的创作业已削弱的证明"。说什么写《共产党宣言》和《资本论》的马克思背离了正确的轨道。

这些抬高"青年马克思"的人,提出了"回到青年马克思去"的口号。列斐伏尔说,由于马克思本质的思想"被埋没了,被遗忘了",今天必须"重建主体,重建历史的主体,政治的主体"。②

法兰克福学派的哈贝马斯说:"必须对马克思较晚时期的著作进行重新评价,要用哲学人本时期的精神来重新审查这些著作"。③

也有些持"两个马克思"观点的西方马克思主义者,和上面那些人相反,他们全盘否定青年马克思的思想。这以阿尔都塞为代表,他认为有两个马克思,但早期的马克思离开了真正的马克思的正轨。"离马克思最远的就是这个(青年)马克思。"④他认为,在1845年,马克思思想上出现了一种"认识论上的间断、中断",从而"彻底地放弃了那种把历史和政治建立在人的本质的基础上的各种理论"。他还认为:"马克思只是对他青年时代(1840—1845)的理论基础——人的哲学——作了彻底的批判后,才达到了科学的历史结论"。他把马克思的思想分为三个阶段,在第一阶段,"占主导地位的是离康德和费希特较远的、理性和自由的人道主义";在第二阶段(1842—1845年),"占主导地位的是另一种形式的人道主义,即费尔巴哈的'社团的'人道主义";第三阶段,"从1845年起,马克思同一切把历史和政治归结为人的本质的理论彻底决裂了"。⑤ 因此,他认为马克思在1845年以前的全部著作都是"不结果实"的。

四、"西方马克思主义"对人道主义的研究

许多西方马克思主义者把"青年马克思"说成是"人道主义者",并进一步把整个马克思主义说成是"人道主义"、"人本学"理论。在他们看来,马克思《经济

---

① 兰德舍特:《卡尔·马克思:早期著作》前言。
② 见美国《哲学和现象学研究》杂志,1969年第9期。
③ 转引自〔捷〕L·甘泽尔:《现代资产阶级哲学的一些共同倾向和现代修正主义》。
④ 阿尔都塞:《为了马克思》。
⑤ 同上。

学—哲学手稿》的出发点是"人",批判资本主义造成了"人的自我异化",共产主义是人"最高本质"的"复归",因此,马克思主义就是人道主义。弗罗姆在研究马克思早期著作的小册子《马克思关于人的概念》中声称:马克思是人道主义者,资本主义异化倾向的批评者以及未来将废弃异化并在真正共产主义标志下创立真正人类共同体的预言家。① E·蒂尔提出,马克思的学说是"关于人类本质的本体论学说"②,人本学可以"充分阐明"马克思的思想,"从人本学出发就可以理解马克思的愿望,直至深入理解他在科学上和政治上的成就,而无须考虑价值规律以及其它疑难问题"③。胡克也说:"马克思始终没有放弃……民主的和自然主义的人本主义观点","马克思的这种对自由、平等和个人个性的信仰,使他完全不同于所有利用他的名字的极权主义者。"④J·Y·加尔维也说:"马克思主义的目的是人的胜利,人的真正解放,因此它当然是一种人道主义"。⑤

他们在论证马克思主义的"人道主义"实质的同时,对于有关"人性和人的本质"的各种问题进行了反复研究。一个重要特点,是企图把他们阐述的"马克思主义人道主义"同有关资产阶级理论家的论述结合在一起。例如,法兰克福学派就用把人的本性归之于生物本能的弗洛伊德的观点来"修正和补充"马克思主义。弗洛伊德认为构成人性最根本的东西是性欲,这是人生而具有的本能,他所说的性欲,既包括对异性的追求,也包括人的其它要求生存和幸福的欲望。弗罗姆宣称,弗洛伊德的观点是马克思从未研究过的,是"对人的科学的卓越贡献",应该以此来纠正马克思的"片面性"。⑥ 马尔库塞也宣称:"弗洛伊德的生物学主义"中有深刻的社会学理论。因此,"弗洛伊德的理论按真正的实质是社会学的"。他们完全继承了弗洛伊德的理论,也把性欲看作是构成人性最根本的东西,他们有时又称之为"快感"、"爱欲"、"快乐原则"。

存在主义者萨特尔认为,马克思"把人的事实造成哲学全面化的直接主题,他放在研究中心的东西,就是具体的人"⑦,马克思主义就是一种以个人的实践为基础的"人学",而存在主义也是以人为中心的。他提出,他的存在主义要"傍

---

① 弗罗姆:《马克思关于人的概念》。
② E·蒂尔:《青年马克思的人本学》。
③ E·蒂尔:《卡尔马克思的国民经济学和哲学》。
④ 胡克:《马克思和马克思主义者:含糊的遗产》。
⑤ J·Y·加尔维:《卡尔·马克思的思想》。
⑥ 弗罗姆:《在幻想锁链的彼岸》。
⑦ 萨特尔:《辩证理性批判》。

着马克思主义边沿而发展",要"与马克思主义会合并且愿意并入马克思主义"①。但他又认为,现代马克思主义存在着"一种根本的缺陷",他们忘记了具体的人,忘记了那些把历史的决定论和创造历史的个人的具体实践联结起来的中介,以致使马克思主义落到一种实证主义的形而上学地步。于是在马克思主义中出现了"人学的空场"。② 他说,当马克思主义"不承认自己的贫血症,当它把它的知识建立在教条主义的唯物论(自然辩证法)上而不以活生生的人的理解为依据的时候,存在主义则继续进行着自己的研究"。③ 他说:"一旦马克思主义的研究把人的高度(即存在的计划)作为人学的基础而加以掌握的时候,存在主义就再没有存在的理由了"。④ 他认为他的《辩证理性批判》一书的使命就是将存在主义消融到马克思主义中去。

法兰克福学派提出,他们的任务就是要把马克思主义学说重新置于"人本主义的核心"的基础上。他们的"社会批判理论"就是以他们对马克思早期著作的人本学解释为基础,杂揉以弗洛伊德的精神分析学等理论才建立起来的。马尔库塞断言,基本理论是人的实现,由此才产生无产阶级革命的理论,以后的阶级斗争和无产阶级专政的学说也是在这个基础上建立的。因此,不把无产阶级革命同它的基础即人类的世界史联系起来,就不能理解无产阶级革命。⑤ 弗罗姆也说:"马克思对资本主义的主要批评,不是针对财产分配上的不公正;而是针对劳动堕落成为一种强迫的、异化的、无意义的劳动,因此使人变成了一个'残废的畸形'"。⑥ 在他们看来,由于科学技术成了主要生产力,马克思的剩余价值理论和阶级斗争学说都已过时,现代工业社会的主要病态是科学技术造成的人的异化,在人的"心理结构"中产生了一种压抑。从这些论点出发,法兰克福学派建立了一套"独特"的"革命理论"。

并不是所有的西方马克思主义者都认为马克思主义是人道主义。阿尔都塞从全盘否定"青年马克思"的思想出发,认为马克思主义是"理论上的反人道主义"。他认为"社会主义的人道主义"这个词中的两个概念在理论上是严重地不相称的,因为"社会主义"是一个科学的概念,而"人道主义"则只是一个意识形态

---

① 萨特尔:《辩证理性批判》。
② 同上。
③ 同上。
④ 同上。
⑤ 马尔库塞:《关于历史唯物主义的新史料》。
⑥ 弗罗姆:《马克思关于人的概念》。

的概念。在马克思的思想发展过程中,有过一个以"人的哲学"为基础的理论上的人道主义时期,但是从 1845 年开始,马克思与"人的哲学"彻底决裂,批判了任何哲学上的人道主义的理论观点,而把人道主义规定为"意识形态"。但是马克思的这种"理论上的反人道主义"并不取消任何人道主义的历史"存在",并且承认作为意识形态的人道主义的必然性。①

五、"西方马克思主义"关于"异化"的理论

同西方马克思主义的"人道主义"、"人本学"理论联系在一起的是他们的异化理论。关于研究马克思学说中的异化理论,最先也是由卢卡奇在二十年代提出来的。1923 年,卢卡奇在《历史与阶级意识》中,根据《资本论》第一卷论述商品拜物教的思想进行推论,提出了"异化"是马克思的基本理论。1932 年,马克思的《经济学—哲学手稿》公开发表,研究异化成了西方理论家的一个热门,那些西方马克思主义者按自己的观点对异化理论作了各种发挥,并把它作为自己理论体系的重要的组成部分。

他们一般都认为"异化"概念是马克思学说的核心。马尔库塞在介绍《手稿》的一篇文章中写道:"一个经济事实应该建立在一个一般的概念中",这个概念就是异化。他认为:"私有财产这一概念,是通过分析而从异化了的劳动这一概念得出的。"②伊波利特说,"异化是全部马克思主义的基本思想",只有从这一思想出发,才能"更好地解释整个马克思主义的哲学和理解马克思的主要著作《资本论》的结构"③。维特尔也说:人的存在的"自我异化"和人的存在的复归的学说,是马克思的各种基本概念(如"共产主义"、"无产阶级"、"剩余价值"、"革命"等)的根据。④ 而霍梅斯则声言,只有异化思想,才"使马克思今天还能保持胜利,而他的观点的许多重要部分则已消失得无影无踪"了。⑤ 他们认为,虽然在马克思后来的著作中很少见到异化概念,但这只是使用术语的区别,基本思想并无变化,比如说,马克思后来常用的外在化、客观化、物质化、抽象化,"这些都是异化的形式"⑥。R·塔克尔认为,在《共产党宣言》以后的著作中,异化"只不过暗地

---

① 阿尔都塞:《为了马克思》。
② 马尔库塞:《关于历史唯物主义建立的新史料》。
③ 伊波利特:《马克思和黑格尔研究》。
④ 维特尔:《辩证唯物主义,它在苏联的历史及体系》。
⑤ 转引自泰水译:《马克思早期思想研究》。
⑥ 比果:《马克思主义和人道主义》。

里走进他的社会形象中去罢了"①。而列斐伏尔则认为,马克思在后来很少讲异化是因为受了"实证的东西很多而哲学的东西很少的恩格斯的影响"②。

他们中间的许多人把"异化"归结为伦理学心理学的范畴。弗罗姆认为马克思是从主观—客观的关系来谈异化的,"人在认识世界时,并不感到自身是活动的主体,而感到世界是与他不同的东西,即使是人自己所创造的东西,也都作为客体而处于他之上,并与他相对立"。但他又说,马克思的异化理论也是一种心理学,尽管"马克思从来没有提出过系统的变态心理",但他却谈到了"病态的一种形式","这种病态指的就是异化"③。还有人说,异化是一个正常的人的某种心理状态,一个异化的人是"一个被他所处的社会及其文化离弃,并且使他对之不亲的人"④,异化是"个人认为自己同自己、同别人并且同整个世界脱离关系的一种情绪或者状态"⑤。存在主义哲学家虽没有像弗罗姆他们那样直接把异化看作是心理现象,但也认为异化只能具有主观的含义,异化只是一种主观的感觉。

他们表面地肤浅地说明造成"异化"的根源,把现代大工业和科学技术的发展,以及相应的现代管理制度,说成是现代异化的主要祸根。美国存在主义者巴雷特和扬凯洛维奇在他们的一部新著作《自我和本能》中,对人的异化的原因作了如下概括:"西方人已变成了三重(与自然界、与其它人、与自己)异化的人。现代科学技术把理性的智慧抬到高于其它一切之上,从而制造了一个可怕的怪物。有技术的人发动了一场自然的狂热的斗争,并虚伪地把这种斗争等同于进步。随着宗教的衰落,人自我欺骗地离开自己,从民主、共产主义和科学之类意识形态中寻找自己的价值。对这些价值来源的依赖只能导致绝望,导致对无意义东西的焦虑。……大众文化同现代技术一道使我们生活在一种缺乏真实性的存在中。个人变成了纯粹失去人性的对象,他丧失了自己的统一性,被他的社会和经济职能所吞没"⑥。在这儿,他们把自然界、社会、科学技术、理性本身,把民主和共产主义等社会制度和意识形态,统统都说成是人的异化的根源,但就是避而不谈资本主义私有制这一造成异化的真正根源。有些人还认为异化的根源处于人

---

① R·塔克尔:《马克思的哲学与神话》。
② 转引自《列斐伏尔的异化概念》。
③ 弗罗姆:《马克思关于人的概念》。
④ 摩里·勒文:《孤独的人》。
⑤ 埃里克、约瑟夫逊:《孤独的人·前言》。
⑥ 巴雷特、扬凯洛维奇:《自我和本能》。

的存在所固有的矛盾之中,认为异化是人生而具有的现象,是从娘胎里带来的。弗罗姆说,异化是从原罪开始的。人使自己与自然界分离,仿佛从侧面观察自己,看到自己被扔进这个陌生的、不了解的世界之中。人与自然界的分离,这是他的头一个自由行动,人的异化史也就此开始了。① 这种否认异化现象与私有制的密切关系,从而掩盖资本主义制度的剥削本质的论调是对马克思异化理论的歪曲,但他们竟把这种观点强加到马克思头上。弗罗姆说:"在这点上,普遍地——甚至在社会主义者中间——存在着一种对马克思的误解。有些人相信,马克思所说的主要是对劳动者的经济剥削,劳动者在产品中所得的份额少于他应得的份额,或者产品应归劳动者所有而不应归资本家所有"。在他看来,这是一种没有根据的误解,因为"马克思主要不是关心收入的平等,而是使人从那种毁灭人的个性、使人变成物,使人成为物的奴隶的劳动中解放出来"②。被他这么一说,好像马克思也认为资本主义社会中人的异化现象与资本主义剥削制度无关。

他们认为克服异化的途径主要不是改变环境,只要通过个人自己在道德上的努力,在自身内部进行"革命"就能克服异化。马尔库塞认为异化主要表现为人的才能结构中的一种心理压抑,因而需要实现"本能结构的决定性的变化"。弗罗姆提出要开展心理革命,而他那种"受辩证法和人道主义指导的心理分析",就是实现这种心理革命的最好手段。还有的人认为异化病患者与医生建立温暖的、真正互相信任的关系是主要的克服异化的药方。他们有时也谈及环境的改变和消除异化的关系,但他们所说的改变环境并不是搞无产阶级革命,推翻资本主义剥削制度,改变资本主义经济关系,而是把矛头指向科学技术、指向一切意识形态。要求人们向科学技术宣战。存在主义认为异化是永远不会消除的,以为人有朝一日会过上真正的生活,乃是一种错误。海德格尔断言,即使到了更高的文化水平上,异化也是不能消除的,只有死亡,才能使人获得个性,成为他自己,"才能赋予存在以至上的目标"。

六、"西方马克思主义"的辩证法理论

"西方马克思主义"的辩证法理论的突出之点,就是企图把马克思的辩证法

---

① 弗罗姆:《马克思关于人的概念》。
② 同上。

观局限于主体和客体的相互作用,局限于社会历史领域。布洛赫说:"辩证法本身,在人类所创造的世界中就是客体—主体的关系,此外无它;就是所研究的主观性,这种主观性常常克服由它本身所规定的物质性和客观性,并飞跃地向前突进"①。梅劳-庞蒂说:"如果自然是辩证的,那是因为它是像马克思在《关于费尔巴哈的提纲》和《德意志意识形态》中所明确指出的那个被人知觉并同人的活动分不开的自然"②。马尔库塞说:"如果马克思的辩证法在其概念结构上是一种关于历史实在的辩证法的话,那么,就只在自然本身是历史实在的组成部分的范围内,才包括自然……但只要像在自然科学中那样把自然从这些历史关系中抽象出来加以研究,那末,看来它就处在辩证法的领域之外"③。施密特说:"马克思……从一开始就从人类的关系上来看自然",马克思关于自然的一切表述"不论是思辨的、认识的还是科学的,都已预先假定了社会实践",因而,"对于马克思来说,主体和客体的辩证法是自然构成要素的辩证法"④。

他们把这种否定辩证法客观性的理论强加给马克思,并认为是恩格斯错误地把辩证法推向自然界,进而指责恩格斯的自然辩证法。卢卡奇说:"能够把恩格斯对辩证法说明的误解,主要的归诸于下列事实,即:恩格斯追随着黑格尔的错误引导,把这种方法扩展到也应用于自然"⑤。马尔库塞说:"黑格尔和马克思都没有把辩证法作为一种一般的方法论的图式来加以发展,在这方面的第一步是由恩格斯在其《自然辩证法》中迈出的",而当辩证法"从一种批判思想方式变成一种具有僵硬的固定的规划和规定的普遍的'世界观'和普遍的方法"时,"这种转变就比任何修正都更加彻底地毁坏了辩证法"⑥。施密特在他专门批评恩格斯如何"背叛"马克思使辩证法本体论化的博士论文《马克思的自然观》中说:"当在马克思那里,自然和历史是不可分割地交织在一起时,恩格斯却把它们看作为运用辩证法的两个不同的范围。于是,辩证法的各个要素都脱离了具体的历史内容,而紧缩成引自……《自然辩证法》的三个独立存在而又违背现实的'基本规律',辩证法成为某种在马克思那里极不可能成其为辩证法的东西——一种

---

① 布洛赫:《主体—客体,对黑格尔的解释》。
② 梅劳-庞蒂:《辩证法的历险》。
③ 马尔库塞:《苏联的马克思主义》。
④ 施密特:《马克思的自然观》。
⑤ 卢卡奇:《历史和阶级意识》。
⑥ 马尔库塞:《苏联的马克思主义》。

世界观,一种实证的世界原则"。①

由于他们否定了辩证法的客观性,所以辩证法在他们那儿往往成了形而上学的诡辩论。其中突出的有:新实证主义的马克思主义的"真正对立"论,结构主义的马克思主义的"矛盾多元决定"论和法兰克福学派的"否定的辩证法"。

新实证主义的马克思主义者科莱蒂,从康德著作中找来"真正的对立"这一概念,提出在现实中真正存在着的是"真正的对立",而不是像辩证唯物主义者所认为的"矛盾的对立"。"真正的对立"是实在的,而"矛盾的对立"只能存在于思维之中。他所说的"真正的对立"是指对立的双方只有斗争性,没有同一性,对立的双方不是相互依存的,而是独立存在的,没有对立的一方,对立的另一方照常存在。他认为,在现实世界中的对立,都是对立的双方独立存在的对立,都是不具有统一性的对立。他认为辩证唯物主义者的错误就在于混淆了"真正的对立"和"矛盾的对立",没有把这两者严格区别开来。他说:"恩格斯对……(这种)区别不置一词",在列宁那里,则由混淆支配着,"毛泽东在其著名的《矛盾论》沿着相同的路线前进"。②

结构主义的马克思主义者阿尔都塞,从精神分析学那儿借来"多元决定"这个术语描写马克思的矛盾观的本质特征。他认为,黑格尔的矛盾是一元的单纯的矛盾,一切事物的发展是由一个单纯的矛盾从始至终地决定着,反之,马克思的矛盾却是多元决定的。以经济基础和上层建筑的关系来说,马克思是主张多元决定论的,就是说,一方面主张经济基础归根到底的决定作用,另一方面又主张上层建筑有其相对自主性,有自己的不能还原为经济的历史发展规律和连续性,"在现实的历史中,经济的归根到底的决定,是在经济、政治、理论等等要素之间的主要作用的相互调换中行使的",就是说,在一个社会里,有政治、经济、文化、法律等等各种要素,今天由这种要素起决定作用,明天由那种要素来主宰一切,是多元决定的。③

法兰克福学派在他们的辩证法前冠以"否定的"三个字。这一是为了区别于以往的辩证法,二是为了表示自己的彻底性。其彻底性就表现在主张一种绝对的否定观。在他们看来,辩证法的本质仅仅在于否定。马尔库塞说:"批判的社会理论并不拥有能够在现在与其未来的裂口之间架起桥梁来的概念;不抱任何

---

① 施密特:《马克思的自然观》。
② 科莱蒂:《矛盾和对立、马克思的辩证法》。
③ 阿尔都塞:《为了马克思》。

希望,也不显出任何成效,它始终是否定的"。阿多诺则说:"存在的最高原则是否定一切。一切对立面都将被此消灭,此后,一切都衰落,陷于不存在,剩下的仅仅是衰落和不存在"。① 他们认为,辩证法的否定与肯定、扬弃全然无关,而对立面相互否定的结果是彼此消灭,化为乌有。所以他们提出"否定辩证法"的最高原则是"崩溃逻辑"。②

七、"西方马克思主义"的"实践一元论"

"西方马克思主义"者认为世界的本源既不是物质,也不是精神,而是实践;世界既不是统一于物质,也不是统一于精神,而是统一于实践。他们还认为马克思的哲学原来就是一种把实践作为世界本源的,既不是唯物主义、又不是唯心主义的"实践哲学"、"行动哲学",是"实践一元论"。葛兰西说:"实践的哲学的始祖,决不把自己的思想称作'唯物主义'"。那么,对于马克思主义说来,"'一元论'这个术语有什么意义呢? 当然不是唯物主义的一元论,或者唯心主义的一元论,而是具体的历史行为中的对立物的同一性。换句话说,就是与某种有组织的(历史化的)'物质',人所变革的自然不可分地结合在一起的具体的意义上的人的活动"。③ 施密特说:"不是物质的抽象概念,而是社会实践的具体性才是唯物主义理论的真正对象和出发点"。④

他们从这种把实践理解成世界的本源的观点出发,把物质自然界理解成在实践中同人的活动合为一体的,归根到底依赖于人的实践的一个"附属物"。葛兰西说:"在实践的哲学看来,……不可以把物质作为它本身来考察","在科学中,向人类的外部去找现实和实在,这也是宗教地、形而上学地理解实在,只能被认为是一种悖论。没有人,宇宙的实在有什么意义呢?","离开人的活动,'客观性'还有什么意义呢?"⑤施密特说:"马克思并不认为对于(自然)这个在人之外的实在,要在一个未被理解的客观主义的意义上,从本体论上来加以理解",相反,由于"马克思接受唯心主义的认为世界是通过全体而得到中介的见解",因而认为"'外部自然界'的优先地位……只能存在于中介之内","在马克思那里,自

---

① 阿多诺:《否定的辩证法》。
② 同上。
③ 葛兰西:《狱中笔记》。
④ 施密特:《马克思的自然观》。
⑤ 葛兰西:《狱中笔记》。

然只是通过社会劳动的形式出现","自然界始终只出现在历史的视野里,它……只能属于人们。但是,历史首先并且直接便是实践"。① 阿多诺则说:"世界的物质性就是可见性"②,"……客体甚至在衰弱的状态中,仍然不能没有主体"③。弗罗姆也说:"人在与客观世界发生关系的过程中,通过自己的力量,使外在世界对人来说变成为实在的东西,实际上是仅仅通过'爱'才使人确实相信人之外的客观世界的现实存在。主体和客体是不能分离的"④。马尔库塞也说:"存在的一切方式借助于分析它们与它们本身的可能性的关系的万能的主体等获得自己真正的实在"⑤。

他们不仅把客观物质世界说成是和人的实践活动不可分割地联系在一起的,而且还进而认为客观物质世界是由实践创造出来的。施密特说:"'思维'和'存在','精神'和'自然界'等的概念,就跟解释实践的自然科学手段一样,都是实践的产物,人们正是借助实践来试图解决受历史限制的、非永恒的问题的";"物体世界不仅是自在地形成的,而且在最大的程度上是社会的产物"。⑥ 内格特也自相矛盾地说:"我们肯定地知道的关于自然、关于人类自然本性等的一切是不依赖社会实践的基本联系的,而在社会实践中,物体、物与物之间的关系不仅得到再现、反映,而且在创造出来"。⑦

"西方马克思主义"把实践曲解成一个本体论问题,把实践作为物质的替代物。他们把实践论和反映论对立起来,指责反映论承认一个抽象的物质世界的独立存在。施密特说:"到底反映什么啊!是纯粹的自然存在着的物质性呢?还是某种相应地已经被实践克服了的东西呢?我感到,要把这个自在地存在着的世界同我们强加在它身上的那个世界仔细地区别开来,那真得要有一个机灵的头脑哩"。⑧ 既然世界上根本没有"自在地存在着"的物质,那作为反映论的前提就告吹了。他们又指责反映论否认人的主观能动性,是消极被动的。柯尔施认为,反映论"把意识仅仅看作是物质世界的一面镜子,就是回到黑格尔以前的精

---

① 施密特:《马克思的自然观》。
② 阿多诺:《否定的辩证法》。
③ 阿多诺:《论认识论的辩证法》。
④ 弗罗姆:《马克思关于人的概念》。
⑤ 马尔库塞:《单向度的人》。
⑥ 施密特:《马克思的自然观》。
⑦ 转引自《用马克思主义看"法兰克福学派"》。
⑧ 施密特:《马克思的自然观》。

神和物质、理论和实践的二元论"。他认为这样一种唯物主义忽略了意识的能动中介,它只能使它自己消极地适应于特定情况的必然性。① 在这一方面同他们观点一致的南斯拉夫"实践派"代表人物之一加·彼特洛维奇则说:"反映论同马克思主义认为人是从事创造和实践的生物这个概念是不能相容的",因为反映这个范畴的消极主义似乎是无法改变的,企图运用"能动的反映"的概念来拯救它的作法,是等于什么也没说。② 他们认为,唯有强调实践,取消物质,才能克服反映论消极主义的弊病。

八、"西方马克思主义"对当代资本主义社会阶级关系的分析

"西方马克思主义"者是以马克思主义的现代化者自居的。他们认为,传统的马克思主义只适合于资本主义的过去阶段,要由他们来"修正"、"发展",使马克思主义适合当今发达的资本主义社会。他们认为资本主义从十九世纪末二十世纪初开始进入了一个新的阶段,"资本主义的技术成就突然闯进了挫折、痛苦和压迫的世界,资本主义已经打开了一个新的天地"③。这就引起了"基本的阶级关系的变化",而其中"工人阶级的变化,这是一个最重要的问题"。④

那么,工人阶级发生了哪些变化呢?他们认为,首先,马克思所说的无产阶级在当代资本主义社会已不再存在。在当代社会里,存在着的不是无产阶级,而是工人阶级。工人阶级和无产阶级不是同一个概念。⑤ 其次,如果工人阶级像马克思所说的那样,理解成直接从事生产的工人,那工人阶级在现代社会里,也不是像马克思所认为的那样,占总人口的多数,而只是占少数。生产过程的机械化和自动化,造成生产工人的日益减少。第三,实际上,"今天的工人阶级已大大扩大了","不但直接从事生产的工人,就是为物质生产作准备的人以及其它的人也加入了工人阶级的队伍"。⑥ 这个扩大了的工人阶级占了总人口的多数。第四,这个扩大了的工人阶级已被资产阶级所同化,与资本主义结成了一体,他们已失去了革命意识。马尔库塞说:"晚期资本主义社会与资本主义的前期阶段相比,表现出很多重要的不同之处,从本质上看,这些不同之处就是……工人阶级

---

① 柯尔施:《马克思主义和哲学》。
② 彼特洛维奇:《辩证唯物主义和马克思的哲学》。
③ 马尔库塞:《反革命和造反》。
④ 马尔库塞:《同爱伦斯坦的谈话》。
⑤ 马尔库塞:《反革命和造反》。
⑥ 同上。

的大多数与现存制度的一体化……有时候,工人阶级与资本主义制度一体化的发展如此严重,以致实际上可以说,它是这种制度的栋梁"。① "如果现存的社会制度在当前体系范围内保证了一个工人阶级拥有私人住宅、汽车、电视机,不言而喻,还有吃和穿的东西,他有什么必要去进行反对这一制度的革命呢?"②资本主义社会满足了工人的物质需求,也就消除了工人持异议和起来反抗的理由。

　　他们认为西方工人阶级出现这些变化的根本原因在于,在当今资本主义社会里,科学技术已成了头等生产力,社会财富主要是由科学技术、机器创造的,而不是人的劳动创造的,这样,揭露资本家剥削工人的秘密的剩余价值理论,也不再有效了。马尔库塞说:"工艺学的进展,带有排除机器作为个人的生产工具,作为'绝对统一'的倾向,显然正在完全勾销马克思的'资本有机构成'的概念,随着被勾销的还有剩余价值形成的理论。按照马克思的观点,机器从来也不会创造价值,而只是把自己本身的价值转移到产品身上,同时,剩余价值始终是剥削活的劳动的结果。……现在,自动化显然正在本质上改变着死的和活的劳动的相互关系,它正在力求达到一个目标,那时生产力将以机器而不是以劳动的个体生产来解决"。③ 阿多诺也说:"按照剩余价值概念,活的劳动是剩余价值的唯一来源,如果它的应得之份的价值由于技术进步的规模,具体地说由于工业化而不断地降低到临界的程度,那么,这就伤害了基础的基础——剩余价值理论"。④ 哈贝马斯也说:"科学技术的进步业已成了一个独立的剩余价值的来源,它同马克思原来只知道考察的那一种剩余价值的来源是没有关系的"。⑤ 他们认为,既然工人的剩余劳动创造的并且被资本家无偿占有的剩余价值已不存在,那么即使还有剩余价值的话,那也是由科学技术创造的,而工人和资本家一样都是剩余价值的"分享者",工人是"感谢剩余价值的"。⑥

　　这样,他们就得出结论,在当今资本主义社会里,工人阶级和资产阶级的关系已不是剥削和被剥削的关系,出现了"一种关心现制度的维持与改良的凌驾一切的利益,把往日的敌人联合起来了"。⑦ "阶级妥协已经成为现代资本主义结

---

① 转引自《革命还是改良——两种对立的观点》。
② 马尔库塞:《当前的革命斗争问题》。
③ 马尔库塞:《单向度的人》。
④ 阿多诺:《社会理论和方法论论文集》。
⑤ 哈贝马斯:《作为意识形态的技术科学》。
⑥ 马尔库塞:《反革命和造反》。
⑦ 马尔库塞:《单向度的人》。

构的基础","以前起着社会变革的酵素作用的人民,现在提高到成为社会团结的酵素"。① 从而,他们不但一笔勾销了马克思的剩余价值的理论,而且也勾销了马克思的阶级和阶级斗争、无产阶级的历史使命等理论。

九、"西方马克思主义"的"革命新理论"

西方马克思主义者均认为原来马克思的革命理论已过时。马尔库塞说:"我认为,马克思的革命观已经过时……应该懂得:马克思的革命观是被历史本身超越的,这完全不是一种外来的修改,因为马克思主义的概念是辩证的概念,而辩证的概念是随着历史的发展而修改的"。② 他们提出了一套独特的革命理论。

什么是革命的动因? 本来从他们对资本主义社会阶级关系的分析,会合于逻辑地得出结论,根本没有必要再进行革命,但他们却认为革命比以往任何时候都迫切。他们把马克思主义重新置于人本学的基础上,提出人的需求是人性的一项重要内容,然后再通过现代社会中人的需求遭到歪曲的论述,来说明社会对人的压制,来说明革命的必要性。他们认为,"古典资本主义"社会对人的压抑主要表现在对人们基本的物质方面需求的限制;而现代社会对人的压抑主要表现在对人们要求的操纵,不让人们满足多方面的需求,而只是单纯从追求物质需求方面发展自己,使需求单一化。这种代替一切的物质上的需求是一种"虚假的需求"。它使人过一种"痛苦的安乐"生活。马尔库塞说:"人们在自己的产品中认出了自己,在自己的汽车里,在高精度的收音机和电视机里,在三层楼的住宅里,在厨房设备里找到了自己的灵魂"。③ 人把自己的灵魂寄托于产品,就意味着失去了自己的灵魂;人把自己的需求归结于物,就意味着把自己等同于物。人成了物,还有什么人性可言? 因此,他又断言,"富裕社会里的居民仍然是同中世纪被暴力禁闭在地狱中的人们一样","不过禁闭他们的已经不是暴力,而是产品"。"产品向人们灌输思想,左右人们的行动"。④ 马尔库塞认为这是一种"控制的新形式"。他又说:"如果一个工人和他的老板欣赏同一电视节目,游览同一胜地,如果一个打字员打扮得和她雇主的女儿一样妩媚动人,如果一个黑人拥有一辆

---

① 马尔库塞:《单向度的人》。
② 转引自《两位持异议思想家的对话》。
③ 转引自《马克思主义与阶级意识》。
④ 转引自《马克思主义与阶级意识》。

盖地勒牌高级轿车,如果他们都阅读同一种报纸,那么这种同化并不标志阶级的消失,而是标志着现制度下的全部人口,在什么程度上分享着用以维持这种制度的需要和满足"。① 这样,他们认为,在工人阶级和资本主义制度一体化这个表面现象背后,掩盖着深刻的矛盾。弗罗姆说:"大多数人都是被力图获得更多的物质财富,获得舒适而又新奇的什物这样一种愿望所推动,……他们已经达到一致顺从的地步,这就使他们大大地失去了自己的个性"。② 人失去了个性,人性遭到了压抑,就得起来革命。"革命的位置正是在这里"。③

那么,什么是革命对象呢? 革命的对象是由革命的目的决定的。在革命的目的方面,弗罗姆认为,现在一般人都以为革命就是为了经济上的解放,为了使工人阶级拥有资本家所拥有的那么多的社会财富,这是个大误会,革命的真正目的是解放人性,使人从所受的压抑中解放出来。④ 他们提出要找出在现代社会里使人遭受压抑的根源,要把此作为革命对象。

他们把科学技术作为造成人性丧失的万恶之源。他们提出了"技术进步＝增长的社会财富＝扩大的奴役"这样一个公式,⑤认为不仅资本主义对技术的应用,"而且技术本身就是(对自然和人的)统治,即方法上的、科学上的、筹划好的和正在筹划着的统治"⑥。哈贝马斯说:"马尔库塞从五十年代中期起一而再、再而三地试图加以阐明并推广到自己的晚期资本主义理论中去的基本论题是：在工业发达的国家,科学技术不仅成了创造用来安抚和满足目前存在的潜力的主要生产力,而且成了与群众脱离的,使行政机关的暴行合法化的意识形态的新形式"。⑦ 他们要求把科学技术作为主要革命对象,通过批判和否定作为意识形态的科学技术,把人从"异化意识"的压迫下解放出来。

他们又把由科学技术的发展所带来的一种使人遭受奴役的社会现象、自然现象作为革命的对象,例如挥霍无度的生活方式,非人道的劳动条件,被污染了的环境。马尔库塞要求人们"为了恢复自然,为了公园和海滨,为了安静和美丽

---

① 马尔库塞：《单向度的人》。
② 弗罗姆：《马克思关于人的概念》。
③ 马尔库塞：《反革命与造反》。
④ 弗罗姆：《马克思关于人的概念》。
⑤ 马尔库塞：《反革命与造反》。
⑥ 马尔库塞：《工业化和资本主义》。
⑦ 哈贝马斯：《对马尔库塞的答覆》。

的空间而斗争",说同污染、噪声作斗争,也就是"一种政治斗争"。①

他们主要把物作为革命对象,有时也谈到人。但这个人不是指资本主义社会的统治者、资本家。他们认为,现代社会中对人的压抑已深入到人的本能结构中去了,所以革命也要在这个基点上进行。因为极大多数人都受到了现代社会的控制,都安于过一种痛苦的安乐生活,所以这极大多数人必须从自身开始革命。这样实际上他把极大多数人都当作革命的对象。

用什么方式进行革命?他们既反对暴力革命又反对议会斗争,认为议会斗争只能掩盖现代制度的"法西斯"本质,而在"统治阶级拥有强大的用现代化武器武装起来的国家机器"面前,搞武装起义、暴力革命也不可想象。② 他们提出的革命方式一是"大拒绝",二是"自我改造"。"大拒绝"就是对现代社会里的一切统统持拒绝态度,像 1968 年在法国发生的"五月风暴"一样,学生、工人走上街头,游行闹事,占领工厂、学校,堵塞交通,迫使议会制度采取武力,故意把自由民主制度向右推进。"自我改造"就是每一个人进行"本能结构"的革命,经历一个在道德方面净化和完善的阶段,在内心深处获得解放,形成新型的人。他们认为只要把这两种革命方式相互结合、互相促进,那种旨在解放人性的革命就能获得成功。

革命动力是谁?马尔库塞说,"根据马克思主义的理论,工人阶级有这三方面的特征才成了革命的主体:1. 只有他们能停止生产的过程。2. 他们占人口的大多数。3. 它的真正的存在是对现存社会的否定"。"这三个方面的特征是互相联系的,缺一不可"。而现在工人阶级的真正存在,不再是对"现存社会的绝对否定",它的意志和愿望和现存社会没有发生冲突,在这种情况下,工人阶级不可能成为革命的主体。③ 他们把希望寄托于新的革命主体的出现。"正当工人阶级的极大部分变成从属于资本主义社会的时候","在激烈的变革过程中,新左翼充当了决定性角色"。④ 新左翼主要是由激进的知识分子、青年学生组成。知识分子能起这么大的作用是由于:"知识阶层在过渡时期的决定性作用,同它在生产过程中的地位是一致的","社会地位使这些阶层在革命中充当领导角色";知识分子还具有抵制奴役的能力,它充当革命者,是"以具有同当代社会所不同

---

① 马尔库塞:《反革命与造反》。
② 马尔库塞:《老模式已经不再适用了》。
③ 马尔库塞:《反革命与造反》。
④ 同上。

的意识为前提","以具有某种知识和感染力为先决条件","新左翼运动本质上是知识分子运动"。[①] 组成新左翼的还有常常蹓跶在街头被人瞧不起的"颓废派"。他们由于被社会唾弃了,最先表现出对压抑的反抗,所以也成了坚定的革命者。

(本文系1980年在上海市哲学学会年会上的报告,在准备过程中得到薛明同志的帮助。)

[①] 马尔库塞:《反革命与造反》。

论老子的"道"

一

老子的思想是唯物论,还是唯心论?这是早已存在的一个问题。这个问题不仅在当前引起了许多学者的争论,而且在过去也影响了许多学者对于老子学说的看法。

在历史上,韩非子是距离老子的时代比较近的,他研究过老子的书,著有《解老》、《喻老》两篇专门说明老子学说的著作。关于什么是"道"?韩非子在《解老》中说道:

> 道者,万物之所(以)然也。万理之所稽也。理者成物之文也。道者万物之所以成也。故曰道,理之者也。

韩非子在《解老》中认定"道者,万物之所(以)然也"。又说:"道者万物之所以成也。"足见韩非子是从唯物的方面来理解老子的道的。

韩非子本人的思想,除了受有墨子、荀子以及当时一般法家的影响之外,受到老子的影响是很大的。司马迁著《史记》,把老子和韩非同传(附庄子申不害)。在这篇传里,这位有着唯物论思想的伟大的史学家说,庄申韩非"皆原于道德之意,而老子深远矣"。

东汉初年的唯物论者王充在他的著作《论衡》中也论到了老子的思想。他说:

> ……试依道家论之:天者普施气万物之中,谷愈饥而丝麻救寒,故人食谷衣丝麻也。夫天之不故生五谷丝麻以衣食人,由其有灾变不欲以谴告人也,物自生而人衣食之,气自变而人畏惧之。以若说论之,厌(满足)人心

矣。……天动不欲以生物，而物自生，此则自然也。施气不欲为物，而物自为，此则无为也。谓天自然无为者何，气也，恬淡无欲无为无事者也，老聃得以寿矣。……（《自然篇》）

从上面的话看来，王充也认为老子的思想是唯物论的。王充生在两汉经学极盛之时，学于班彪，不以儒家自居，而对于司马迁的史学，反倒大加称誉，这在《论衡》的"超奇篇"、"案书篇"、"对作篇"中都可以看到。王充所以如此，就是因为他对于当时盛行的"天人感应"的神秘主义的谶纬思想很有反感，所以他对于汉初"崇黄老而薄五经"的史迁思想倒甚为接近；他自己说："虽违儒家之说，合黄老之义"。由此可知，王充为了反对当时占统治地位的儒家思想，就不能不依傍道家，以非难儒家，这不仅显示了王充公开斗争的魄力惊人，同时也说明了当时儒道两家的方向的不同。

但是，从东汉末年到魏晋时代的情形有了变化。首先是汉末大规模起义的农民，利用老子哲学中对儒家的否定，对现实的不满，以及企图回到原始社会的思想，建立了原始的道教，作为思想武器，对统治阶级进行斗争。其次是当时的统治阶级，一方面感到汉代的经学已经丧失了在思想上的统治地位，不能不改变老一套的谶纬神学，创立一种新的思想统治工具，另一方面由于当时五世三公之类的贵族门阀，满足于自己不劳而食，不劳而衣，世世代代骑在人民头上，确有"无为而无不为"的意味，因而体会到老子哲学所谓"天下万物生于有，有生于无"的妙义，肯定宇宙的根本只是一个"无"，号称玄学，用作麻醉人民的统治工具。

随后，佛教思想在中国盛行起来，特别是大乘佛教的般若思想，在当时受到重视。原因是般若的教理和老庄的思想有些近似，因而这个时期的玄学兴起，恰好助长了对于般若思想的了解。所谓般若思想的内容，一句话说完，就是"诸法皆空"的理论，而般若思想的根本原理，也就是"空"的原理。当时学者皆以老庄之所谓"无"来解释般若之所谓"空"，叫做"格义"。所以"格义"就是运用老庄周易（当时号称三玄）等书的字句，来阐明佛教的教理，这样一来，也就同时运用佛理改造了老庄周易的内容。因为这个缘故，所以在两汉以前关于《老子》的注释，比较的偏在唯物方面，而在两汉以后就偏到唯心方面去了。

宋儒是在佛教道教的压力下起来复兴儒学、改造儒学的一批人。他们吸收了当时盛行的佛学思想和玄学思想，成立了所谓新的儒学——宋学，实际他们不过是把原来的儒学改造成了彻底的唯心论，因此他们对于老子的思想也就不会有什么新的看法。在宋明学者中,只有唯物论者王船山一方面批判了老子思想的消极部分,同时也吸收了老子思想的积极因素,而这些因素和王船山的所谓"生化之理"的自然观是分不开的。

自宋以降,中国对于老子思想的理解,也影响了外国学者对于老子的看法。黑格尔在论到老子的哲学时说道:

> 什么是至高至上的和一切事物的起源就是虚、无,恍惚不定(抽象的普遍)。这也就名为"道"或"理"。当希腊人说绝对是一,或当近代人说绝对是最高的本质的时候,一切的规定都被取消了。①
>
> ……绝对的原则、一切事物的起源、最后者、最高者乃是"无"。……他们(道家)否认世界的存在。……最高的本质是最抽象的、最无规定的;在这里人们完全没有任何规定。这话乃同样是一种否定,不过只是在肯定的方式下说出来的。同样,当我们说:上帝是一,这对于一与多的关系,对于多,对于殊异的本身乃毫无所说,这种肯定方式的说法,因此与"无"比较起来,并没有更丰富的内容。②

由于黑格尔的影响,西方很多学者都把老子的"道"理解作精神的范畴,理解作柏拉图的理念或康德的先验范畴。可是十九世纪俄国的许多进步学者都热烈地反对黑格尔以及其他资产阶级学者对于中国哲学的歪曲和否认中国有哲学的种种诬蔑,他们认为"古代的圣人老子和宗教迷信没有任何关系"(俾丘林),他们"反对把老子的学说神秘化"(芝维可夫),他们认为"老子的'道'是宇宙的物质,是宇宙的力,是宇宙的理性"(海奥基也夫斯基)。这些学者的意见也影响了苏联已故学者彼得洛夫对于老子的看法,彼得洛夫说:"老子的'道'可能具有唯物论的内容,可能是这样的范畴,即不论是自然,不论是遵循万物发展的自然法则的物质的'有',或者这种'有'的进化法则,都包括在内……"(彼得洛夫著《中国哲学概论》)。最近,苏联学者杨兴顺同志在他所著的《中国古代哲学家老子及其学说》一书中也肯定了老子的"道"的学说的唯物主义的本质。

上面讲的这些简单的情况,无非说明:关于老子的学说是唯物论还是唯心

---

① 《哲学史讲演录》,第129页。
② 同上书,第131页。

论的问题,是一直有着根本不同的看法的。

二

近年来,中国学者关于这个问题也不断地有着争论,特别是最近期间争论较多。我认为要解决这个问题,单是探究"道"的意义是物质的还是精神的,是不够的。问题的关键还是在于明确老子是怎样解决思维与存在这一根本关系的。用中国哲学的术语来说,就是怎样解决名与实的关系的。名先于实,还是实先于名?名决定实,还是实决定名?

我同意林聿时的这个说法:老子书的第一章是理解全书的纲领,不抓住它,就不能"把全书、整个体系提了起来"。

老子书第一章的全文是这样的:

> 道可道,非常道;名可名,非常名。无名天地之始,有名万物之母。故常无欲以观其妙,常有欲以观其徼。此两者同出而异名,同谓之玄,玄之又玄,众妙之门。

在第一章的第一句里,老子就提出了"道"和"名"两个问题。老子为什么要把"名"和他的根本思想"道"一同提出来呢?因为老子所说的道和世俗所谓礼乐制度之类的道是不同的,老子所说的道是普遍常在的"道",因而它反映在我们的认识上,产生出来的名,也就不是世俗所谓礼乐制度之类的名,而是普遍常在的"名"。因此,老子在全书开章第一段里提出来的问题,就是思维和存在的问题,也就是名与实的问题。

老子说:"无名天地之始,有名万物之母。"意思是说,天地的原始,并无概念(名)存在,天地存在于概念之先,独立于思维之外。可是万物的本原,可以有概念(名)说明。老子在这里非常明确地指出了存在和思维的关系,存在是第一性的,思维是第二性的;也就是说,"实"先于"名","实"是决定"名"的。他在后面第二十五章中还说:"吾不知其名,字之曰道,强为之名曰大。"也充分地说出了"名"不是第一性的,用道这个名字来反映"道"的内容仍然是很勉强的;"道"的内容才是第一性的。

老子说:"故常无欲以观其妙,常有欲以观其徼。"老子认为,认识是受着主观的限制的,特别是要受到主观欲望的蒙蔽。所以只有经常没有主观欲望的人,才能领会"道"的深微的奥妙,而经常有着主观欲望的人只能看到它的有限形式。不能掌握"道"的奥妙,就会违反自然,"是谓不道,不道早已"。老子在这里不仅肯定了思维和存在的根本关系,同时也为全书为什么一贯地主张"见素抱朴,少私寡欲",提供了理论的根据。

从老子书第一章中所提出的名实关系看来,我们应该肯定老子的根本思想是唯物论的。

林聿时根据庄子《天下篇》说老子"建之以常无有,主之以太一"这句话,认为老子书第一章的中间几句应该读作:

无、名天地之始,有、名万物之母。故常无、欲以观其妙,常有、欲以观其徼。

林聿时认为《天下篇》的"建之以常无有",是常无、常有的省略。"常无、常有是老子哲学的基本范畴。'常有'的'有',是存在的意思(当然不必是物质存在);'常有'就是说它(道)恒常存在,不会消失。'常无'的'无',是和具体的'有'即有形体的、占有空间和时间的具体万物对比而言,不是不存在;'常无'就是说它(道)恒常是'无',是'非有形体的存在'……正因为它是'常无',所以才能是'常有';如果它不是'常无'而会变成具体的物,它就消失了,不能是'常有'了。老子的'道'所以是'常道',就因为它是'常无'、'常有'的统一;而两者统一于'常无'。这种'道'就是老子的形而上的本体。"林聿时的结论是:"老子的'道'是绝对精神,其宇宙观是'客观'唯心主义。"[①]

我认为林聿时对于老子的这种看法是值得研究的。

《天下篇》中"建之以常无有"一语,过去的学者都是把常、无、有三字分读,因为这三个字确是老子哲学中的三个基本范畴。老子说:"知命曰常,知常曰明,不知常,妄作,凶。"又说:"知和曰常,知常曰明。"足见在老子书中除了"有"、"无"这两个基本范畴之外,"常"也是一个基本范畴。近人易顺鼎把"建之以常无有",理解为"建之以常无、常有",用来注释老子的话;林聿时更把"常无"、"常有"推论为老子哲学的基本范畴,实在是勉强的,因为在老子书中并没有"常无"、"常有"这样两个确定的概念,当然也就不可能是基本范畴。

过去的学者对于老子书中"故常无欲以观其妙,常有欲以观其徼",也有不少人是以"常无"、"常有"为读的。但这种读法是从宋代司马光、王安石等人开始的,以前的学者都是以"常无欲"、"常有欲"为句,王弼、孙盛等人都是如此。(司

[①] 见《哲学研究》1959年第6期,《论老子哲学体系的唯心主义本质》。

马光、王安石等人虽以"常无"、"常有"为读,但并不是像易顺鼎那样把"常无"、"常有"理解为老庄的特有概念。常仍是经常的意思。)同样,关于"无名天地之始,有名万物之母"的读法,以前的学者也是以"无名"、"有名"为读,自司马光、王安石等人开始才以"无"、"有"为读。即如《史记》的《日者传》就引作"无名者,万物之始也。"王弼的老子注也说:"未形无名之时,则为万物之始。"都是"无名"二字连读,而不是分读的。关于老子书的句读的不同,对于我们理解老子思想确实增加了不少的麻烦,但是我们应当从老子书的句读变化,看出时代思想的主要倾向。

林聿时说:"常无欲"三字连读,虽然在老子书第三十四章中有之,但是从这一章的文字看来,如果没有常无欲三字,倒是文从字顺,意思明白。的确,第三十四章是以没有"常无欲"三字为好。老子书有的版本有此三字,有的版本无此三字,足见有此三字是把注释刊成正文的结果。但是当时为什么会把"常无欲"三字作为一句刊进正文中去呢?足见当时一般学者是把"常无欲"三字连读的。

林聿时说,"无欲"虽是老子书中常见的概念,但这是属于政治哲学、人生哲学的范畴,如果在第一章中"以'常无欲'、'常有欲'为读,就把第一章零割碎刮,弄得根本不通了。"

实际上,刚好相反,老子在第一章里如果不提出"有欲"、"无欲"的问题来,他就不能在肯定了存在决定思维的根本关系之后,进一步指出名和概念在反映存在过程中的相对性来,而强调知识的相对性,正是老子思想的要点。所以我们如果能从存在和思维的关系来看,不更改原文的句读,就不会有"不通"的感觉。

因此,林聿时把"常无"、"常有"看做老子哲学的基本范畴,说老子的"道"是"常有"、"常无"的统一,因而也是超越时空的绝对,这是没有根据的。(林聿时自己设定了老子的"道"是"常无"、"常有"的统一之后,反过来说:"不超时间怎么能是'常有';不超空间怎么能是'常无'?"这种论证方法是不适当的。)

三

把老子的"道"看做精神范畴的人,一般都根据"天下万物生于有,有生于无",认为"道"就是"无",然后从"无"引到唯心的结论。(林聿时也说:"'无'才是天下万物的最后的根源。")但是所谓"无"究竟是什么意思?老子自己是有说明的:

> 三十辐共一毂,当其"无",有车之"用",埏埴以为器,当其"无",有器之"用";凿户牖以为室,当其"无",有室之"用"。故"有"之以为"利","无"之以为"用"。(十一章)

从上文看来,可以知道老子所谓的"无":

(一)"无"是"有"的反对面,有"有"必有"无","无"既不是孤立的,也不是超越一切的,"无"和"有"是对立的统一。"无"和"有"的统一,决不是指"无"和它的存在的统一,因为这仍然不过是一个"无",谈不到所谓对立的统一。

(二)"有"和"无"是相互为用的,事物本身不具有自己的反对面,就不会发生作用,所以老子在第二章中说:"'有''无'相生",就是这个意思。

(三)为什么事物具有自己的反对面就会发生作用?老子在四十章中说:"反者道之动,弱者道之用。"又说:"大曰逝,逝曰远,远曰反。"(十四章)这就是说,反面作用就是"道"的活动,事物在柔弱中成长,发展到一定的程度,就会走向它的反面。

根据上面的道理,可以知道:老子所谓"天下万物生于有,有生于无。"决不是说,天下万物是从虚无中生出来的,而是说,天下万物之所以能够成为有利于存在的东西(有之以为利),是因为它本身具有相反的作用(无之以为用)。

老子书第四十章的全文是这样的:

> 反者"道"之动,弱者"道"之用;天下万物生于"有","有"生于"无"。

我们必须把前两句话和后两句话联系起来了解,否则就要想不通了。

了解了这一段话之后,也就可以知道"道生一,一生二,二生三,三生万物"(四十二章),不过是说世界通过本身的反面作用,从简单进到复杂,这是自然的发展过程,也就是"道"。老子的"道",并不是唯心的性质,它从"形而上"到"形而下"的根本观点都是唯物论的。

在这里要附带提到的,是侯外庐关于上述"三十辐共一毂,当其无,有车之用……"的看法,他说:

第一,……"无"当诂为"非有",义指不私有,所以"当其无",便是说当车、器、室在非私有财产的特定阶段。

第二,因为社会是在"非私有"的时代,车、器、室等劳动生产物,只表现做使用对象物……所以说,有车、器、室之用。①

照侯外庐同志这样解释"无"和"用"的意义,是非常勉强的。因为"当其无,有车之用",是承接"三十辐共一毂"说下来的,如果"无"是指"非私有"的时代,"用"是指"非私有"时代的共同使用,那末,老子为什么要说"三十辐共一毂"呢?难道"当其无"的"其"字,不是指的毂吗?所以"无",显然是毂中的空洞,而不是所谓"非私有"的时代。

此外,把老子的"道"看做精神范畴的人,也常常引用"有物混成,先天地生"(第二十五章)。作为证据,说老子的"道"是先天地的,是超时空的,不是物质,而是精神。实际上,这两句话和"无名天地之始"是同样的意思。不过前者是从名与实的关系来说的,后者是从"道"的本身存在来说的。老子说"先天地生"也就是说"天地的原始";老子说天地的原始无名,也就是说"道"的本质是无名的。(天地的原始无名无概念,"道"也不可能是有名有概念的东西。)所以老子说:"吾不知其名,字之曰'道'。"("独立而不改"说明"道"永远独立在意识之外,"周行而不殆"说明"道"的运动不息。)老子的"道"是自然的存在,是物质的运动,它不是柏拉图的理念,也不是黑格尔的绝对精神。如果它是柏拉图的理念的话,那它就不仅是创造现实世界的观念主宰,而且应该先天的存在于我们的心中,可是老子认为不是如此:"夫唯不可识,故强为之容","强为之名"。老子的"道"如果是黑格尔的绝对精神的话,那它就"只能在思维中、在自我意识中表现出来",可是实际上老子书中的"道"并不是纯粹的逻辑发展,而是"吾不知其名"的"道"的发展,"强为之名"的"大"的发展。"大曰逝,逝曰远,远曰反。"这就是说,"道"的发展、"大"的发展,都是独立于思维和自我意识之外的。老子说"故'道'大、'天'大、'地'大、'人'亦大"。足见"道"和"天"、和"地"、和"人"一样的大,"道"并不是超越在天地和人之上。老子说:"人法地,地法天,天法道,道法自然。"虽然这里是说的"道"的自然,但是,假如"道"是绝对精神的话,那末,当它从自然界发展到人的阶段的时候,它就应该否定了自然界(天、地),重新来在人的思维领域中活动,使人的行动完全受着思维的决定和指导;可是老子认为:"人法地,地法天。"这样,倒是人受客观环境(天、地)的决定,人是"一穷二白"的,而在客观环境之中,却有着"道"的活动,人要学"道",还得首先"法地、法天。"如果是这样的话,所谓绝对精神的"道",它和人类的精神有什么关系呢?与其说是精神的性质,毋宁说

---

① 《中国思想通史》第1卷,第278页。

是自然的性质,是六十四章中"以辅万物之自然"的自然性质。老子没有"物质"这一概念,"无名"、"自然"就是他关于精神意识的反对面的性质的说明。可是,林聿时同志认为老子哲学中形而上的"道"和形而下的事物是对立的,即形而下的方面是唯物的,形而上的方面是唯心的。他说:"虽然就形而下的事物说,人给它起的名字是第二性的;但是形而下的一切,却都是由形而上的'道'——绝对精神产生的,即形而下的一切是第二性的,绝对精神是第一性的。"这种讲法无异于把老子本来认为存在(实)是第一性的,思维(名)是第二性的学说,根据"常有"、"常无"的推论,给他戴上绝对精神的帽子。

四

侯外庐对于老子的"道"的看法和林聿时有些不同。侯外庐说:老子书中的"道"之陷于唯心主义,不但因为"道"的义理性类似泛神论的神,而且是超越人类认识的彼岸的东西。我们知道,凡是否定了现实世界的可认识性的,那就不可避免地要走向唯心主义。①

那末,为什么说老子的"道"是"超越人类认识的彼岸的东西"呢?侯外庐特别指出"道之为物,惟恍惟惚"(第二十一章)两句话来,认为老子的"道"是独立而自如的神秘体。

关于这两句话的全文是这样的:"孔德之容,惟道是从。道之为物,惟恍惟惚,惚兮恍兮,其中有象;恍兮惚兮,其中有物;窈兮冥兮,其中有精,其精甚真,其中有信。自古及今,其名不去,以阅众甫。吾何以知众甫之然哉,以此。"

从起头两句话看来,这一章主要是讲自然的规律性,认为事物有它的特性,叫做"德",有它的共性,叫做"道","道"是事物的共同原理,"道"是自然的普遍规律。因此,这一章和前面提到的二十五章的内容不同,虽然两篇都是在说明"道",可是二十五章主要讲"道"是物质的存在和运动,这一章是讲"道"的(也就是物质运动的)规律性。这一章的大意,通俗说来是这样的:

事物的特性——"德",是和事物的共性——"道"分不开的。"道"这个东西虽然很抽象,可是具有一定的规定性,虽然不具体,但也是一种实物,虽然很空洞,可是有它精微的存在,这精微的东西,很真实很可靠。从古到今,它的名字常在,人们都用它来理解万物。我怎么知道万物的实情呢?就是依靠着它。

---

① 《中国思想通史》第1卷,第270页。

"道"是自然的普遍规律,从它的规律性来说,它是抽象的。("视之不见名曰夷,听之不闻名曰希,搏之不得名曰微。……是谓无状之状,无物之象,是谓惚恍。"就是关于规律的抽象性的说明。)但是规律是事物的规律,是自然的规律,因此,从"道"的物质性来说,"道"就是"自然",就是没有精神、意识命令主宰的"莫之命而常自然"的自然(有了精神意识的命令主宰便不能说是自然)。杨兴顺同志说:"老子学说的基本特点之一,就是:他要求按照实际上存在着的自然去理解自然。"我觉得他对于"自然"的这一解释很好,因此,"道"不过是我们的生活、现实及其运动规律的总名,而不是什么"独立而自如的神秘体"。所谓"道可道,非常道",并不是说"道"是不可认识的,不过是说,它不是平常所说的道,不很容易说明罢了。"道隐无名"也不是不可认识的意思,不过是说,"道"本无名,没有名字可以完全表达罢了。如果"道"是"超越人类认识的彼岸的东西",老子也就不会说"侯王若能守之,万物将自宾"。因为我们对于一个不可认识的东西,是不可能"守"的。

当然,老子在认识论上是存在着矛盾的。他一方面承认认识来自外界,同时又轻视感性知识。老子在这一点上和斯宾诺莎很类似,斯宾诺莎也是一方面力求认识自然的性质,另一方面又否定感性知识。老子和斯宾诺莎在认识论上都是理性论者。老子说:

不出户,知天下,不闚牖,见天道。其出弥远,其知弥少……。(第四十七章)

老子在认识上的这种形而上学的观点,使他和斯宾诺莎陷于同样的错误,不把感性认识和理性认识看成统一的过程,反把两者互相对立起来,漠视感性知识,强调理性的直觉,助长了认识的抽象倾向。但是我们并不能因此就肯定老子的"道"是不可认识的"物自体"。(老子在认识上也不是根本不从实际出发;例如他说:"故以身观身,以家观家,以乡观乡,以邦观邦,以天下观天下,吾何以知天下之然哉?以此。")

老子主张"无名",不仅当时在哲学上解决了名实关系的根本问题,而且在现实生活上也给予了极大的斗争意义。因为中国社会在春秋战国之际,正经历着剧烈的变化,新的力量在不断地成长,旧的统治正在摇摇欲坠。这时,儒家为了维护旧的统治,拼命主张"正名",要求"君君臣臣父父子子",借以挽回灭亡。而老子的"无名",正是对儒家正名主义的一个有力的回答。在儒家看来,"名"是根本的,"信如君不君、臣不臣、父不父、子不子,虽有粟,吾岂得而食诸?"所以子路问孔子为政,将奚先?孔子回答他说:"必也正名乎!"这就是说,"正名"是一切任务中的首要任务。可是老子说:"道常无名","道隐无名","绝圣弃智","绝仁弃义","礼者忠信之薄而乱之首也"。这就使得儒家的"名"这一武器有陷于被缴械的危险。(司马迁说:"世之学老子者,则绌儒学,儒学亦绌老子。")就因为老子对于旧的统治站在批判的地位,所以在他的书中有着不少的唯物论的因素,丰富的辩证法思想,以及同情人民的有力的呼声。因此,老子的自然天道观和辩证法的思想不仅在当时影响了荀卿以及其他名家的思想,同时也是影响后来中国唯物论发展的一个有力因素。了解了老子在中国思想史上的这一作用,对于了解老子的学说会有不同的体会。

当然,老子的唯物思想并不是没有缺陷的。首先是他过分地抹杀"名"的作用,把"名"完全看成人制造的,不了解"名"是从现实概括出来的东西,它本身就反映了事物的本质和特性。老子比欧洲中世纪末期的唯名论者还要激化一些,竟至走到了否定知识的极端,"绝圣弃智","使民无知无欲"。同时,他把事物发展的反面作用形而上学地理解成为循环往复,甚至主张一切都停留在事物发展的初生阶段,借以避免"物壮则老"。这样一来,于是婴儿、原始社会便成了老子一心向往的理想境界。

但是,我们不能因为老子最后陷入消极,便认为他的全部思想都是唯心论的。老子的特点,是他从反对旧的现实出发,但是他没有坚持下去。他在反对旧的现实的过程中,新旧界限不分,连同新的现实也一并成了他的反对对象,所以他要否定知识,回到"小国寡民"的时代去。老子为什么会这样呢?这是因为在社会剧变的时代,老子并没有把自己真正变成新的力量,因而当他目击旧的腐朽的时候,便涌溢着否定的激情,可是一到自己面临着新的现实,便又留恋着旧的生活,对于新的感到抵触,因而无论新的旧的,在老子的眼前都成了反对的对象,于是老子就不能不"被褐怀玉",走向唯心的世界。

(原载《复旦大学学报》1959年第10期)

《老子》不是唯心论

关于《老子》哲学,一向有着不同的看法,在文化革命期间,认为《老子》是客观唯心论,似乎已经成了定论。但是问题并没有得到真正解决,有人甚至说,《老子》的世界观问题是永远解决不了的。我想不应该是这样。《老子》问题长期不得解决,可能是由于我们探索得不够。

一、《老子》是物活论

恩格斯在批判杜林时,曾经指出人类思维的发展历史可以分做三个阶段:一是原始的、朴素的辩证法时期;二是对个别事物进行分类解剖时期;三是科学的辩证法时期。《老子》这一著作产生在两千多年以前,并且具有丰富的朴素的辩证法思想,把它归到第一个时期,我想应该是不成问题的。关于第一阶段的特征,恩格斯根据古代希腊的材料作过如下描述:

> 当我们深思熟虑地观察自然、人类历史或者我们自身的精神活动时,在我们面前首先呈现的是种种联系和交互作用的无限错综之图画,其中没有任何东西是不动的和不变的,万物皆动、皆变、皆生、皆灭。〔这样我们首先看到一个整体的图画,在其中个别部分还多少是被隐蔽着的;我们对于运动、过渡和联系,比较对于什么东西在运动、在过渡或在联系要更注意得多。〕这个原始的、朴素的但实质上是正确的世界观,是古代希腊哲学所固有的。①

古希腊早期的哲学家都是自发的唯物论者,也是自发的辩证法家。我们根据恩格斯的论述,对照古代希腊的哲学思想,对于了解《老子》的哲学思想,是有

---

① 《反杜林论》,第18页。

帮助的。(一)古希腊朴素唯物论者认为,应该根据自然本身去认识自然,说明自然,不能根据神话的传说去解释自然。在他们看来,世界是由具体的物质构成的,而不是任何造物主的创造。(二)他们认为,世界是运动、变化的,要从相互作用和相互转化中去观察世界。(三)由于当时科学水平的限制,他们不否认神的存在,但也不承认神的任何作用。(四)他们认为,物质具有生命或自动的本能,所以才有各式各样的变化,才能产生各式各样的现象。这种理解也就是哲学史上的所谓物活论。物活论主张物质具有生命或自动的本能。在泰勒斯那里,知觉是自然本身所固有的,不是外加的,无机的自然也具有知觉。他说,世界是有灵魂的;磁石也有灵魂,所以它能吸铁。赫拉克利特的朴素辩证法思想是为列宁所称道的。他认为世界的本原是火,人的灵魂也是火原质的一部分,受纳火原质多的人就聪明活泼,受纳火原质少的人就冥顽不灵。"世界的秩序,既非神所创造,亦非人所创造,而是过去、现在、未来一团熊熊不绝的火,合规律地燃烧着,同时又合规律地熄灭着。"赫拉克利特把这个规律叫做"逻各斯";它既是物质性的,也是精神性的,所以赫拉克利特说:"'逻各斯'是灵魂所固有的。"后来,伊壁鸠鲁继承德谟克利特的学说,认为原子构成物质,是由于原子下坠时脱离直线运动引起冲击的结果,这种运动偏差的根源是由于偶然性或由于原子本身的自由意志,即由于它内部的冲动。马克思对伊壁鸠鲁这一带有唯心论色彩的论点非常重视,认为这是自发地承认了原子的内在的活动性,承认了自己运动。

总的说来,古希腊的朴素唯物论者都没有完全超出物活论的范围,他们一方面承认自然界是客观的实在,同时又由于不理解精神和物质的关系,不得不承认万物有灵。在当时科学发展水平低下的条件之下,他们要想反对神和宗教的支配,揭示物质的自己运动,也就只有强调万物具有生命的一条道路。物活论就是在欧洲近代也并未绝迹,布鲁诺就是一个有名的物活论者。十七世纪和十八世纪的某些唯物论者,由于不满足物质只是机械运动的看法,也在一定程度上有着物活论的倾向。

至于中国古代哲学,当然不能脱离人类思维发展的朴素阶段,物活论的倾向也是普遍存在的。比如,王船山是明清之际杰出的唯物论者,但是他又说:"物,无非心也;心,无非物也。"其他哲学家也多有类似的情形。物活论作为唯物论来说,显然是不彻底的,是对二元论的让步。但我们要知道,唯物论是有它的发展过程的,因此不能拿今天的眼光来要求古人,同样,也不能拿今天的眼光来要求《老子》。《老子》的"道"和赫拉克利特的"逻各斯"一样,既是物质的,也是精神的,离开物活论来看《老子》是不符合事实的。

《老子》的哲学标志着中国古代物活论思想的存在,因此,它不可能出现得太晚。它至今没有得到人们的正确认识,固然一方面是由于他的哲学性质没有得到应有的理解,同时,也由于我们的认识受了传统观念的束缚。像《老子》这样的哲学,要得到封建统治阶级的正确认识本来是不可能的,这就好像西方资产阶级学者没有例外地在他们的哲学史中把所有泛神论的唯物论者一律写成了唯心论者一样,《老子》哲学经过王弼的注释之后,也就变成了唯心论的内容。因为自从东汉以后,儒家经学的威信已经日益衰微,而"黄巾"农民起义打着"老子"的旗帜,瓦解了东汉统治,这就迫使统治阶级不能不把《老子》改造成唯心论的内容,来进行欺骗人民的统治。所以后来各家的注释虽有不同的说法,大体上没有改变这个总的趋势。因此,现在发生《老子》哲学的争论,决不是偶然的。

《老子》说:"有物混成,先天地生。"(《老子》二十五章)《老子》的中心思想是"道","道"就是道理和规律的意思。那末道理和规律的体现者是什么呢? 是物质还是精神? 认为《老子》是唯心论者的看法:既然道是"先天地生"的,是存在于天地万物之先的,当然是精神,从精神产生物质世界,不是唯心论又是什么呢? 他们没有考虑古代人对于天地万物的由来,是有着两种不同的看法的:一种认为天地万物是由神(精神)创造的;另一种认为天地万物是由无限的、无形质的物质组成的。因此,不能认为"先天地生"的东西,就一定是精神。所谓"有物混成",就是指着某种混沌的东西(物),存在于天地形成之前;如果这"物"是指神、精神,或是指概念,那就应该说它是最清晰的,最完美的,最纯洁的,而《老子》说"有物混成"显然不是此意。《老子》指出:

> 道之为物,惟恍惟惚。惚兮恍兮,其中有象;恍兮惚兮,其中有物;窈兮冥兮,其中有精;其精甚真,其中有信。(二十一章)

"惟恍惟惚","窈兮冥兮"都是说明"道"的混沌状态,既然是混沌就不是空漠无物,而是有形象、有物质,也就是说有着精气存在。《老子》认为,精气的存在是真实可靠的。这就十分清楚地说明了《老子》承认精气是最根本的物质,从唯物论的立场回答了天地万物的由来。但《老子》唯心论者却硬说"道之为物"是"道之生物"的意思,即从"道"产生出物质来,所谓"道",不过是神的巧妙改装罢了。这种说法未必是古人的原意。不仅如此,他们还说:"其中有精"的"精"字,应该是"情",这不是明明白白为了抹煞《老子》承认的精气,而进行"改字解经"吗?《老子》不仅在二十一章说到了精气,而且在五十五章也提到了精气:"未知牝牡之合而朘作,精之至也;终日号而不嗄,和之至也。"这两处"精"字,都是指的世界的根本原质,怎么可以改做"情"呢?诚然,在《老子》中差不多全部讲的是"道",讲"精"的地方是比较少的。这并不奇怪,不能因其少而否定它所承认的世界本原是精气。因为:(一)正如前面恩格斯所说,古代人是在整体的画面上考察问题的,"对于运动、过渡和联系,比较对于什么东西在运动、在过渡或在联系要更注意得多"。因此《老子》讲到精气的地方较少,是很自然的。(二)把精气看做世界的本原差不多是道家的共同观点。《管子·内业篇》虽不能肯定是宋尹的著作,不过郭沫若说它属于道家的作品,倒是对的。如果拿《内业篇》同《庄子》比较,应该说前者更接近于《老子》,也许是《老子》精气说的进一步展开,因为它们对精气和"道"的看法是一致的。为了弄清精气,不妨引《内业篇》开头一段话作为参证:

> 凡物之精,比(结合)则为生。下生五谷,上列为星;流于天地之间,谓之鬼神;藏于胸中,谓之圣人,是故名气。杲乎如登于天,杳乎如入于渊,淖乎如在于海,卒乎如在于屺。是故此气也,不可止以力,而可安以德;不可呼以声,而可迎以意,敬守勿失,是谓成德。德成而智出,万物毕得。

意思是说:(一)万物都是精气构成的。(二)鬼神的变化、圣人的智慧也是精气构成的。(三)由于它细微灵活,所以叫做气。(四)精气弥漫,天上地下,高山大海,无所不在。(五)精气具有精神的性质,不能用力量来支配它,可以通过意识来影响它。(六)保持精气,不要散失,就能养成自己的德性,从而具有可以掌握万物的才智。这些思想和古希腊的物活论有什么不同?所谓精气也同赫拉克利特的"火"一样,既是物质,又是带有精神性质的东西。

有人说,《管子·内业篇》本身就是唯心论,所谓"凡物之精",也不过是指精灵之类的东西罢了。事实并非如此。《内业篇》明明说:"精也者,气之精者也。"又说"气,道(导)乃生,生乃思,思乃知,知乃止矣"。这里的"气"显然是指我们呼吸的气,所说的"精"是指细微的气,都是物质性的东西。不过古代人不了解我们离不开空气,是因为我们需要氧气,而认为"气"这种物质特别是精气,是具有生命力的。所以它说,人有气,才有生命,才有思想,才有认识。《老子》在描写"道"

时说:"其中有物","其中有精",并且把精气看做万物的开始("以阅众甫"),认为"道"的作用就是精气的活动。《内业篇》也认为精气和"道"两个概念没有严格的区分,可以交互使用。即如它在一处说:"凡道无所,善心安处,心静气理,道乃可止"(道才居留下来)。在另一处又说:"敬除其舍,精将自来。……严容畏敬,精将自定"。虽然前言"道",后说"精",其实两处的意思是一样的。可知"精"、"道"和"气"三者在实质上并没有多大差别。《老子》唯心论者所想像的"道"是怎样和"气"不同,以及"气"是"道"的外化,都是同道家思想的实际不符合的。有的同志还说,"精"在"道"之中,"道"在"精"之外,"道"的概念大于"精"的概念,"精"不过是"道"的一部分等等,也都不过是他们的构想,实际上《老子》并未加以区别。

又如《老子》说:"道生一,一生二,二生三,三生万物。万物负阴而抱阳,冲气以为和"(四十二章)。精气具有普遍性和统一性,所以说,"道生一"显然也就是指气,"一生二"是指气化分阴阳,"二生三"是指阴阳合和。"万物负阴而抱阳"是解释"一生二","冲气以为和"是解释"二生三",整段都是说明"道"的运动,也就是说明元气(或精气)的变化。但《老子》唯心论者却把"道生一"解说成从抽象的"道"产生出具体的气,遂使《老子》哲学黑格尔化了。有的同志认为:在《老子》哲学中,"道"是一个抽象的概念,通过"玄"(指从无到有),"道"转化为气,"一"就是气的整体,所以是"道生一"。他说:"把老子哲学和黑格尔相比,我认为是最恰当不过的。"(见杨柳桥著《〈老〉译话》"附录")试问,在纪元前四、五世纪能够产生黑格尔吗?当时人类思维的发展能够把"神造世界"的思想提升到"逻辑范畴外化为物质世界"吗?恐怕是不可能的。《老子》说:"天得一以清,地得一以宁,神得一以灵,谷得一以盈,万物得一以生。"(三十九章)意思是说,天、地、神、谷、万物都是来自同一的质体,这个质体就是气,就是"一",也就是"道"。"道始于一,一而不生,故分而为阴阳,阴阳合和而万物生。故曰,一生二,二生三,三生万物。"这是《淮南子·天文训》对"道生一"的解释,它并没有把"一"同"道"对立起来,而认为"道始于一"。可见,"一"是"道"相对于个别事物的一种称谓。《老子》唯心论者不了解"道"和气的一致性,认为"一"是气,"道"是概念,"道生一"就是概念外化为气,这是没有根据的。因为古人根本不可能有概念外化为物质的思想。相反,中国古代唯物论者的元气说、精气说倒是直接间接地继承了《老子》思想的。

二、《老子》的"道"不是"无"

《老子》唯心论者避开了《老子》的精气说,强调"道"的概念性,说《老子》的"道"是产生万物的基础,"道者万物之奥(主)","渊兮似万物之宗"。所以"道"不过是一个不可捉摸的虚无,也就是说,《老子》的"道"是一个纯粹的"无"。

把老子的哲学看做虚无,这是一千多年来的传统观点,今天的《老子》唯心论者仍未跳出这个圈子。中国自汉以后,学者多称"老氏虚无";到魏晋之际就出现了王弼"以无为本"的《老子注》;后来宋朝就有了司马光、王安石等人的《老子》新句读,他们把原来《老子》第一章的"无名,天地之始;有名,万物之母"改读做"无,名天地之始;有,名万物之母"。又把"故常无欲,以观其妙;常有欲,以观其徼"改读做"故常无,欲以观其妙;常有,欲以观其徼"。这样一来,就把《老子》提出的"无名"的理论改变成为论"无"的哲学了。其实原来《老子》中的"道,可道,非常道;名,可名,非常名",是说他讲的"道"是永恒的"道",不是平常所说的"道",所以"道"的"名",也是永恒的"名",不是平常所说的"名"。为什么呢?《老子》接着回答:"无名,天地之始;有名,万物之母"。就是说,天地开始是没有"名"的,是有了万物才用"名"来辨别的。所以"无名"是指还未形成天地万物的东西来说的。这四句话是有联系的。如果按照司马光等人的读法,就变成了第二句是讲"名",第三句是讲"无",前后互不相关了。"故常无欲,以观其妙;常有欲,以观其徼"是连接前面有名和无名两句来说的,认为我们应该无所欲求,来客观地考察"无名"的微妙,也要有所欲求,来从生活中了解"有名"的情境,这样才能领会"有名"和"无名"的关系。如果按照司马光等人的读法,那就不是领会"有名"和"无名"的关系,而是在讲"有"和"无"的问题了。从表面看来,不过是句读的不同,实际是有关宇宙本体是唯物还是唯心的重要问题。过去的学者对这段话的句读也有过长期的争论,但是没有得到真正的解决。马王堆《老子》帛书出土,才帮助解决了这个问题。《老子》唯心论者强调《老子》第一章是全书的总纲,意在告诉人们:《老子》全书是"以无为本",企图利用他们对第一章的曲解来影响人们对《老子》全书的理解。因而提出了以"有"、"无"断句的读法。须知《老子》第一章前四句是连贯一气的,司马光等人的读法固然错了,对照马王堆出土的帛书《老子》,第五、第六句读法他们也是错的。帛书:"故恒无欲也,以观其妙;恒有欲也,以观其徼",都以"有欲"、"无欲"断句,而不是以"有"、"无"断句,由此推论,可知司马光对于第三、第四句以"有"、"无"断句也是不符合事实的(《史记·日者传》引作"无名者,万物之始也",就是无名连读)。这就宣告了《老子》第一章纵然是全书的总纲,也决不是在讲"有"、"无"的问题,而是论证"有名"和"无名"的关系,说明"无名"的精气产生"有名"的万物,万物都是服从精气的运动而运动的。哪有什么"以无为本"的意思!《老子》在其他章节中也总是说:"道常无名","道隐无名",而不说"道"就是"无"。十四章说:

> 视之不见,名曰夷;听之不闻,名曰希;搏之不得,名曰微。此三者,不可致诘(追究),故混而为一(即道)。其上不皦(光亮),其下不昧(阴暗),绳绳(渺茫)不可名,复归于无物。是谓无状之状,无物之象,是谓恍惚。

这里说"复归于无物",是从视、听、触的感觉上来说的,是指无具体形象,意思仍是在于说明"道"的"不可名",并非认为"道"就是"无",所以它说"是谓恍惚"。二十一章说,"恍惚"之中有"物"、有"精",正是补充说明精气是"无状之状",无物之象,并非纯粹的"无",还是有状有象的,即"无"中有"有","有"中有"无"。因为精气是"无"(形),所以能"入无间";因为精气是"有",所以能生万物。

司马光等人要以"有"、"无"断句,其目的就是要改变《老子》的中心思想,突出"以无为本"认为无是宇宙的本原,并把《老子》所说的"有生于无"当做重要的根据。同样,今天的《老子》唯心论者也是一样,说"有生于无"是"道就是纯无"的铁证。其实他们是把《老子》的话孤立地理解了。《老子》第四十章说:"反者道之动,弱者道之用,天下万物生于有,有生于无。"全段显然是说:事物具有相反的因素,才会运动;站在新生弱小的方面才是"道"的运用,天下万物的生成,都是由于反面的否定作用。这是辩证法的实质,是事物运动发展的根本原理,也是《老子》书中最精粹的语句。后两句是从前两句引申出来的,不能孤立地加以解释。它的目的是要说明"有"和"无"这两者的辩证关系。第二章说:"有无相生",就是它关于"有"和"无"是一对范畴的说明,就是它认为"有"和"无"这两个对立方面是相反相成,互相为用的证据。它在第十一章还举例说明:

> 三十辐共一毂,当其无,有车之用。埏埴以为器(搏击粘土制作陶器),当其无,有器之用。凿户牖以为室,当其无,有室之用。故有之以为利,无之以为用。

《老子》把"有"的反面作用叫做"无"。它说明车轮、陶器、房屋能给人便利,就是靠着"无"(空洞、凹处、门窗空间)的作用。因此,"有"离不开"无",否则就没有了"有"的作用;"无"也离不开"有",否则"无"就不能存在。这种看法既是辩证的,也是唯物的。列宁在《黑格尔〈逻辑学〉一书摘要》中指出:"……表现为对立的矛盾,只不过是发展了的无,这个无是包含在同一之中的,而且表明同一律并不说明任何问题。这个否定进一步把自己规定为差别,规定为对立,这也就是设定的矛盾。"这就是说,"无"是事物中的否定因素,由于否定的作用才有事物的发展。可是有的同志不了解《老子》这一生动的辩证法思想,反而埋怨道:"老子他既主张'天下万物生于有,有生于无',又说'有无相生',他的思想系统是不周延的。"[①]他认为《老子》的思想是不统一的、有矛盾的。在他看来,"有生于无"是说"无"是本体,"有"是它的产物;"有无相生"是说"有"和"无"是互相为用,互相转化。前者是从属的关系,后者是相互关系,这样,"有"和"无"的含义就前后不一致了。实际上,《老子》所谓"有无相生"是说明一切事物都有和它相反的否定方面,互相为用;而"有生于无"是说明一切事物的产生都是由于否定作用的结果,这有什么矛盾呢?难道不都是说明"有"和"无"是一对辩证法的范畴吗?因此,并不是《老子》的思想体系不一致,而是该同志把"有生于无"的"无"错误地认做纯粹的无了。(还有人说:《老子》"把两种'无'的意义弄混了,即作为宇宙本原的'无',是无形、无名,而不是空无,车轮、门窗、房屋的空间是空无的一部分,说空无比'有'更根本,是错的。"显然,前者认为《老子》的"无"应该理解做虚无,而后者则认为《老子》把空无看得比"有"更根本,这个空无也就化成了虚无,所以是错误的。这种看法实质上同前者没有什么两样,他们都从反面证明了不把《老子》的"无"理解做"有"所包含的否定因素,是无法说明《老子》所谓"有生于无"和"有无相生"这两个"无"字的共同含义的。)

再看《老子》第五章说:

> 天地之间,其犹橐籥(风箱)乎!虚而不屈(尽),动而愈出(风愈多)。

这是《老子》关于万物生成的说明,它认为天地好像一个大风箱,中间虚空,由于风箱的活动,不断地有风出来。这个比喻,既说明了"有(风箱)无(虚空)相生",

---

[①] 见杨柳桥著《〈老子〉译话》"附录"。

又说明了"有(风)生于无(风箱的虚空)"。二者是不是不统一呢？是不是有矛盾呢？有的同志根本不加考虑，却对《老子》妄加指责，实在令人不解。

《老子》第六章接着说："谷神不死，是谓玄牝。玄牝之门，是谓天地根，绵绵若存，用之不勤。"前面讲的是一个比喻，现在落实到万物是怎样生成的说明了。《老子》认为天地就是一个母性生殖器，一切都是从这个虚空里产生出来的。古人对于万物生成的这种看法，显然是根据人类的繁殖推论出来的。正如《易·系辞》所说："男女媾精，化生万物"。他们认为万物的生长变化都是由于精气的活动。精气存在于虚空的地方，并且无形无质，所以说："有生于无"。《老子》唯心论者把"无"解释做虚无，认为是从纯粹的虚无中产生万物，这对古人来说，是难以想象的。与此相反，《老子》倒是从"有"的本身看出了它的否定因素。风箱本身要有虚空才能发生风箱的作用，母性本身要有母性的特征(牝)才能生出它的后代，《老子》到处都是在说明事物有它的反面作用，怎么谈得到"道"是虚无呢？从古到今"解老"的错误都是由于把《老子》所讲的事物的某种反面因素(形态或性质)孤立夸大了。

"玄牝"一词也可以证明上述的道理。关于"玄牝"的含义，过去的学者也有过很多说法，清代俞正燮在他的《癸巳存稿·卷十四》中解释得较好：

> 今案牝者，古人以为溪谷。所谓玄牝者，如今言空洞。……尝深思之：玄者，《白虎通·五行篇》云，玄冥者，入冥也，是玄为入。牝者，《唐律·卫禁·上》有穴而可受入者为牝。则玄牝之为古语可知，为表出之，儒者可勿复道矣。

古人认为，牝和溪谷一样，都是空洞的意思。所谓牝、溪谷、虚空都无非是指的空洞，所谓谷神，就是溪谷之神(道家往往把神和精、气看做同意语——笔者)，即指精气和"道"的作用。俞正燮已经知道牝是指空洞，即物质的一种存在形态，而玄牝即意味着《老子》的"道"，所以他劝人们不要争论《老子》的"道"是什么了！可是我们至今还在争论。

当然，《老子》的辩证法是有缺点的，我们只要从上面引述的例子就可以看出它的朴素性和原始性。《老子》没有把"有"、"无"这对辩证法的范畴从相互矛盾的关系中展开、深化，看到统一中的斗争是推动事物发展的力量，而是从物质的某种存在形态和属性(如柔弱)上去找根据，认为车轮要有空洞，陶器要有凹处，房屋要有门窗空间,风箱要有虚空,天地要有玄牝等等,否则就不能成为一个事物。正因为《老子》把物质存在的某种反面形态和属性看做万物生成的由来,所以在《老子》五千言中,差不多都是强调"虚寂"、"卑下"、"谦虚"、"不争"(帛书作"有争")等等。认为只要能守着事物的反面,就不会在现实的发展中遭到失败。它叫人向水学习,说"天下莫柔于水,而攻坚强者莫之能胜"(七十八章)。又说,"江海所以能为百谷王者,以其善下之,故能为百谷王"(六十六章)。它希望做到"柔弱胜刚强",能以"天下之至柔,驰骋天下之至坚"(四十三章)。所以它不仅说"反者道之动",还说"弱者道之用",造成人们对道的消极理解。《老子》唯心论者不从"有"、"无"的对立统一,却离开"反者道之动,弱者道之用"来解释"天下万物生于有,有生于无",说是"从无生有"。他们不仅肢解《老子》,而且歪曲了《庄子·天下篇》对《老子》的说明。《天下篇》说:老聃"建之以常无有,主之以太一,以濡弱谦下为表,以空虚不毁万物为实"。他们追随易顺鼎的穿凿,说"常无有"就是"常无"、"常有"的省略,认为《庄子》对《老子》第一章的"常无欲"、"常有欲"也是读做"常无"、"常有",可见是《老子》的原意。这样,有人就展开了他们的逻辑伎俩,说什么"常无"、"常有"是对立的统一,对立的双方以"常无"为主,因为"常有"只是说有一个"常无"存在。兜了半天圈子,仍不过是王弼的一句老话:"以无为本"。实际上,"常无有"三字是应该连读的,即《老子》第二章"生而不有,为而不恃,功成而弗居"的意思,这是它关于做人的根本思想,它在第十章、第三十四章、第五十一章都有重复说明,并且称做"玄德"。《天下篇》下面一句"以濡弱谦虚为表",也就是对于"常无有"的补充解释。《老子》唯心论者妄作字面曲解,无非是要把它改造成为黑格尔式的思想体系罢了。

三、《老子》的认识论是理性主义

《老子》的认识论是普遍受人指责的。《老子》四十七章说:"不出户,知天下;不窥牖,见天道。其出弥远,其知弥少。是以圣人不行而知,不见而名,不为而成。"这种说法显然是轻视了实践的作用。不过它的意思是说要知道天下是怎么回事,不能只靠出去看一下;要知道天道是怎么回事,不能只靠用竹管从窗户去窥察一下,认识必须依靠理性作用才能掌握事物的本质("道");否则,是不会有多大成效的。《老子》说这话的目的,就是要强调他在认识论上的理性主义。

认识论是哲学基本问题的第二方面,它要解决的是:"我们的思维能否认识现实世界"?"用哲学的语言说来,这个问题就叫做思维和存在的同一性问题。"

现在有同志说：思维与存在的同一性是唯心论的术语，意思是指唯心论而说的，我不同意这种说法。从过去的哲学家看来，肯定这个问题的理论有三种不同的内容：

一、认为思维与存在的同一是由于存在是思维的外化，即存在是思维的产物，所以具有同一性。例如黑格尔（唯心论）。

二、认为思维与存在的同一是由于思维是存在的反映，即思维是存在的产物，所以具有同一性。例如费尔巴哈（唯物论）。

三、认为思维与存在的同一是由于思维和存在两种自然属性的平行一致，所以具有同一性。例如斯宾诺莎（物活论）。

斯宾诺莎认为我们的世界是一个客观存在的实体，这个实体既不依靠别的东西而存在，也不能通过别的东西来认识，它是自己存在，通过它自己来认识的。他认为这个实体包含有无数构成实体的本质属性，我们所能认识的只有两种：广延和思维。他把广延和思维只看作是唯一实体的两种属性，而不看成既有联系又有区别的两个方面，这样一来，在斯宾诺莎的哲学中，自然界的一切就都包含有广延（亦即物质性）和思维（亦即意识性）两个方面了，这两者永远平行存在，就成了所谓一切物质都有意识的物活论。由于物活论观点的偏差，斯宾诺莎就忽视了感性认识的重要，甚至认为感性认识往往是不可靠的，认为我们可以在理性认识的高度去把握真理，抓住事物的本质，这就是斯宾诺莎的唯理论。《老子》也是这样，它认为万物都是精气构成的，而精气既具有物质的性质又具有精神的性质，因此，体道的人对于事物的本质和一切的真理都可以通过他的理性思维直接获得，所以它说："是以圣人不行而知，不见而名"（古来"名"与"明"通用）。这就暴露了物活论对唯心论让步的弱点。不过，《老子》同斯宾诺莎一样，它们并不否认感性认识是来源于外部世界，还是肯定感性认识的一定的作用的。《老子》说："故以身观身，以家观家，以乡观乡，以邦观邦，以天下观天下。吾何以知天下然哉？以此。"（第五十四章）《老子》要求通过客观观察达到对于天下的认识，达到主观同客观的统一，这就不能否认感性认识的作用（《老子》书中举例多属感性认识范围）。不过它认为认识的最终目的是要认识"道"（一般规律），所以它很怕人们因为"道"是看不见、摸不到的，而不知道怎样去掌握"道"，为了使人在认识上有所遵循，所以它指示说："道法自然"（第二十五章）。

关于"道法自然"，《老子》唯心论者总是说，这个"自然"并不是今天所说的自然界、自然科学的"自然"，而是说"道"自己是这样。但却不肯把"道法自然"同第六十四章"以辅万物之自然"以及五十一章的万物"莫之命而常自然"等句联系起来读。其实,所谓自然就是万物的自然,万物是由"道"(或精气)形成的,所以万物的自然也就是"道"的自然。《老子》唯心论者抹煞了"道"同万物的一致,便把"道法自然"变成了一句空话。《老子》提出"道法自然"、"以辅万物之自然",目的是要在认识上加强我们对"道"的现实感,要从客观现实中去体会"道"。《老子》说:"既得其母,以知其子;既知其子,复守其母,终身不殆"。就是说,我们既要从总体来认识事物,又要从事物来认识它的总体,才不会离开"道"。《老子》把向来看做由上而下的外来的天道,变成了事物发展的内部根源,这是中国古代哲学的一个伟大的贡献。至于"塞其兑,闭其户,终身不勤(疲病)"(五十二章),这是告诉人们在认识事物时要排除外来的干扰,免得产生主观的成见和偏爱。英人李约瑟说:"在中国文化技术中,哪里萌发了科学,哪里就会寻觅到道家的足迹。"①同样,我们在《老子》书中也看到许多有关当时自然科学知识的概括以及对于战争经验的总结,使人不能不承认《老子》的认识论不同于当时各家的特点,就是它不肯停留在事物的表面经验,而要深入到本质。

有同志说:《老子》并不是什么唯理论或经验论的问题,而是根本否定人类知识,主张彻底消灭人类文化,甚至为统治阶级出谋划策,实行愚民政策的问题。诚然,《老子》是为统治阶级出谋划策,鼓吹了愚民政策,但是我们对这个问题要做具体分析,难道《老子》是不顾人民的死活,为统治阶级的既得利益出谋划策吗?还是在一定程度上考虑到了人民的生活问题呢?我认为《老子》是属于后者。在春秋战国时代,它比其他各家的著作是更多地表达了人民呼声,表示了它对人民的同情。例如它说:"天之道损有余而补不足,人之道则不然,损不足以奉有余。"(七十七章)"民之饥,以其上食税之多,是以饥。民之轻死,以其上求生之厚,是以轻死"。(七十五章)"民不畏死,奈何以死惧之?"(七十四章)据《史记》说,《老子》的作者曾任"周守藏室之史",是一个属于贵族层的知识分子,春秋之时,周代统治濒于崩溃,人民陷于水深火热的时候,我想如果不是对人民抱着一定程度的同情,上面的话是说不出来的。《老子》唯心论者往往在批判之后,只带上一句"具有唯物论的因素",这怎么能够说明我们对于古人的认识呢?

《老子》希望统治者都是圣人,他说:"圣人无常心,以百姓之心为心。"(四十四章)并且指出:"故贵以贱为本,高以下为基。"(三十九章)它还告诫统治者:"生

---

① 《中华文史论丛》第3辑,第102页。

而不有,为而不恃,功成而弗居。"(第二章)"功成身退,天之道哉。"(第九章)《老子》的这些话,直到今天都还值得我们很好的领会。

《老子》是不是鼓吹愚民政策呢?这固然是事实,但也是出于同贵族统治的对立。即如他说:"大道废,有仁义。智慧出,有大伪。"(十八章)这显然是对于当时的不满,因而它要"绝圣弃智","绝仁弃义"。在《老子》否定知识,否定文化的议论中,特别突出的是对传统礼制的憎恶,它说:"失义而后礼","夫礼者,忠信之薄,而乱之首"(三十八章)其矛头直指当时的贵族制度。在这里,我们想起了十八世纪法国革命的启蒙运动者卢梭。关于知识文化的问题,卢梭不只一次地声明说:"科学和艺术,就其本身来看,是应当给予充分尊重的,但是我们也要深信,社会的不平等越扩大,风俗就越破坏,犯罪就越频繁,而科学和艺术的进步总是随着社会不平等的扩大,从而加深了风俗的败坏。"因此,在十八世纪五十年代,当伏尔泰大声疾呼地向无知和愚昧宣战,要求大力提倡知识的时候,卢梭却指出,科学和艺术的成就并非就是道德的成就。他痛斥上流社会不平等的文化和寄生阶级的伪善与奢侈,正确指出贵族的豪华生活是建立在人民极度贫困的基础之上,而为贵族服务的文化则是和人民的利益背道而驰的。卢梭认为真正的艺术文化应当谴责贵族的不道德和奢华,面向人民的纯洁朴实,忠实反映人民生活中完美的高贵气质。我们固然不能把资产阶级革命时代的卢梭的理论看得同《老子》一样,但我们从卢梭的理论中,也可以领会到《老子》对于当时贵族文化的强烈抗议。

当然,由于《老子》没有理解到宇宙是一个对立斗争的无限转化过程,它认为宇宙万物有它的开始,而且是不断地走向反面,这样,就使《老子》的辩证法思想停留在正反两面的无限循环之中,不能达到"否定之否定"的螺旋形上升,因此,"进化"、"发展"的思想在《老子》哲学中是不存在的。它没有像卢梭那样提出新的生产关系的要求,它的前进走向了反面,转化变成了循环。《老子》的循环论突出地表现在它的社会观中:

> 小国(邦)寡民,使有什伯之器而不用;使民重死而不远徙;虽有舟舆,无所乘之;虽有甲兵,无所陈之。使人复结绳而用之。甘其食,美其服,安其居,乐其俗。邻国相望,鸡犬之声相闻,民至老死不相往来。(第八十章)

《老子》向往着古代农村公社,它这段话是关于农村公社情景的想象。农村公社是社会发展从氏族公社转向私有制的过渡,其过渡形式在土地上仍是公有,可是耕种已经是私人占用。农村公社在阶级社会中,特别在东方,有着长期的残留。《老子》的作者当时是否看到过农村公社的情景,我们不知道,也许是从传闻中知道的,但是在他把农村公社的情景,同当时不断战乱的社会情况对比之下,发生了对农村公社的向往,这是不奇怪的。它希望当时从农村公社下分化出来的个体小农能够建成一个"甘其食,美其服,安其居"的生活环境,这对人民来说应该说是一个好的愿望。但是历史循环论是不符合社会发展的客观要求的,《老子》的主张不过是对中国广泛存在的农业与家庭手工业相结合的小农经济所寄予的一种幻想。事实上小农经济只是地主经济的补充。这就使《老子》的作者终于不能不慨叹:"吾言甚易知,甚易行;天下莫能知,莫能行。"但是,当奴隶或农奴忍受不住压在身上的沉重的剥削而奋起斗争的时候,他们热烈期望的就是重新实现古代的农村公社,在欧洲过去是如此,在中国过去也是这样。从这里,我们就可以知道历代农民起义的口号为什么总是或多或少掺杂着《老子》的语言和思想,甚至打着"老子"的旗号了!

四、结　　语

《老子》上、下篇不过五千言,但内容极其丰富,它给我们指出了:事物是发展运动的,其运动是不靠外力而是自己运动的,运动发展是靠着否定的作用,否定过程是从量变进到质变,以及事物是对立的统一等等一系列的辩证法成分。应该说,老子是中国哲学史上第一个辩证法家,第一个提出否定原理的人。当然,《老子》也是有它的缺点的,第一是它的原始性:它把精气作为宇宙本原,认为精气的活动就是"道"的作用,可是精气本身又是不可感觉的,这样,"道"就被人看成抽象的东西,以至发展成为唯心的理论,甚至走上宗教的道路,成为道教。古希腊哲学中有过同样的情形。赫拉克利特的"逻各斯"后来也被斯多葛学派当做"世界之灵"和"神的理性",随后基督教又把"逻各斯"当做上帝的长子,说耶稣是逻各斯的化身。这种和《老子》哲学类似的遭遇,可能就是古代物活论所共有的命运。第二是它的单纯的否定观点:由于科学水平的限制,古代人只能看到事物从正面转化到反面,不能掌握转化的具体内容和条件,因而对于事物的运动只有单纯的否定观点,不能提高到否定之否定的原则。强调客观,没有进化发展的思想。这样,《老子》和古代希腊唯物论一样,往往把事物的发展看成循环的运动。因此,《老子》不仅认为社会应该回到农村公社的时代,而且成人也要向婴儿学习。第三是不了解实践和认识的关系:《老子》认为万物的变化都是由于精气活动的自然体现,所以它不仅不理解实践的意义,也不知道知识促进实践的重要。加上当时贵族文化的伪善腐朽,同人民的利益形成对立,因而它反对"智慧",主张"愚民",这也是《老子》单纯否定观点的一种表现。

朗格说过:"唯物论和哲学一样古老"。这里指的就是物活论。《老子》哲学的内容,不仅总结了中国古代物活论的发展,而且对于中国后来的思想影响也是很大的。以后的哲学家,无论是赞成《老子》的,或反对《老子》的;无论是唯物论者或唯心论者,可以说没有不受《老子》的影响的。因此,我们不能漠视《老子》在中国哲学史上的作用和地位,应该弄清它的哲学性质,否则,就不能抓住中国哲学史上唯物论的发展线索,也不能说明中国哲学发展的各个环节之间的联系。

(原载《复旦大学学报》1980年第4期)

我对《老子》的看法
——答韩强同志

我写的《老子不是唯心论》的文章,引起了韩强同志对我的批评。① 我认为相互批评,对于促进认识和解决问题都有好处,所以,我对批评是欢迎的。

不过,我写那篇文章的主要思想,是认为了解古代哲学单靠注释训诂是不够的,还需要从人类思维的发展历史去进行探索,才能找到一些客观的根据。因为哲学这门学科,它本来就是由于人民反对古代宗教神话的统治和束缚才成立的,所以哲学一开始就具有反宗教的唯物论性质。朗格在他的《唯物论史》开头一句说,"唯物论和哲学一样古老",就是这个意思。我们可以看到,在古代希腊哲学中间,唯物论的传播和发展是占优势的,最早的米勒斯的哲学家和爱菲斯城的哲学家既是自发的唯物论者,也是朴素的辩证法思想家。赫拉克利特认为:火是构成宇宙的原质,这活生生的火永恒地燃烧着同时又熄灭着,并认为人的精神活动也是来自火的活动。因此,希腊早期的这些哲学家们后来被人称做"物活论者"。他们具有一个显著的特点,即认为构成宇宙的原始物质和它的动力是同一的,不可分的;如火,既是原初的物质,也是原初的动力。他们没有把我们的物质世界看成是机械的、僵死的,确认一切都是运动、变化的,物质自身是具有活力的。也可以看出,这种见解并没有摆脱古代万物有灵论的遗迹。不过,他们当时不如此就不能抵抗古代宗教神话的统治,也不能说明宇宙万物的自己生成。这是历史的必然。我想中国古代也未必例外。

在中国古代,最早的唯物论形态怎样?历史没有明确的记载。看来,在《老子》以前,物活论是肯定存在过的,《老子》本身就是物活论的具有代表性的著作。《管子·内业篇》的出现,也许较《老子》为晚,但也不会差得太远,从内容看来,应该说,它们都是属于中国古代物活论一派的思想,在研究上值得对照参考。

---

① 见《复旦大学学报》1981年第3期。

关于《老子》哲学的争论,关键在于对"道"的理解。主张《老子》唯心论的人,认为"道"是超现实的绝对观念;主张《老子》唯物论的人,则认为"道"是指物质运动以及由它体现出来的规律。我们从《老子》是中国最早有关哲学的理论著作,以及它把原初的物质和原初的动力看做同一的东西来看,"道"具有着物活论的性质是不成问题的。在中国哲学史上,把《老子》叫做理气一元论也许更合适些。《老子》第二十一章说:

> 道之为物(东西),惟恍惟惚。惚兮恍兮,其中有象(形象),恍兮惚兮,其中有物(物质),窈兮冥兮,其中有精(精气),其精甚真,其中有信(确定性)。

这一章主要就是说明"道"(规律)和物质的一致,"道"和精气的一致,而且指出精气是很真实的,是有具体内容的。但是韩强同志说:

> 第十四章的……"无物"并不是说"没有物",而是说没有物象的物。元气处在没有物象的状态,所以叫做"惚恍"。在这里"惚恍"不再是一个普遍的形容词,它已经变成了一个抽象的名词,是"一"的代名词了。它和第二十章"孔德之容,为道是从。道之为物,惟恍惟惚"的意义完全不同,"惟恍惟惚"只是纯粹的形容词。胡、李二同志虽然把"惚恍"解释为精气,但由于他们没有注意第十四章的"惚恍"与二十五章"惟恍惟惚"语法意义上的区别把二者等同起来,结果得出道是"精气"的结论。

韩强同志为了说明《老子》的"道"是唯心的,为了把抽象的"道"同物质的气隔离开来,硬说"惟恍惟惚"是形容"道"的纯粹形容词,而"惚恍"则是说明气的抽象名词。我们知道,在中国语法上,把形容词用做名词是常有的事情,并不含有什么特别的意义,而且《老子》二十章既使用了"惟恍惟惚"的说法,也使用了"惚兮恍兮"和"恍兮惚兮"的说法,这说明"惟恍惟惚"既可以说是"惚恍",也可以说是"恍惚",是没有什么区别的,而韩强同志硬说"惟恍惟惚"同"惚恍"的意义完全不同。我认为,这不过是主观的设置,是没有说服力的,反而衬托出了"道"和"气"都是同样恍惚的东西。

《老子》把物质和活力看做同一的观点,在《管子·内业篇》中得到证明:

> 凡物之精，比则为生。下生五谷，上为列星；流于天地之间，谓之鬼神，藏于胸中，谓之圣人；是故名气。

它一方面说明了精气的物质性，认为它在地上产生五谷，在天上成为列星，同时也说明了它的精神性，认为它的流动就是鬼神，它在人的心中就是圣人的智慧。正由于这种情况，所以人们才把它叫做"气"，认为只有气才既是客观的存在，又具有微妙的活力。《内业篇》对物活论做了很好的说明。它说：

> 是故此气也，不可止以力，而可安以德；不可呼以声，而可迎以意。敬守勿失，是谓成德。德成而智出，万物毕得。

它说明精气虽不能用威力来止住它，却可以用德行来安顿它；不能用声音去呼唤它，却可以用心意来迎接它，能够好好地保持着它，不让它失掉，就是一个有德的人；有了德，就会产生出智慧来；有了智慧，就能适当地处理万物。这里，它充分说明了精气具有着我们通常所谓精神现象的活动。但是韩强同志不知根据什么版本，修改了《内业篇》的原文，歪曲了《内业篇》的原意。他说：

> 他们说（指宋尹学派，实际管子三篇是否为宋尹学派之作，还是疑问——笔者）："气不可以止力也，而可安德，不可以呼声，而可迎音，敬守勿失，是谓成德"。……这是说……气可以通过风声听到，道是无法感觉到的。

韩强同志为了要把道和气说成两回事，就把引文一、二、三、四句中的"以"字，搬了位置，即如"不可呼以声"，韩文改作"不可以呼声"，在解释时，又把自己引文中的"不可"二字丢开，说是"气"可以通过风声听到，道却无法感觉到。这样解释，同《内业篇》的原文，不知差到哪里去了！至于我的引文和解释，则是根据中华书局出版的《中国历代哲学文选》第142页（据明赵用贤刊本），我也曾把《文选》同《诸子集成》中的《管子校正》（戴望著）的原文对校，并无两样。这个版本问题只好留待专家的判断了。《内业篇》全文说明了"道"就是精气，到处不加区别地交替使用了"道"和精气两个概念，难道还不是道气同一的明证吗？韩强同志还说：

> 宋尹是与《老子》有根本区别的，他们没有《老子》那种"道生一"的说法，

而是认为"精存自生"。意思是说,《老子》的"一",就是"气","道生一"就是道生气,道在气之上,因此《老子》的道,是唯心论的,而宋尹则认为精气是自生的,所以宋、尹学派是道家的唯物主义学派。

韩强同志同意我的看法,说"一"是"气",实际我的意思,并不是认为"一"就是等于"气",而是说"一"是指"道"或气的普遍统一性。韩非说:"道无双,故曰一"(《扬权》),我认为就是这个意思。"一"并不是《老子》特有的概念,而是同道、气、精一样,是道家普遍使用的概念。顾欢说:"泥洹仙化,各是一求,佛号正真,道称正一。"(《夷夏论》)这虽是对后来的道家各派而言,但也可见一般。《老子》说:

> 天得一以清,地得一以宁,神得一以灵,谷得一以盈,万物得一以生。

说明离开了道或精气的作用,天就不得清明,地就不得宁静,神就不得灵应,万物就不得生成。这段话同韩非《解老》的话的意思是一样的,韩非说:道"天得之以高,地得之以藏,维斗得之以成其威,日月得之以恒其光"。这就证明了《老子》的"得一"同韩非的"得之"是同一的内容,即是道也是气。至于《老子》所谓"得一",则含有《内业篇》所谓"执一"的意思。《内业篇》说:

> 化不易气,变不易智,惟执一之君子能为此乎?执一不失,能君万物。

这就是说,物虽然有变化而"气"是不会更改的;事虽然有改变而"智"(规律的反映)是不会更改的,这只有坚持一贯原则——"执一"的君子才能做到这样罢;换句话说,只有能够一贯保持精气的人才是"执一"的君子,才是得道的人。《老子》关于"一"的自然原理,后来被荀子应用到认识论方面,提出了"虚一而静"的理论,也仍然是"执一"、"专一"的意思。因此,我认为把"一"简单地等同于"气",作为"气"的重复语,并不是《老子》的本义。

韩强同志提出:是谁"在中国哲学史上第一个提出否定概念和否定原理的"?这倒是一个值得讨论的问题。他说:"不是《老子》,而是《周易》。因为《周易》是以乾坤相互否定推衍出六十四卦的。"我也曾经这样考虑过,但我认为(一)《周易》出书较晚,一般都认为到战国末期才有《周易》,(二)《周易》全书的论点,和《老子》不同,不是着重在发挥否定原理,而是在为儒家说教。所以,我认为《老子》是中国哲学史上第一个提出否定原理的人。关于有、无和否定的问题，韩强同志批评我说："如果按照胡、李二位同志的意图去解释《老子》的'有无相生'和'有生于无'，那么'有无相生'就变成了'有和否定相生'，'有生于无'就变成了'有生于否定'。"我想这是笑话！我们知道，古人词汇不够丰富，因而表达说明比较笼统，也就增加了我们在理解上的困难和分歧，因此，我提出《老子》在说明有、无的关系时，无是包含有否定的意义的，任何一个学过逻辑的人，都会承认，如果"无"是具有否定的意义，那么"有"一定是具有肯定的意义，所谓有无的关系也正是肯定和否定的关系，怎么会得出"有和否定相生"和"有生于否定"的说法来呢？这种无关学理的问题，我不多说了。至于韩强同志提到《老子》的"有生于无"，说我"只是讲了'有''无'相互否定和转化的关系，并没有突出提出哪一个更根本、更重要"。在这里，我想说明两点：（一）在事物的转化过程中，我们应该承认事物本身具有的反面（无）和否定关系起着决定性的作用，否则事物就不可能转化，这已经说明了作为否定作用的"无"的重要性，也就用不着再指出了。（二）我们承认作为否定意义来看的"无"的重要性，是从事物运动的矛盾转化过程来说的，因为事物没有内在的矛盾和否定，事物便没有了运动和发展，没有了生命，成了僵死的东西，所以我们要承认它的决定作用和重要性。所以，《老子》说的"有生于无"就是这个意思。但这决不是说宇宙的构成是以"无"为基础的，把宇宙看成"虚无"，那是庄子的思想。他认为宇宙"芴漠无形，变化无常"，一切都是倏忽即逝、没有真实性的，一切都是相对、没有质的规定性的。"芒乎何之？忽乎何适？"我们无所适从，只好"不谴是非，以与世俗处"。这就是庄子主观唯心论的世界观。（当然，庄子的解脱思想在后来反封建传统中起了一定的促进作用。）《老子》讲"无"，是就现实事物都存在着正反两面来说的。他认为天地是一个大空洞，是一个大风箱，是一个伟大的母性生殖器，由于精气的活动，就在这里生成出无穷的事物来，也就是所谓"有生于无，实出于虚"的意思。韩强同志说："其实把'无'理解为有无的'无'，虚无的'无'，并不是没有把'无'看成是'有'的否定方面，或否定作用，也不会造成'有无相生'和'有生于无'的两个'无'字前后含义的矛盾"。事实证明，我的文章并没有认为两个"无"字前后含义有矛盾，倒是说明两个"无"字并不矛盾。必须指出，"无"和"虚无"这两个词，在我们通常的用法上是不同的，"无"是"有"的对待词，至于"虚无"这个词，在我们通常的用法上是不同的，它不是"有"的对待词，而是说一切空虚，什么也没有的意思。《老子》的"无"，是指宇宙（天地）这个"有"中的大空洞，并从这个"有"的否定形式（大空洞)中生成万物,庄子则认为宇宙本体就是一个空漠无际的大虚无,一切都是相对的、不确实的。因此我认为不能把"无"和"虚无"这两个词意混淆使用,否则我们就会同前人一样,走上"以庄解老"的道路。因为"有"和"无"是一对互相联系的不可分离的范畴,所以说到"无"时就会联系到"有",否则,就成了什么也没有——"虚无"。韩强同志把《老子》"有之以为利,无之以为用"两句浅显易解的话,转弯抹角地将"利"解释做"赖"(借助),说"有"只是一种凭借,真正的作用在于"无",这种解释显然是在改变"无"的含义,把"无"看做"有"的基础。实际上,范畴的两个对立面的相互关系是不可能由我们的主观来任意加以安排和改变的。试问如果整个世界都不存在,还谈得到"有"的借助吗?因此,抽象地强调"无"的重要,是不符合《老子》的本义的。

此外,韩强同志提到:"先秦时期公孙龙的《指物论》乃是概念(形式逻辑概念)外化为物质的典型代表作"。这个问题牵涉到公孙龙的哲学性质的讨论。同时,我也不知道在形式逻辑中概念怎样能够外化为物质世界?而公孙龙怎么又是典型代表?所以我不谈了。

从中国历史来看,我同意郭沫若同志的说法:老子和孔子是中国古代两个伟大的思想家(《中国史稿》)。关于孔子,不管我们现在觉得他的观点怎样过时了,但他在过去是起了作用的!他的思想通过董仲舒、朱熹等人在几个主要历史阶段的连续发展,对中国人民已经有了两千多年的深远影响,离开了他,我们就无法说明中国的历史文化。至于老子,他虽然不像孔子那样拥有"官方哲学"的优势,但是他的思想,通过韩非、王充以及张载、王夫之(他在口头上反对佛老,这是历史发展的曲折)等人的发展,在中国哲学史上已经形成一条唯物论的思想路线,我们如果不弄清《老子》的面目,就不可能彻底弄清中国唯物论思想的发展过程。当然,《老子》不是没有缺点的,即如他承认精气活力的客观存在,就给中国的世俗宗教神话造成了建立道教的根据。又如在说明对立的转化中,不能指出斗争的重要,而主张以谦下为怀,希望人们做到"柔弱胜刚强"。可是,《老子》之在历史上受排斥,倒并不是因为这些缘故。中国在汉初就形成了"排老"的局面,"世之学老子者,则绌儒学;儒学亦绌老子"(《史记·老子韩非列传》)。汉武帝"罢黜百家,独尊儒术",实际上当时能同儒家抗衡的只有老子一家,所谓罢黜百家不过是打倒老子而已。汉代以后盛行"以庄解老",教人"不谴是非,以与世俗处",来为封建统治服务,最后,竟进一步发展为"佛老一体",认为一切空无。这些变化,可说对《老子》尽了改造之能事。我认为,在中国哲学史上,对《老子》进行唯心论改造是真,进行唯物论改造则是假,近些年来盛行韩非对《老子》做了唯物论改造的说法,我认为是没有根据的。第一,韩非并没有说过他改造《老子》的话,也没有说过他的看法同《老子》的道有原则的不同。第二,韩非在论到"道"的时候不只一次地说过:"道"是"与天地之剖判也俱生,至天地之消散也,不死不衰"。他认为"道"是可以离开天地不死不衰的,这能说是对《老子》的"道"的改造吗?实际上韩非在这些问题上也是不明确的。历史的事实倒是要求我们:对前人唯心论地改造了的《老子》进行唯物论的改造。我们现在的思想在很多问题上都还受着传统的束缚,由于过去的学者一个一个地都这样说了,自己也就只好深信不疑。关于《老子》,甚至连唯物论者王夫之也说:"古今之大害有三:老庄也,浮屠也,申韩也。"《读通鉴论》将老庄同举,说明他乃是站在儒家排老的立场上的。值得我们注意的是魏源,他生活在清末内忧外患交迫的时候,迫切要求救弊革新,敢于摆脱一切传统的看法,寻求《老子》的积极意义。他认为"《老子》,救时书也",这是有见地的。当然,我不是说《老子》还是我们今天的"救时之书",因为我们的时代已经远远超过魏源的时代了。但我们如果对两千年前生活在农村公社中而又受着君主统治的农民生活无所了解,只用今天的眼光来看古代,因而反复地强调《老子》"代表腐朽的奴隶主",似乎《老子》在历史上不曾有过一点积极的意义,这只能使中国哲学史的研究继续处于混沌状态,不能根据历史事实,找出一条唯物论思想从古代发展到今天的线索来,从而也就无法提高认识水平。

(原载《复旦大学学报》1981 第 6 期)

我对《老子》的看法
——答于鹏彬同志

关于《老子》的哲学性质,是中国哲学史上老大难的问题。我在四十年代讲《中国社会思想史》时就遇到了这个难题,当时我觉得《老子》的社会思想还比较容易说明,但是他的哲学原理就感到难解释了。我翻阅了很多过去的著作,特别注意当时一些进步学者的解释,但是十之八九都是大同小异,基本上没有越出王弼"以无为本"的观点,纵有一二想要跳出王弼的玄学圈子的,也都因为对《老子》的"无"得不到满意的解释,陷入一般化了。

于鹏彬同志的文章,[①]对于《老子》哲学谈到的方面很多,全文的中心是认为《老子》哲学的根本思想就是"虚无"。现在我只就这个问题,再说一点看法。

我不同意《老子》的思想是"虚无",首先是我读了《老子》五千言的全文,觉得它在先秦诸子中对现实的批判恐怕是最突出的,它对当时的社会采取了基本否定的态度,并且提出了自己的理想和具体要求,我们能说它的世界观完全是"虚无"的吗?后代的农民起义,在思想上都同《老子》思想有着一定的联系,而且在《老子》之后的古代唯物论者大多在思想上也同《老子》有着一定的继承关系。这些事实我们如果不加以研究,就简单地仅从一个"无"字就推断出唯心的结论来,这种做法妥当吗?我认为值得研究。

其次,我不同意于鹏彬同志所谓辩证法和本体论的区别。他说:

> 《老子》是先秦时期一部具有丰富辩证法思想的著作,"有无相生"就是书中辩证法的重要规律。但是,《老子》不仅从辩证法角度讲了"有"、"无",而且从本体论的角度讲了"有"、"无"。这两个不同领域中的"无"是有区别的,不能用辩证法的"有无相生"来代替本体论的"有生于无"。

---

① 见《复旦大学学报》1980年第6期。

按照他的观点,在《老子》书中,应该把辩证法的"有"、"无",同本体论的"有"、"无"区别开来,不能把辩证法和本体论混为一谈。

事实并非如此。其一,《老子》本身并未说过类似这种区别的话。其二,根据马克思主义哲学原理来看,恰恰和于同志的说法相反,辩证法和本体论是统一的。马克思主义的经典著作我们不想去摘举了,就是在一般的哲学教材中,哪一本书不说"辩证法是自然、社会和思维的普遍规律"?我们能把辩证法同世界的生成变化分开来吗?离开了客观世界,辩证法是从哪里来的呢?很清楚,辩证法就是客观世界本身的体现。就是唯心论者黑格尔也并没有把辩证法同本体论看成是两回事,他常说,他的逻辑科学(辩证法)和本体论、认识论三个方面是统一的。于同志为了坚持《老子》"有生于无"的"无"是虚无的意思,而把辩证法同本体论分离开来,这是不符合马克思主义哲学的根本原则的。(唯物论认为物质是世界的本体,辩证法是物质运动的普遍规律。所以辩证法和本体论是一致的。当列宁说"在资本论中,逻辑、辩证法和唯物主义认识论不必要三个词,它们是一个东西"时,辩证法一词不仅同其他二者是统一的,而且它本身更具有本体论的意义。因此,有的同志希图在辩证法和本体论之间做出前者"有""无"可以转化,后者"有""无"不能转化的二元论的说明,也同样是错误的。)

其三,我不同意《老子》思想是把"无"看做一切的开端。

于同志说:

> 如果用"有无相生"的辩证关系来解释宇宙万物的起源,那就得出自然界通过互相"否定"而产生,没有一开端的结论,而《老子》大量关于宇宙万物产生的论述,都强调"道"("无")生"象"、"有",再生万物,强调"天下有始,可以为天下母",认为自然界的产生是有开端的。可见把"有生于无"和"有无相生"的两个"无"统一为"否定因素"是不妥当的。

在于同志看来,一切事物是有它的开端,而这开端就是"无"。关于开端这个概念,黑格尔是有过分析的,并且引起了列宁的注意。他认为开端就是某物从无到有,因此开端决不是单纯的无,因为单纯的无是意味着某物还没有开始;但也不是单纯的有,因为单纯的有是意味着某物已经出现了。黑格尔说:"开端并不是纯无,而是某物要从它那里出来的一个无;因此有便已经包含在开端之中了。所以开端是包含有与无两者,是有与无的统一,或者说,开端是(同时是有的)非有和(同时是非有的)有。"①

黑格尔虽是唯心论者,但他的分析也有着一定的合理性,所以列宁在《哲学笔记》中作了一些摘录。现在把有关的两段照抄如下:

> 开端在自身中包含着"无"和"存在",它是二者的统一。
>
> ……正在开始的东西还不存在,它只是走向存在……(从非存在到存在:"非存在同时也就是存在。")

黑格尔指出存在和非存在是统一的,存在可以过渡到非存在;同样非存在也可以过渡到存在,对于这种发展变化的合理思想,列宁是肯定的。列宁在《哲学笔记》其他地方也多次提到过"生成＝非存在和存在"②这一思想,并认为"存在和非存在的统一(同一)"③是辩证的转化和非辩证的转化的区别所在。

我们这样拿黑格尔和列宁的话来说明《老子》的"有""无"不论在辩证法思想中和本体论中都是一致的,是不是犯了用近代人的思想去硬套古人的错误呢?决不是。问题需要作具体分析:如果我们拿近代人的哲学理论和思想体系去硬套古人的思想理论,那是错误的。因为思想意识是随着历史的发展而发展的,它不但有它的时代性,而且有它本身的阶段性,所以不能轻易将古人和今人划等号。但是谈到辩证法就不同了,因为辩证法是客观物质世界的普遍规律,不但我们可以通过科学的研究去深入地掌握,就是古人也可以通过他的实践和观察自发地领会到。当然,由于历史发展阶段的悬殊,对辩证法理解的程度是有很大差别的。《老子》关于开端的问题,既没有认为事物是起源于单纯的"有",也没有认为是起源于单纯的"无",它总是把"无"同"有"作为一对范畴同时并举,并且指出"有无相生",说明二者是不可分的。它不仅说明了万物的生成都是开始于"有""无"的矛盾统一("万物生于有,有生于无"),而且以日常生活为例,说明了房屋的构造,车轮、陶器的功用,其所以能够有利于人们生活的需要("有之以为利"),都是由于"无"的作用("无之以为用"),也就是说,在"有"之中必定存在着自己的对立面——否定因素(无),"有"才能成为现实的东西。尽管《老子》在古代就已领会到了"有"与"无"的矛盾统一的关系和意义,但是在理论的阐述上是不够精

---

① 《逻辑学》(上卷),第59页。
② 《哲学笔记》,第304、314页。
③ 同上。

确的,甚至引起了一些不必要的误会,造成长期的误解和争论,这就不能不归因于它的时代性和历史发展的阶段性所给予的限制了。

于同志为了肯定《老子》的虚无说及其唯心论的实质,引证了列宁在《哲学笔记》中的一段话:

> 在自然界和生活中,是有着"发展到无"的运动。不过"从无开始"的运动,倒是没有的。运动总得是从什么东西开始的。

主张《老子》是唯心论的人,很多都引用了列宁的这段话,作为自己的论证。其实列宁这段话并不是说明事物生成的开端,而是对黑格尔说明假象本质的关系时所附加的一条意见。黑格尔认为:(一)假象是本质的一个方面,本质的一个环节。(二)假象就是本质的否定的本性。(三)本质中从假象开始的反思,纯粹是自身反思,自己与自己相关,就是说,抽象的本质性,它只是在假象范围内打转转,即从假象出发,通过自身映现而又回到自身的过程。由于假象具有虚无性,所以黑格尔把它描述为"从无到无并从而回到自己本身的运动"。列宁根据黑格尔"从无到无"的论点,指出整个物质世界的运动是永恒的,物质不会从无到有,也不会从有到无,但是物质运动的具体形态是可以互相转化的,它总是从一种运动形态向另一种形态过渡,对于旧的形态来说,就是"有过渡到无",而对新的形态来说,则是"无过渡到有",这是完全符合实际的。列宁这里讲的,是指物质运动形态的过渡,与论证事物的生成和开端是两回事,把物质运动形态看作完全可以"从无生有",这当然是不符合实际的。我们应该按照列宁的原意,把两个问题分别理解,不要混为一谈。(《老子》十六章说:"夫物芸芸,各归其根,归根曰静,是曰复命,复命曰常……",这是讲物质运动形态的转化规律,所以也应当同它关于"万物生于有,有生于无"论事物的开端的话,分别看待。)

总之,《老子》强调了一般人所不注意的"无"(否定)的作用,这是事实。但不能因此就认为《老子》是把"无"(虚无)看作世界第一原理,认为《老子》的道就是"无",这是没有根据的。实际上,《老子》的"道"是意味着精气的运动,由于精气的运动而产生万物,这说明《老子》并没有颠倒世界生成的原理;精气的运动,万物的生灭转化,也说明了世界的本原并非虚静。虚静不过是《老子》根据"道"的无形无名,教人对事的一种态度,并没有什么神秘的意思。我们可以说,《老子》既然是把精神活动看作精气活动的物活论者,他就不可能没有过分强调心(理性)的地方(但也并未否认感性的作用)。因此,《老子》的思想,虽有这样或那样的缺点,但他仍不失为中国哲学史上气一元论的鼻祖,所谓绝对精神、客观唯心论都不过是传统的误解而已。这就是我对《老子》的看法。

(原载《复旦大学学报》1982 年第 6 期)

再论老子的"道"

——答某些读者来信

《老子》在中国思想文化史上有过重大的影响,虽然它全文不过五千字,但内容极其丰富。它是一部哲学著作,也是一部兵书。不仅历代的统治者要向它探索统治的方略,而且农民起义的领导也要从中寻找精神的武器。在中国哲学史上像韩非、王充那样的唯物论者固然要承认自己继承了老子的学说,就是反对老子的唯心论者,也都暗中向他吸取了思想资料。历代的大诗人、大作家接受老子的思想就更不用说了。在中国是如此,在国外,《老子》也是一切所谓汉学家的注意对象。特别是在当前,西方许多学者(包括一部分自然科学家),都认为老子的"道"的学说,同现代自然科学的某些论点不谋而合,而且中国古代的科学萌芽多同道家有着联系,从而在国外掀起了一股研究《老子》的热潮。

但是,在我们国内,像老子这样在历史上有过巨大影响的人物,并没有成为专门研究的项目,而且在评价上存在着很大的差距。在五十年代,曾经有过一次关于老子哲学性质的讨论,即《老子》是唯物论,还是唯心论?这是研究有关老子的任何问题都要首先碰到的问题,结果也并未达到应有的收获。在"文化大革命"中,"《老子》是唯心论"这个看法成了官方的决定主张,在那样动乱的时期,更不会有人来考虑这些问题了。

说《老子》是唯心论,这已经是一千多年来的传统看法了。原因是老子在其书中,通篇强调的都是"道",认为"道"是世界的本质,是万物的基础。恩格斯说:"除永恒变化着的、永恒运动着的物质及其运动和变化所依据的规律外,再没有什么永久的东西了。"[①]这就是说,物质及其运动规律乃是世界本质的两个方面。前者是第一性的,后者是第二性的,也就是说,物质是现实世界的本体,而物质运动的规律,则和运动一样,是物质的属性。可是老子把"道"(道理、规律)强调成

---

① 《自然辩证法》,第24页。

为世界的本质,万物的基础,所以对《老子》作出唯心论的判断,当然是不奇怪的了。

在这里,值得我们注意的是:《老子》虽然通篇强调"道"的作用,但是在它阐述"道"是怎么回事时说道:"窈兮冥兮,其中有精"。这里的"精"过去都读作情,这是不妥当的,其实《老子》所说的"精",就是《管子·内业篇》所说的"精"。《内业篇》说:"精,气之精者也。"《内业篇》的成书时间,不会离《老子》太远,使用的词意,特别是作为哲学范畴,基本上是一致的。这就说明了《老子》的"道",不仅是指道理和规律的意思,同时也包括体现规律的精气在内,即《老子》的"道",包含着世界本质的两个方面,精气及其运动规律。简单地说:"道"就是精气的运行。当然,《老子》和古代希腊哲人一样,还不能把世界的本体概括成为"物质一般",而认为是物质的某种微质精气,这应该承认是由于历史条件的限制。

根据《老子》对于世界本质的理解,就可以知道《老子》关于哲学基本问题,即思维和存在的关系是怎样的态度了。根据《内业篇》对"精"的解释,"精"不仅是万物生成的本源,同时也是精神活动的本源,即认为物质运动和精神活动两者是一致的,其间并不存在什么不能逾越的鸿沟。有人认为《老子》的"道"就是康德的所谓"物自体",是恍恍惚惚不可认识的。实际上《老子》的开篇第一章就提出了无名和有名的问题,认为"道"是绝对的、无限的,因而它是无可名状的;而从道的有限形式,即作为组成整体的部分现象来说,它是相对的有名的。有名和无名两者"同出而异名,同谓之玄,玄之又玄,众妙之门"。"玄"是有名和无名的正反统一,也就是"道"和现实事物的统一。从第一次有名和无名的统一进到第二次有名和无名的统一,这样认识下去,就可以领会到"道"的奥妙。因此在"道"和现象世界之间并不存在什么不可逾越的鸿沟。用现在的话来说就是:老子肯定了思维与存在的同一性,肯定了本质世界与现象世界的统一。它没有陷入主观唯心主义的迷路。

同时,根据老子对世界本质的理解:精气的运行("道")是世界的本质,精气不仅产生了宇宙万物,同时也是人类精神活动的根源。在这里,存在没有决定意识,意识也不决定存在,两者的关系是平行的。这种心物平行的物活论,乃是古代朴素唯物论的最初形式。当然,由于历史条件的限制,它还不能理解意识是物质的属性,显示了它的不彻底性。但是它在古代反对宗教神话统治的斗争中,否定了意识支配世界的原则是有着巨大意义的。所以物活论在哲学基本问题上虽然对唯心论作了一定的让步,可是它仍然属于唯物论的阵营,主要原因也就在此。因此,认为老子的"道"同黑格尔的绝对观念一样,是体现思想意识产生现实世界的客观唯心论,是不符合事实的。特别值得说明的是:老子并没有因为心物平行就走上二元论的道路,老子为了防止这种可能,提出了"道法自然"的命题,所谓"自然"就是"自己如此"。世界是自己运动的,所以世界是自己如此;万物(包括人)是自己运动的,所以万物也是自己如此,一切外加的干涉都是反自然的,都是"不道"。老子说:"我贵食母"。意思是说,我认为吃饭是最重要的,因为吃饭是人的自然,是人的本性,人要活着,就得如此。所以老子在他描写的理想社会中强调说:"甘其食,美其服,安其居",因为这是人民群众的需要,是人的自然,是不可抗拒的,一切违反人民需要的花言巧语,都是"大伪",都是"不道",所以老子主张"无为"。"无为"就是不搞"违反自然"的人为的干涉。要遵循自然,就是"尊道",要满足人民生活的需要,就是"贵德"。《老子》所谓"道生之,德蓄之",就是这个意思。

《老子》遵循自然的学说和它丰富的辩证法思想是分不开的。中国历史虽有两千多年之久,但是中国的文化思想并未越出朴素辩证法的阶段,而《老子》的辩证法思想在中国各家学说之中,应该说是最丰富的了。在《老子》的辩证法中最突出的就是"转化"的思想。恩格斯说:"这种认识(指近代自然科学的发展——引者),是今后对转化过程本身进行更为丰富多彩的研究的既得的基础,而转化过程是一个伟大的基本过程,对自然的全部认识都综合于对这个过程的认识中。"①这段话很清楚地说明了"转化"在认识过程中的重要意义。关于这一点,正像"转化"在《老子》书中那么突出一样,它给后人的影响也同样是那么突出。在这一方面,我想无需多谈,现在要谈的倒是它的缺点。《老子》的辩证法没有强调通过事物的矛盾发展去促进事物的转化,而是把平静的社会生活认作是人民的需要,是人民的自然本性,所以他总是强调"无为"、"不争",确实带有消极保守的气氛。但是,《老子》也认为:如果人民的生活一旦遭到干扰,甚至濒于危亡,自己就应当以"保此道者"自居,奋起号召人民,起来反抗。即如他抨击统治者是强盗头子(盗夸),并且说:"民之饥,以其上食税之多,是以饥";"民之轻死,以其上求生之厚,是以轻死"。同时也警告统治者说:"民不畏威,则大威至";"民不畏死,奈何以死惧之"。

马王堆出土的《道德经》,为什么把《德经》放在《道经》的前面?我认为很大

---

① 《反杜林论》,第11页。

的可能是因为《德经》号召人民反抗，引起秦末起义农民重视的缘故。在中国古代思想家中像老子这样号召人民不顾生死起来斗争的人，确实是罕见的。在过去，老子的思想虽以"清静无为"的口号流传于社会上层，可是社会下层却把它当作"替天行道"的旗帜（"天之道损有余而补不足"），通过各种形式流传于民间。为什么会是这样呢？这是因为老子把矛盾的"斗争"和"统一"两个方面都绝对化了，"统一"时力求"无为"，不能"统一"时才奋起反抗。这种情况应该说也是农民小生产者的生活的一种反映。所以如果说赫拉克利特以"斗争是万物之父"的观点优于老子的辩证法的话，那末，老子的同情人民、支持人民的热情则远远胜过赫拉克利特的仇恨人民、讨厌人民。

　　主张老子唯心论者认为：老子哲学是虚无，这不仅是对老子文义的曲解，也抛弃了老子的辩证法。他们立论的主要根据是：老子说"天下万物生于有，有生于无"。他们认为《老子》的这个"无"是在没有任何"有"之先的一个"虚无"，有了这个虚无才有万物，说明了老子的道就是虚无。对此，有的同志从肯定老子是唯物论出发，认为这个"无"不是虚无的意思，而是因为"道"是无名无形的，所以叫做"无"。这样解释是可以讲得通的。问题是老子在别处讲到万物时，不止一次地说是"道生之，德蓄之"，为什么在这里不说"有生于道"，而说"有生于无"呢？显然是老子要用他的辩证法的思想来说明万物的生成，即一切现实的"有"都包含着它的反面因素"无"，也就是列宁在他的《哲学笔记》中所说的"生成＝非存在和存在"①，即一切事物都是由于它本身包含的肯定因素和否定因素的矛盾作用才能发展的。无是有的反面，也就意味着对"有"的否定。所以只有把"无"理解做或者意味做具有否定的含义，才能充分表示老子对于万物生成的朴素唯物论的观点，望文生义地把"无"解释做虚无，或单纯解做无名无形都是不符合老子的本义的。其次，也只有把"无"解释做否定，才能说明为什么老子说轮子"当其无，有车之用"，说陶器"当其无，有器之用"，说房屋"当其无，有室之用"。但是有人偏偏抛弃老子的辩证法，用形式主义来理解这一段话，把句读改做"当其无有，车之用"；"当其无有，器之用"；"当其无有，室之用"，这样的读法，不仅句法拙劣得出奇，而且老子为什么要谈这一段话的意义，也完全失去了。实际老子讲这段话的意义，就是要说明"有"和"无"两者的关系和作用，可是这位硬要改句读的校刊者把它抹煞了。

---

① 《哲学笔记》，第107页。

老子最受打击的是他的认识论,当然这也不是没有理由的。因为老子把精气运行认做世界的本质,而精气运行既能构成宇宙万物,也是人的思想智慧的体现者。在这里,成问题的是:我们的认识可以不需经过感性活动,就进入理性思维。像这样忽视感性认识,确是物活论者所共有的弱点,老子是如此,西方的物活论者也是如此。忽视感性活动必然要轻视实践。那末老子拿什么来作判断是非的标准呢?是逻辑吗?不是!而是"道法自然",就是说,道是遵循自然而反对违反自然的。以自然为标准,虽然也包含了实践的作用在内,毕竟是很笼统的,不过在知识内容还很狭窄的当时,以自然为标准比起统治阶级遵循礼法观念要高明得多。其次是否定知识的问题。老子说:"以智治国,国之贼;不以智治国,国之福。"历来的论者都认为老子是否定知识,主张愚民政策。这种看法也不见得是老子的原意。因为老子要"不以智治国",它本身就是一种智,所以老子对智是有他的看法的,就是说要"顺自然",统治阶级治国所用的智是反自然的,是人为的,因此他认为:"以智治国,国之贼;不以智治国,国之福。"他说,懂得了这个道理,便掌握了"玄德"(正反关系统一的德),玄德虽与某些人的主张相反,却是最大的顺利。而且如果《老子》确实是否定知识的,那它为什么还要讲这些大道理?唐朝白居易有一首题《老子》的诗,他说:"言者不知知者默,此语吾闻于老君。若道老君是知者,缘何自著五千文?"白居易揭穿了在这里存在的矛盾,而且否定了老子主张不知的谬论。

至于老子是不是主张"愚民"?也值得讨论:我想老子是不会反对人民学习造车子、盖房子和制作陶器之类的事情的,因为他自己对这些东西也极感兴趣,而且还举做例子来进行说教。老子反对战争,对武器不感兴趣,但也未说不要武器,而只是认为在至治之世,"无所用之"罢了。从他要人民"甘其食,美其服,安其居"来看,似乎他对物质文明也未见得反对,怎么知道呢?因为他自己说:"圣人以百姓心为心",只要人民赞成,人民确实有这种需要,我想他就不能不同意,因为这正是他所主张的"顺自然"。至于他说:"古之为道者,非以明民,将以愚之。"这不须多加解释,就可以知道,是对宣传礼制的否定。总之,要了解《老子》,必须抓住"遵循自然"这一主导思想,才能对他在中国思想史上的伟大贡献,以及时代所给予他的限制,得到合理的说明,像梁启超和杨荣国那样瞎子摸象似地认为《老子》是剽窃《庄子》一书的杂凑,不过是无头脑的胡说而已。

目前国内对于老子思想的研究,确是不及西方热烈。其原因我想首先是由于在"文化大革命"影响之后,对老子哲学还没有确定的看法,因而在研究上还不知道应该放在一个什么地位去理解它。其次是对于中国学术的研究，无论是政治、宗教、文艺、哲学以及自然研究的活动，都还没有达到从特殊上升到一般，进行全面综合研究的阶段，所以也就没有感觉需要预先去考虑《老子》的影响的必要，我想待到有关中国思想文化的历史研究达到一定高度的时候，所有一切在历史上发生过重大影响的学说都必将得到应有的准确说明。

（原载《复旦大学学报》1985 年第 2 期）

论老子的"无"及老子其人

一

《老子》书中的"无"是一个非常重要的概念,它对我们理解《老子》的思想有着决定的意义,所以前人论究《老子》,都把注意力集中在这一点上。随着对"无"的理解的不同,也就形成了关于《老子》的不同学说。就当前来说,这个问题仍然存在分歧,因此对它作进一步的探究,我想不是没有必要的。

就我们的正常理解来说,"无"的含义即是"不存在",在哲学上它和"有"是一对范畴。"无"是"有"的一种运动形态,即"有"的一种特殊形式,所以它是"有"的从属形态。没有"有",就不会有"无",有"无"就是因为有"有";凡是有"有"的地方,就存在着无。二者的这种不可分离的关系实际是不成问题的。

但是《老子》说:"天下万物生于有,有生于无。"分歧发生了。关于老子的这句话,通常都认为老子是说,天下万物都是从"无"生出来的,"无"是万物的本体,"有"是从属于"无"的。这样的解释,反而增添了人们对老子哲学的迷惑。

对老子书中的这个疑难问题,作上述解释的突出代表是庄子。《齐物论》中说:

> ……是非之彰也,道之所以亏也。道之所以亏,爱之所以成。果且有成与亏乎哉?果且无成与亏乎哉?有成与亏,故昭氏之鼓琴也,无成与亏,故昭氏之不鼓琴也。……

庄子根据当时本体论讨论中一与多的关系,说明了道就是一。他认为是非的划分,就是对道的破坏,因为道是一个整体,任何个别的事物,都只是道的部分,我们完成任何一件事情,都只是抓着了部分丢掉了整体,也就是表现了道的亏损。这就好比,无论多么庞大的乐队,总不可能把世界上所有的声音全奏出来,总有一些声音被遗漏了。就奏出来的声音说,这是"有所成";就被遗漏的声音说,这是"有所亏",所以昭氏鼓琴,虽有所成也有所亏,如果昭氏不鼓琴,对道来说,那倒是无所亏损。因此,庄子认为,"有"即现存事物都不是完全的道,只有什么都没有都不作,倒保持了道的整体性,所以道就是"无"。有人很欣赏庄子"道在矢溺"这句话,认为庄子是承认道在事中的。其实,庄子并不认为万物是道的根源;相反,他认为"有"和"无"是互不包含的对立物,事物既是"有",那么道就是超越时空,无"成"与"亏"的虚无。因而"无"是包含一切的宇宙本体。但是,庄子的这个虚无世界在老子的思想中并不存在,因此,他对《老子》的解释是不准确的。鲁迅先生在《汉文学史》中说得好:"故自史迁以来,均谓周之要本,归于老子之言。然老子尚欲言有无,别修短,知黑白,而措意于天下;周则欲并有无、修短、白黑而一之,以大归于'混沌',其不谴是非,'外生死','无终始',胥此意也。中国出世之说,至此乃始圆备。"说明庄子和老子并不是同一思想,即老子是入世的,庄子是出世的。那么,《老子》书中的"无"到底是什么意思呢?

过去都把《老子》书中的"有"、"无"错误地看成了两个互不相干的对立形态,实际上,老子的"有""无"是统一的。他说"有无相生",就是认为"有""无"是彼此不能分离的一体。否则,老子为什么不说有无相应,而说"有无相生"呢? 老子说"天下万物生于有",其实就已确认了"有"是万物的本体。老子接着说"有生于无",并非又把"无"作为宇宙本体添加在"有"的本体之上,因为这是不必要的,它不过是要更深入地说明宇宙万物有是通过它自身的反面作用而产生出来的,我们不能把《老子》所谓"反者道之动,弱者道之用,天下万物生于有,有生于无"四句话分开来读,而应该联系起来理解。即"无"是"有"之反,反是道之动,万物都是因其本身的相反作用而产生的。《老子》的辩证法固然有不少的弱点,但是它在这里却抓住了辩证法思想的主要核心,这是我们应该承认的。《老子》寥寥五千言,经历了几千年还是光辉不减,甚至胜过中国古代任何其他富有辩证法思想的古典著作,其原因也就在于此。《老子》对于这一思想,不仅作了原则的阐述,而且提出了很好的事例说明。十一章说:

> 三十幅共一毂,当其无,有车之用。埏埴以为器,当其无,有器之用。凿户牖以为室,当其无,有室之用。故有之以为利,无之以为用。

这里说明了三个问题:(一)任何事物,无论是车轮、陶器和房屋都具有自己的反面因素("无"),即车轮的轮孔、陶器的凹处和房屋的空间,老子并没有认为"无"是简单的虚无;(二)"无"的存在和"有"的存在是辩证统一的,即"无"并不是存在于"有"之外,而是以"有"为前提的;(三)"有""无"是相生的,"有"离开了"无",便没有了意义,"无"离开了"有",也没有了意义。只有两者互相配合,"无"才显出它的作用,而"有"才能成为有利于现实的东西。

但是,有的学者硬把《老子》书中的原文"当其无,有车之用"标点成为"当其无有,车之用";把原文"当其无,有器之用",标点成为"当其无有,器之用";把原文"当其无,有室之用"标点成为"当其无有,室之用"。对古籍这样修改的结果,不仅读来语句不顺,而且破坏了原文的立意。原文是要在这一章里论证"有"和"无"的关系和作用,所以得出的结论是"有之以为利,无之以为用"。而改读的结果,把"有""无"两个概念合并成了"无有"一个概念,原文的结论也就被弄得不可解了。

有人说,老子建立思想体系是用从果求因的逆推法,即老子"认为天地万物的存在必有一先于天地万物者作为其存在的原因,这一观点显然并非肯定天地万物自身独立的存在,而是要否定天地万物作为独立存在的可能性,否定有名有形的'有'可以作为宇宙的'本源',而认为'存在'必有一所以存在者。……"我认为这种从果(有)求因(无)法的逆推,是不能成立的。道理很简单:(1)如果这个"无"是孕育着"有"的,那么这个"无"就不是真正的无,而是一种"有";(2)如果这个"无"并不孕育着"有",是绝对的无,那么它和老子"有生于无"的原意是矛盾的。古代希腊埃利亚学派的巴门尼德认为一切形形色色、变化无常的现象都是"无",只有常在的"有"(存在)才是宇宙的本体;逆推法反其道而行之,把常在的"有"倒认作是"无",令人难以理解!当然,也可以从哲学上做这样的解释:"有"是"有形有名"的具体事物的共名,"无"是"无形无名"的宇宙本体的简称。但是我们知道,"个别一定与一般相联而存在。一般只能在个别中存在,只能通过个别而存在"。怎么能因我们在进行抽象概括的时候,舍掉了个别的形和名,就得出"虚无"的结论来呢?这既不符合老子的原意,也不反映现代的科学认识,对于这种错误意识,我们有什么理由要去维护它呢?实际上,老子对于"存在必有一所以存在者"的问题是作了回答的,不过被人们误解了。宇宙万物都是通过存在自身所具有的反面作用——非存在(无)产生出来的。我认为,"否定"的观点就是老子建立其思想体系的根本方法,而不是其他。《老子》辩证法的缺点,不在于提出了"无",而在于没有能把"无"的否定作用贯彻到底;它只看到了肯定中含有否定,而没有看到否定的进一步发展,就会达到一个新的肯定(即否定的否定);它把否定保持在肯定之中,防止"物壮则老",避免肯定转化到对立面去。这就造成了老子思想中的保守性,甚至"否定"观点被人夸大成了"虚无思想"。"老氏虚无"的思想同庄子"不谴是非"、"独与天地精神往来"的思想结合起来,就成为历代士大夫所津津乐道的"老庄"哲学,事情不就是这样吗?

二

"老庄思想"的来源虽久,但把"老""庄"结合起来成为一种具有普遍影响的哲学思想则是魏晋玄学。魏晋玄学的创始者是夏侯玄、何晏、王弼,他们在当时人民长期苦于战乱,对政治失去信心,对儒学感到厌倦的情况下,提出了"以无为本"的学说,认为一切有形有名的东西都是有限之物,不能成为万有的始基,只有无形无名才是总括万事万物的根本,这就是"无"。这股玄风好像一帖有力的清凉剂,顿时使人头脑清醒,思想解放,打开了摆脱经学、超越名教、重新思考问题的道路。因此在六朝这个历史阶段,无论学术思想以及文学艺术如书法、绘画、建筑、音乐等等都有新的发展,为后来的文化事业打下了新的基础。然而这只是问题的一面。另一方面,王弼从"以无为体,以无为为用"的思想出发,认为设官分职仍是必要的,只要不离"无为"的原则,即是符合"自然"。当时在"名教出于自然"的掩饰之下,不仅一切封建措施得到了理论的说明,而且门阀世族的骄奢、淫逸、富贵、享乐也找到了合理的根据,认为他们虽然身在庙堂(朝廷)之上,可是其内心仍在山林(无为)之中。结果,原有的权势淫威不但没有削弱,反而愈演愈烈,遂使六朝成为中国历史上极为混乱的时期。这说明在当时的条件下,玄学借助于对现实含有否定意义(无)的理解,虽然风靡一时,终究是一朵不结果实的花。

自从魏晋玄学兴起以后,老子思想在中国哲学史上的发展就形成了两种不同的趋势,一派主张"道"是"自然",另一派主张"道"是"虚无"。

主张"道"是"自然"的,可以王夫之、王充、张载等人为代表,他们继承并发展了老子的唯物思想。有些人承认老子是无神论,但绝不是唯物论。其实,在古代沉重的宗教思想统治之下,要想摆脱宗教的奴役,不倾向唯物的思想而强调无神也是不可能的。老子说:"以辅万物之自然而不敢为",就是承认自然是物质的,是第一义的。老子确认了"道"的物质性("其中有物"),并且肯定物质的原质是精气("其中有精")。《老子》二十五章说:有一个混成一体的东西,在天地形成之前就存在了。听不见它的声音,也看不见它的形体,它独立永存,周行不息。它是天地万物的根源,我不知道它的名字,勉强叫它做"道"。这显然是老子对精气的描述。他认为精气的运动变化是天地万物生成的根源,所以把它叫做"道";也就是说,"道"是精气运行之道,是万物自己如此之道。但是有人坚决认定老子是唯心论,不承认老子有过精气说,硬说"精气"是稷下学派提出来的。其实,持此说者不知道,正是由于精气说才说明了老子为什么把精神看得类似物质一样的重要和普遍。这种认为物质都具有生命和灵魂的物活论思想就是古代唯物论的特征,但是它反对了宗教思想的统治,强调了遵循"万物之自然"的重要。

　　古代精气说发展到王充,就成为"气自然论"。王充认为天地是充满了气的自然现象。(《谈天篇》:"天地含气之自然也。")他说,人的生存,靠有精气。人死,精气就完了。能够成为精气的是血脉,人死了血脉枯竭,精气也就没有了。(《论死篇》:"人之所以生者,精气也。人死而精气灭。能为精气者血脉也。人死血脉竭,竭而精气灭。")王充还说,我们应该服从道理而不能迁就人事,这虽然违背儒家的说法,却是合于黄老的意旨。(《自然篇》:"说合于人事,不入于道意,从道不随事,虽违儒家之说,合黄老之义也。")这说明,王充自己认为:第一,他的学说思想是同《老子》一致的,而与儒家相反;第二,他不同意拿理论迁就人事,而儒家思想则是重视人事的。这点差别,也说明了儒家思想和老子的不同。

　　张载的唯物思想实际是他深研《老子》的体会,不过在当时"老氏虚无"已成道家正宗思想的情况下,他不得不强调"太虚即气",以否定虚无的存在。他认为气有聚散,聚则为万物,散则为太虚,太虚无形,是气的本体,故太虚(天空)不过是气散而未聚的原始状态。因此,"虚空即气,……通一无二"。虚实、有无是对立的统一,所以"知太虚即气,则无无"(《太和》)。张载这一气是充满天空,不生不灭的实体(不存在所谓虚无)的主张,却为程氏兄弟所坚决反对,他们认为"既散之气,岂有复在?天地造化又焉用此既散之气?"[①]他们认为在万有之前,还有一个虚无的境界,这就是"理"。其实张载同程氏兄弟的关系极深,可是在这个问题上彼此坚持不让,可知所谓思想交流不过是一种形式,其实各人都有各人的立场。

　　王夫之发展了张载的学说,认为虚空就是气,有形的东西是气构成的,无形的虚空也是气构成的,有形和无形,不过是气的聚散和显隐而已(《正蒙注·太和

----

① 《河南程氏遗书》卷十五《伊川先生语录一》。

篇》:"凡虚空皆气也,聚则显,显则人谓之有,散则隐,隐则人谓之无")。王夫之继承张载的"知太虚即气,则无无"的思想,把宇宙说成是元气构成的实体,否认有所谓与元气对立的绝对的虚无,并对老庄思想和魏晋玄学以及佛学进行了斗争。在这个斗争过程中,王夫之由于没有认清老庄思想的根本区别,同时为了打击虚无思想,对老子也作了一些错误的指责。

《老子》第五章说,天地像个风箱,风箱鼓动,不断地生出万物。王夫之责问老子:"有"怎么能从"无"中生出来呢?"动而生风",风是靠人鼓动出来的。在这里,王夫之显然由于肯定宇宙的实"有",抹煞了"无"的作用。虚空与非虚空是相反相成的,但王夫之把风箱看成虚空,把气看成非虚空,认为虚空与非虚空是彼此不相干的两回事,风箱的气是鼓出来的,与风箱无关。殊不知任何运动都离不开空间,正是由于风箱的存在才为气的某种运动形式提供了可能。试问如果天地不是一个大空间,还有我们这个世界存在吗?王夫之还指责老子说:"老子曰:'三十幅共一毂,当其无,有车之用'。夫所谓无者,未有积之谓也。未有积则车之无即器之无,器之无即车之无。几可使器载货而车注浆。"(《周易外传·大有》)王夫之认为"无"只是一个空无,如果空无也算是一个东西的话,那么,陶器可以载货,车子也可盛水了。所以,若要说"无",必须先立一个"有"才成,如说龟无毛,是对身体有毛的犬来说的;说兔无角,是对头上有角的鹿来说的。如果没有有毛有角的犬和鹿存在,那么无毛无角的判断就成了毫无意义的废话,甚至无法理解了。可见绝对的虚无是任何地方都找不到的。(《思问录内篇》:"天下果何者而可谓之无哉?言龟无毛,言犬也,非言龟也;言兔无角,言鹿也,非言兔也。言者必有所立而后其说成。今使言者立一无于前,博求之上下四维古今而不得穷矣。")在这里,王夫之一方面说绝对的虚无是不存在的,同时指责老子所说的无是绝对的虚无。那么老子所说的"无"是不是绝对的虚无呢?《老子》第二章列举对立范畴时,把"有无相生"列在句首,何尝认为有离开"有"的绝对虚无的"无"?《老子》说:"万物生于有,有生于无",不就是对着"有"来说"无"吗?哪里是指什么独立存在的"无"呢?他说车轮的"无"(轮孔),是根据车轮本身的"有"来讲的;他说陶器的"无"(凹处),是根据陶器本身的"有"来讲的,他说宫室的"无"(门窗),也是根据宫室本身的"有"来讲的。怎么能说老子的"无"是绝对虚无呢?

问题的关键,还是由于王夫之把"有"和"无"看成了孤立的两个东西。他虽然用"龟无毛"和"兔无角"做例子,来说明"有"是绝对的,"无"是相对的,实际上他不过认为"有""无"两个概念是互相对应的而已,而"有"自是"有","无"自是"无",所以从"无"不能生"有"。他没有认识到独立的"无"是不存在的,"无"是从属于"有"的,是相对于"有"的,没有认识到"无"对"有"的反面作用,没有认识到事物的内在矛盾,一切事物都是相反相成。王夫之讲"体""用"关系,认为"用",只是"有"之"用";"体"只是"有"之"体"。他把事物的反面作用排斥在"体""用"之外,遂使事物成为僵死的、没有生命的东西。老子看到了这一点,所以他认为"有""无"的关系是"有之以为利,无之以为用",即任何事物之所以能成为有利于现世的东西,都是由于它本身具有相反(无)的作用。建国以来,如果我们在工作中能够认识到听取相反意见是有益于工作的,是工作中不可缺少的一面,也就不会造成后来那样严重的十年动乱了。同样,王夫之在理论上的这一疏忽,对后世的影响也是不小的。很多人都以为,在中国哲学史上,像王夫之这样伟大的学者也认为老子的思想是"虚无",哪还能错吗?因而直到现在还存在着把老庄思想看作老子正宗思想的普遍现象,认为老子讲的"无",是虚无,而不是事物的反面作用("道之反"),使纪元前几百年就对矛盾问题有着深刻理解的老子,至今不为人所认识。这能说不是问题吗?总之,王夫之由于没有真正解决张载所谓"一物两体"的虚实问题,也就无法意识到宇宙万有都存在自己的对立面——无。

至于老子思想发展的另外一派,主张道是"虚无"的主要代表,当然是庄子和王弼等人。这方面前面已经谈到,就不多说了。

三

最后,我希望历史学家能够帮忙解决一下老子到底有无其人的问题。我很奇怪:为什么一个在学术上一直被歪曲的思想家,连他生存的年代以及究竟有无其人都成问题了呢?这中间有没有某种思想联系?确实引人深思。根据先秦有关老子的记载,大都认为老子就是老聃,生存的年代与孔子同时。可是到司马迁写《史记》的时候,事情就复杂得连司马迁本人也弄不清了。他在《老子列传》中说:

> 老子者,楚苦县……人也。或曰:老莱子亦楚人也,著书十五篇,言道家之用,与孔子同时云。盖老子百六十余岁;或言二百岁,以其修道而养寿也。自孔子死之后百二十九年而史记周太史儋见秦献公。……或曰儋即老子,或曰非也,世莫知其然否。老子隐君子也。

从此以后，老子其人其书便成了聚讼纷纭的对象。其中关于老莱子其人，据《史记·仲尼弟子列传》云：孔子所严事的前辈，"于周则老子"，"于楚老莱子"。这样看来，老子和老莱子不是一人，老莱子肯定不是老聃了。

至于太史儋是不是老聃呢？清人汪中说：

> 孔所问礼者，聃也，其人为周守藏之史，言与行，则《曾子问》所载是也。周太史儋见秦献公，本纪在献公十一年，去魏文侯之殁十三年。而老子之子宗为魏将，封于段干，则为儋之子无疑。而言道德之意五千余言者，儋也。其入秦见献公，即去周至关之事。或曰，儋即老子，其言是矣。（《述学》补遗《老子考异》）

汪中在这段话里讲了三点看法：（一）孔子问礼于老聃，那是以前老早有关老聃的事，用不着谈；（二）太史儋见秦献公，时在献公十一年，老子的儿子为魏将，封于段干，于太史儋去秦的时间相去不远，可知出关去秦的老子是太史儋而非聃；（三）既然是太史儋出关去秦，那么出关著书的老子，当然是太史儋而非老聃。汪中把老子的世系同太史儋联系起来，确定老子是太史儋，是战国时人，是《老子》一书的作者。汪中的考证，不仅确定了老子其人及其生存年代，也解决了《老子》一书的作者究竟是谁的问题，因而得到近人梁启超、罗根泽、钱宾四等人的赞赏，在当前很多学者也同意这种看法。

不过我觉得，汪中并没有把问题真正解决。因为：（一）先秦有关老子的资料，并没有老子出关的记载；如果老子出关不是事实，那么汪中以老子出关为前提的考证便落空了；（二）汪中用老子世系同太史儋去秦的时间相近来论证我们所说的老子就是太史儋，但是先秦被称做老子的人那么多，司马迁在《老子列传》中就讲了三个，因此所谓老子的儿子为魏将，到底是哪个老子的儿子，岂不是也成问题；（三）汪中从出关著书的前提出发，认为太史儋出关去秦，当然是《老子》一书的作者。试问著书与出关有什么必然联系？不出关难道就不能著书么？

我觉得，还是郭沫若在《老聃、关尹、环渊》一文中的说法比较合理。该文大意是：

（一）"老子即是老聃，略先于孔子，曾经教导过孔子，是秦汉以前的人本来是没有问题的。《庄子》、《韩非子》、《吕氏春秋》是绝好的证据。"

（二）《老子》一书是老聃的语录，是由环渊写成的。《史记·孟荀列传》说：

"环渊楚人,皆学黄老道德之术,因发明序其旨意。……环渊著《上下篇》……"。环渊所写的《上下篇》就是《老子》上下篇,环渊又名关尹,"关""环""尹""渊"均一声之转。

(三)《史记·老子列传》说:老聃"居周久之,见周之衰,乃遂去。至关,关令尹喜曰:子将隐矣,强为我著书。于是老子乃著书《上下篇》……"这是因为汉人望文生训,把关尹的名字误认作了守关者的职称,又因《上下篇》本为环渊即关尹所著录,故误以为老子过关为守关的令尹著书《上下篇》。

我认为,郭沫若考证的最大优点,是摆脱了汉人把关尹其人误解成了老子为守关的令尹著书的诡说。《庄子·天下篇》说"关尹、老聃古之博大真人",说明关尹曾为老聃著写语录是完全可能的事情。这样,我们的研究就可以冲破汪中以老子出关为根据的错误考证,来重新探索老子著书的问题。

总之,两千年的封建历史给我们背上的包袱太重了,我们需要扫清前人留下的迷雾继续前进!

(原载《复旦大学学报》1986年第5期)

从《老子》说到中国古代社会

老子在他的书中,对当时社会多有指责,同时也提示了他理想的社会。他说:

> 小国寡民,使有什伯之器而不用,使民重死而不远徙。虽有舟舆,无所乘之,虽有甲兵无所陈之,使人复结绳而用之。甘其食,美其服,安其居,乐其俗。邻国相望,鸡犬之声相闻,民至老死不相往来。

这段话,鲜明地表达了他的思想和主张。为了深入地了解《老子》,对这段话做点探索,并进而研讨中国古代社会的性质,我想是有意义的。

一

从上引老子的话看来,老子所说的社会已是能够制作舟舆和甲兵等手工业产品的时代,并且谈到了"国";在马王堆《老子》帛书中,"国"原作"邦",旧说"封国曰邦",这表明老子已承认国家的存在。由此看来,老子的理想社会,可以说是相当于中国古代井田制度的时期。

井田制度一向为中国过去的学者所心驰神往。五四运动后,疑古派的史学家认为这是古人的虚构,即实际上古代并没有过这种制度。解放后,多数学者根据社会发展和世界历史的研究,都承认井田制度的存在。所谓井田制度,乃是以古代农村公社为基础的一种土地公有制。

马克思最早从东方许多国家,特别是从印度,发现了这种社会形式,认为:(1) 在大多数亚细亚的基本形式中,是公社共同占有和利用土地,而凌驾于公社之上的总合的统一体是土地的更高的所有者或唯一所有者;(2) 公社的一部分剩余产品以贡赋等形式属于总合统一体;(3) 公社内部每个人和自己的家属一起独立地在分配给他的份地上从事劳动;(4) 公社范围内基本是农业与手工业结合的自给自足的经济;(5)专制政府掌管重要的灌溉以及交通公共事业(马克思《经济手稿》:"资本主义生产以前的各种形式")。当时马克思把这种以公社所有制为基础的土地公有形式叫做"亚细亚生产方式"。后来,他在深入研究了俄国农村公社土地所有制后,对农村公社的本质做了更加科学的概述:

> 农村公社既是原生的社会形态的最后阶段,所以它同时也是向次生的形态过渡的阶段,即以公有制为基础的社会向以私有制为基础的社会过渡。(《马克思恩格斯全集》第19卷,第450页)

在这里,马克思明确地指出了农村公社的二重性,它是从公有制进入私有制的过渡。认识了农村公社的这一性质,也就明确了所谓"亚细亚生产方式"不仅是属于原始公社所有制的历史阶段,而且带有从公有进入私有的过渡性质。

中国井田制度就具有这样的性质。井田制度在夏代就有了。《左传·哀公元年》谈到夏朝的少康逃奔有虞,有虞给他"有田一成,有众一旅"(旧注:一井为一里,方十里是一成,就是给了少康一百井)。这说明传说中的夏代已经存在着公社所有制的井田制度,并且公社中的大部分土地乃是作为份地分配给公社成员,由其独立耕种;另一部分土地作为公社"共有地",由公社成员共同耕种,将其收获物采取贡献的形式,交纳给公社酋长。这是一般农村公社的基本情况,也是中国井田制度的一般情况。到商、周时期,井田制度更加普遍。孟子说:"夏后氏五十而贡,殷人七十而助,周人百亩而彻;其实皆什一也。彻者彻也,助者藉也。……诗云:雨我公田,遂及我私!惟助为有公田,由此观之,虽周亦助也。"这是孟子关于周代井田制的追述。不过,井田制在西周末期由于生产的发展和耕种技术的提高,已逐渐使换地耕种成为不太必要,于是分配土地的事情成了过去,田地由各家长期私有。到战国初期,商鞅主张"开阡陌,废井田"以后,井田制度就逐渐趋于消灭。孟子生在战国中期,所以对于周代的井田制度已经知道得不太具体。不过,关于井田的记载,古籍中还是不少的(如《穀梁传》、《周礼》、《汉书·食货志》以及何休《春秋公羊解诂》都有记载,可供参考)。

中国井田制度在西周建国之际,变动较大,当时周族击败商族,代替了商族的统治。为了镇压叛逆,他们采用部落分移的方法,大封同姓功臣子弟,率领部分周族武力,成立了许多诸侯小国,形成了一个占统治地位的贵族阶层。可是,社会的基层未变,人民仍然过着原有的公社成员的生活。周王是凌驾于公社之上的土地最高所有者或唯一所有者。因此有人认为,西周实行的是不同于古代希腊的国有奴隶制。实际并不是这样。西周的"国有土地"制,不过说明它的势力所及和它的统治范围而已,当时"田里不鬻",无非是为了维护土地公有制的存在。所以人民实行的仍是公社所有制,一切依照公社原有的习俗办事。周灭商后,周族农民和周朝贵族一起分别驻守在都邑之内,叫做"国人";被征服部族的农民则居住在野、鄙之中(即王畿之外),叫做"野人"。据古籍所载推测,西周时期"国人"的政治力量并不减于春秋时期。如《周礼》记载,国王要向万民询三政:一是"询国危",即国家有危急的事情,要同人民商量;二是"询国迁",即国家迁都,要同人民商量;三是"询立君",即国家立新君,要同人民商量。这种民主作风,直到公社解体之后,才逐渐消失。所以战国中期的孟子还主张:"左右皆曰贤,未可也;诸大夫皆曰贤,未可也;国人皆曰贤,然后察之,见贤焉,然后用之。左右皆曰不可,勿听;诸大夫皆曰不可,勿听;国人皆曰不可,然后察之,见不可焉,然后去之。左右皆曰可杀,勿听;诸大夫皆曰可杀,勿听;国人皆曰可杀,然后察之,见可杀焉,然后杀之,故曰国人杀之也。"(《孟子·梁惠王下》)

以上所述,也许西周国有奴隶论者认为,周朝的统治者对待周族人民固是如此,可是对待被征服民族未必也是这样!我们知道,周朝的统治者对待被征服的民族,即所谓"野人"或"庶人"虽然是有差别的,即如夏、商等被征服民族没有从事政治活动和服兵役的权力,徭役时间也比周族农民即所谓"国人"来得长些等等,但是,无论是"国人"或"野人",他们在公社所有制的条件之下,都同样是公社的成员,可分得土地,受到公社的照顾,特别是在改变共同耕种公田为按照私田亩数纳税的时候,"野人"和"国人"一样按亩数纳税,一样参加兵役,其间并未经过什么显著的政治变动,足见"野人"和"国人"在本质上都是自由农民,是不能认作什么"国有奴隶"的。同样,也没有什么理由可以证明他们是封建农奴。

现在一般历史教材都认为西周是奴隶社会,这是值得研究的。

(1) 我们知道,社会性质是由社会的生产关系决定的,亦即由社会生产的主要承担者在生产过程中所形成的社会关系决定的。但无论根据古籍所载,或者根据农村公社的一般情况来看,商、周社会中的奴隶数量都是很少的,他们在生产上不占主导地位;反之,在生产上占主导地位的,倒是公社农民。前面说过,公社农民并不是奴隶,既然如此,怎么能说商、周是奴隶社会呢?古代希腊在公社解体之后,由于奴隶劳动得到高度发展,才被人们称做奴隶社会,可是在中国古代并不存在这个事实。

（2）《政治经济学批判》的一个注解说得明白："仔细研究一下，亚细亚的，尤其是印度的公社所有形式，就会得到证明，从原始的公社所有制的不同形式中，怎样产生出它的解体的各种形式。"由于原始社会的情况不同，就已产生出了它的解体的各种不同形式，即如古代希腊在公社解体之后成为奴隶社会，斯拉夫人和日耳曼人在公社解体之后成为农奴社会。由于古代东方长期存在土地公有制的形态，形成东方社会发展的特点。也就是说，公社所有制存在的具体情况不同，产生出来的解体形式也不一样。我们研究历史不能套用一个公式，不能千篇一律地认定原始社会解体之后，接着的都是奴隶社会。

（3）有奴隶制存在的社会，不一定就是奴隶社会。恩格斯说：奴隶制作为一种社会经济形态，"始终伴随着文明时代"。（《马克思恩格斯选集》第4卷，第172页）这就是说，在私有制时代的任何社会里都可能有奴隶制度存在，中国过去两千年，在任何朝代，特别是在少数民族地区都存在过奴隶制度，可是并没有人认为中国过去就是奴隶社会。美国在1865年前存在过奴隶制度，也没有人认为美国当时不是资本主义社会，而是奴隶社会。这说明，只看见有奴隶制度存在就认为是奴隶社会的观点是不妥当的。

（4）也有人把奴隶殉葬作为中国古代奴隶社会的证明，这也是没有根据的。奴隶殉葬当然和奴隶制的存在是分不开的，但古代殉葬的，并不都是奴隶，其中也有平民和贵族，《诗经》中"黄鸟"一诗，就是哀痛秦国良臣奄息、仲行、鍼虎三人从穆公殉葬的挽歌。据此，我们发现唐墓中还有多人殉葬，也就不足为奇了。这种事实只说明中国过去的统治是如何专制愚昧，并不能证明奴隶社会的存在。

（5）也有人认为中国古代是使用奴隶作战，这也不是事实。古代任何奴隶国家都不使用奴隶作战，因为奴隶是不会替奴隶主送命的，最多不过做些军事后备工作，周代战争，在保卫社稷的名义下，由人民自己提供费用（即"赋"），要自备粮秣或武器，怎么能说是奴隶呢？

1853年6月2日马克思给恩格斯的信中说："……东方一切现象的基础是不存在土地私有制。这甚至是了解东方天国的一把真正的钥匙。"四天之后，恩格斯复信给马克思，表示完全赞同马克思的看法，也认为"不存在土地私有制，的确是了解整个东方的一把钥匙"。马克思恩格斯正是用土地公有制这把钥匙打开了认识东方社会之门，而我们恰好相反，不但不予重视，甚至予以否认，把当时的阶级关系强调得同后来一样尖锐，这怎么能有利于对古代社会的探索呢？

二

我认为,先秦诸子的兴起,正是中国古代农村公社经历了自商周到春秋由盛而衰在思想上的反映。

老子首先说道:"不要走得太远了!走得太远就会转向反面,我们只能从否定中去掌握肯定的发展方向。"老子希望回返到农村公社,使人民都能过着"甘其食,美其服,乐其俗"的生活。所以他提出"道"就是"自然",万物都是自己如此,不要强加干涉。可是周朝的制度,一向是"古之教者,家有塾,党有庠,术有序,国有学"(《礼记·学记》)。对人民要"设为庠序学校以教之",教育他们遵守公社的习俗,学习"德"、"行"、"艺"等项目,能够知礼、作战。其结果,人民智虑丛生,流于诈伪,造成春秋一代的混乱。所以老子指责"礼",说礼是"忠信之薄而乱之首"(实际是由于私有制的兴起,而礼反映了私有和等级的意识)。因此老子反对"以智治国",认为"不以智治国,国之福"。这也就是他所强调的:要"圣人常无心,以百姓心为心"。即统治者不要搞主观一套,要按照人民的需要办事!老子的这一思想是全书主旨,深刻地反映了古代公社的面貌。当然,在《老子》的五千言中,并不少见带有阶级烙印的语句,但这也不足为奇,因为农村公社原来就带有二重性,它是进入阶级社会的过渡阶段。

如果说,老子学说强调了古代人民"自然""无为"的公社生活的一面,那么,孔子学说正相反,强调了西周以来,在氏族血缘基础上建成的文化制度。孔子从国家的统治出发,要对人民进行教育,教学的内容是"礼"、"乐"、"诗"、"书",教人"以礼为行,以乐为和",认为政治和伦理都是关于个人行为的规范,没有什么不同。所以:

> 或谓孔子曰:"子奚不为政?"子曰:"《书》云:'孝乎惟孝,友于兄弟。'施于有政,是亦为政,奚其为为政?"

孔子认为伦理是政治的基础,他并没有把政治看成是超越伦理之上的权力,而且两者都以一定的自觉为基础。所以他说:

> 道之以政,齐之以刑,民免而无耻,道之以德,齐之以礼,有耻且格。

孔子把人民的自觉看得高于政治的压力,认为人民有了自觉,就会不干羞耻的行为。要人民保有健全的人格,说明孔子的思想还是希望保有公社自由农民的人的地位,这和后来儒者把"礼之用,和为贵"的孔门主张,变成压迫人民、钳制人民的工具是有差别的。

《淮南子·要略训》谈到墨子时说:"墨子学儒者之业,受孔子之术,以为其礼烦扰而不悦,厚葬靡财而贫民,(久)服伤生而害事,故背周道而用夏政。"这段话说明墨子不满意儒者宣扬西周礼制,而要进一步吸取过去公社传统的民主习俗,所以他提出了"尚贤""尚同"的政治主张,认为从天子、三公到乡里之长都应该是仁人贤者。"尚贤"才是国家选用人才的原则,不管远鄙郊外之臣,甚至四鄙之萌人,只要是贤者,都应该选用。这样人民才肯"尚同其上","而不下比"。在墨子看来,天下动乱的根源是"亏人自利",所以要平治天下,必须"兼相爱,交相利",认为这是做人的道德标准,实际上也是公社农民生活的根本精神。至于墨子认为人民应当"各从事其所能","赖其力者生,不赖其力者不生",更是公社农民的传统要求,可是到春秋时代已经完全不是这样,所以墨子反复攻击当时掠夺成性的王公大人都是强盗。孟子虽然反对墨子"爱无差等",但是他仍然"言必称尧舜",主张"恢复井田",认为"民重君轻"。他们的思想虽不相同,可是他们对于古代的憧憬却是一样的。

以上三家都是当时争鸣的主要倡导者。他们的理论虽各不同,但都是从井田制度的精神出发,希图匡正春秋以来的时弊,影响所及,《孟子》书中的许行、陈相之徒,《论语》书中的长沮、桀溺、荷蓧丈人等隐士无不愿为振兴公社精神而效力。但是历史的前进是不可阻挡的,诸子争鸣的结果,仍以面向实际的荀子的出现而告终。荀子说:"天行有常,不为尧存,不为桀亡。应之以治则吉,应之以乱则凶。"(《天论》)他认为社会规律是客观存在的,全在我们能不能适应。从孟子的"夫物之不齐,物之情也",发展到荀子的"分均则不偏,势齐则不壹,众齐则不使"(《王制》),于是先秦诸子所信奉的"育万物,和天下,泽及百姓"的"本"和"一"看不见了,而已经出现的封建等级制度成了最高真理。这也就是说,先秦诸子从老子开始反对"礼"的差别,到荀子"隆礼",又肯定礼的差别,终于结束了历经两百年的百家争鸣。

三

如上所述,先秦诸子的思想,虽各有其不同的内容,却具有一个共同的趋向,这就是"崇古"。孔子说:"吾其为东周乎!"要把西周的文化制度传播到东方诸国来,这说明孔子崇古;墨子"背周道而用夏政",提倡原始公社的民主精神,自然也是崇古;老子主张"小国寡民","使民复结绳而用之",当然也是崇古。他们为什么都这样呢?一方面,是因为在氏族社会以来人们都有崇拜祖先的习俗;另一方面也是由于春秋时期社会的不安,使他们憧憬过去的公社生活。只有后出的法家是反对崇古的。韩非说:"今有构木钻燧于夏后氏之世者,必为鲧、禹笑矣;有决渎于殷周之世者,必为汤、武笑矣。然则今有美尧、舜、汤、武、禹之道于当今之世者,必为新圣笑矣。是以圣人不期修古,不法常可,论世之事,因为之备。"(《五蠹篇》)说明法家是主张向前看的。但是这个观点并未成为法家思想的主流。荀子从私有制的观点出发,认为人性都是恶的,如果没有圣人制定的礼义加以规范,就会陷于混乱。所以在法家看来,国家的主要任务是抓政治,生产是第二义的。有人说,荀子讲"制天命而用之",就是要人掌握规律,改造自然,达到"人定胜天"的目的。实际并非如此。荀子这话不过说明人"力不若牛,走不若马,而牛马为用者",是因为"人能群,牛马不能群",而人之所以能群,是因为"人知礼义",人能知礼守分,则合一,合一则力多,"力多则强,强则胜物"。其意仍然认为"力"是"礼"的副产物,只要人民服从统治,生产也就上去了。荀子的根本主张是"人不与天争职",也就是说人用不着去关心生产,只要抓住礼义法度就行了。荀子讲礼法,也并不是要树立真正的法制,他把法从属于礼,也就是抹去公社遗留的互爱精神,从属于"君君臣臣,父父子子"的封建等级制度,把儒家的伦理等级差别提升成为法制的等级差别,成为迎合君主控制人民的手段。所以后来虽然儒家定于一尊,而实际仍是王霸(法)杂用。荀子在统治上加强了法的政治权力,实际上是重新奠定了古代君主统治的作用。因而国家的政治权力愈强,对人民的压力愈大,人民受到的榨取也就愈重。其结果,先秦诸子经历了两百年的学术争鸣成为白费,人民依旧陷于水深火热之中,于是过去"日出而作,日入而息……帝力何有于我哉"的公社生活又成了人民不可企及的幻想,而所谓"尧舜之世,三代之治,汤武之迹"等等的追忆也就成了后世文人学者讴歌的对象,成了中国民族崇古的传统。

这种传统的根源,在儒家定于一尊之后,人们似乎认为完全是受儒家的影响。实际未必尽然,恐怕没有儒家,这种传统也还是不可避免的。原因是古代公社解体之后,人民仍然约束在新的专制统治之中,私有制并未得到自由的发展,遂使传统势力有着存在的可能。秦世军功地主阶级虽取得一时胜利,但到汉初就把古代什一之税,减到了三十分之一,并且文帝十二年减削田租之半,翌年又全部免掉,可惜受惠的仍是地主,人民并未得到好处。董仲舒提出限民名田的办法,也未得到实行。其结果,信奉"黄老道"的张角掀起了"黄巾起义",卒至汉室灭亡。晋室惩两汉之弊,立均田制。均田是沿袭井田的遗意,无论男女老壮,皆授以田,但也未能真正实行。北朝倒是实行了均田制度,不过租税繁多,颇为复杂。盛唐时期参酌北朝所行均田制度,制定了授田的方法,实行得较好,可是经过安史作乱,也被破坏了。这就说明了在中国历史上土地公有还是私有的问题一直处于拉锯的状态,反映在思想上自然也是逡巡徘徊。宋时商品经济得到了进一步的发展,均田制度不再提上议事日程,但这不等于土地制度已经得到妥当的解决,朱熹在其《开阡陌辩》一文中,批评商鞅开阡陌、废井田道:"……盖一时之害虽除,而千古圣贤传授精微之意,于此尽矣。"朱熹所说"千古圣贤"指的是土地公有时代的君长,他所说"精微之意",指的是土地公有制时代的井田制度。朱熹对商鞅的"开阡陌,废井田"显然感到十分不满,因为这没有真正解决人民的生活问题。可见中国古代井田制度的公有思想,并不是到秦汉或隋唐之后就绝灭了,随着传统思想的影响,它仍然深深地蕴含在人们的心中。至于历代学者关于井田制度的探讨,以及诗人骚客对于古代人民生活的向往,散见于各种著作中的更是不胜枚举。而陶渊明的《桃花源记》历时一千多年,至今仍然脍炙人口,成为家喻户晓的篇章,就可想见一斑。这里说明了一个问题,即:从社会发展史来看,任何崇古复古的思想都是错误的,没有前途的,可是在中华民族几千年的历史文化中连续不断地保留了这样一种对人民一片热忱的传统,我认为是很可喜的。这种情况,也许正是东方社会所以长期停滞不前的反映,但是它却为后来的中国知识分子易于接受马克思主义思想打下了良好的心理基础。

在近年关于中国文化传统的讨论中,有同志说:对于中国传统文化,应该存其精华,去其糟粕。我认为这种态度是非常正确的。但如何区分精华和糟粕倒是一个并不简单的问题,因为糟粕中有精华,精华并不离开糟粕而存在。社会发展史本是人民生活的发展史,我们该从人民生活的根本需要出发来研究问题,不然就没有了探索的客观标准(文化只是社会发展的一个侧面)。因此,究竟应该如何全面观察中国文化传统,如何进行具体分析,如何排除一切宗派的主观爱好,就成了一个至关重要的问题,否则就要陷于笼统的保留,或者笼统的抛弃,不能解决任何问题,不能得到应有的成果。

(原载《复旦大学学报》1987年第1期)

从马克思主义"两种生产"的理论看中国社会的停滞

马克思晚年对古代社会作了很多研究,可是他没有来得及实现自己的志愿。这项工作后来由恩格斯完成,这就是恩格斯所写的《家庭、私有制和国家的起源》一书。恩格斯在这本书中,充分参考马克思留下的笔记,利用了马克思的许多宝贵的意见,所以恩格斯在序言中说:"以下几章,在某种程度上乃是遗言的执行,不是别人,正是卡尔·马克思曾准备跟他的——在某种限度内我可以说是我们两人的——唯物的历史研究的结论,联系起来说明摩尔根的研究成果,而且只有这样才能阐明这些成果的全部意义。"列宁对该书给予高度的评价,认为"这是现代社会主义的基本著作之一"。可是,三十年代苏联理论界对该书表示异议,他们对恩格斯在序言中的一段话提出了责难。恩格斯的原话是这样的:

> 依据唯物主义的理解,历史上的决定要素,归根到底,乃是直接生活的生产与再生产。不过生产本身又是两重性的。一方面是生活资料、衣、食、住及为此所必需的工具的生产;另一方面是人类自身的生产,即种的蕃衍。一定历史时代及一定地区的人们生活于其中的社会制度,是由两种生产所制约:即一方面是劳动的发展阶段,另一方面是家庭的发展阶段。①

苏联学者却认为:家庭是不能与劳动、以及作为社会发展的决定原因的物质生产相提并论的。显然,"人类生产"过程中两性之间的关系,即种的蕃衍,是这样那样制约着社会的发展,因为它们构成了社会物质生活的必要条件,但是人们物质生活的主要的决定性的条件,决定社会整个面貌(也包括两性间的关系、家庭及婚姻的形式在内)的条件,乃是谋得生活资料的方式,人们生存及其种的

---

① 《家庭、私有制和国家的起源》中文本1954年版,第3页。

蕃衍所必需的物质资料的生产方式。苏联学者认为《联共(布)党史简明教程》中斯大林关于历史唯物主义理论基本命题的提法是最明确、最完善的典范公式,恩格斯违反了历史唯物主义理论的典范公式,陷入了历史二元论的错误。

苏联学者承认两性之间的关系,即种的蕃衍,是构成社会物质生活的必要条件,并且认为决定社会整个面貌的条件应该包括两性之间的关系,家庭及婚姻形式在内。但是在说明人们物质生活的主要条件是谋得生活资料的方式,即物质资料的生产方式时,又认为前面所说的这样那样制约着社会发展的血缘关系完全不在内了,不是必要的条件了。这种把马克思主义简单化的说教,在将近半个世纪以来,真不知搅乱了多少学者的头脑。

实际上恩格斯在序言中说得很清楚。他继续说:

> 劳动愈不发展,其生产品的数量从而社会的财富愈有限制,则血缘纽结对于社会制度的支配影响便显得愈强烈,然而在以血缘纽结为基础的社会的这种肢分中,劳动的生产率却愈来愈发展起来,随之私有制与交换,财富上的差别,使用他人劳动的可能性及因此而来的阶级矛盾的基础,诸如此类的新的社会成分也愈来愈发展起来,这种新社会成分在几世纪中竭力使旧的社会体制适应于新的情势,直到两者不相容性最后引起一个完全的革命为止。

恩格斯的意思是说,在历史的早期,一个人的劳动保证不了一个人的生活,为了聚积劳动的力量,就不能不依靠血缘纽结的支持。因此,人类自身的生产,血缘的纽结,在历史的早期对社会发展是起过重要的决定作用的。但是随着劳动生产的愈来愈发展,使用他人劳动的可能性愈来愈大,对于血缘纽结的依赖也就愈来愈少了。这就说明,两种生产在历史的发展过程中,不仅相互依赖,也是相互制约的,从而在不同的历史阶段形成了不同的生产方式。至于马克思在他的著作中强调劳动生产对社会历史发展的决定作用,这是理所当然的,因为马克思的研究对象是近代社会,是劳动生产愈来愈发展的资本主义社会,而不是古代社会,所以他的理论和恩格斯的说明并不矛盾。而且马克思晚年在他关于古代社会形态研究的笔记中广泛地肯定了血缘亲属关系对于社会制度所起的决定性的作用。他在评论摩尔根关于北美印第安人的论著所写的笔记中是如此,在评论柯瓦列夫斯基关于亚、非、拉美的论著所写的笔记中也是如此。由此可知恩格斯对于唯物史观的基本原理的表述,的确是执行了马克思关于古代社会形式研究的遗言,认定社会历史发展的决定因素,"是由两种生产所制约的:即一方面是劳动的发展阶段,另一方面是家庭的发展阶段"。

人类自身的生产对于社会发展的决定性作用在中国的历史进程中表现得最为显著。中国的历史发展在夏、商、周三代就已进入从公有制过渡到私有制的农村公社阶段。小规模的家庭公社已经成立,家庭不仅是两性生活的组成单位,也是社会生产的组成单位。父家长制开始形成。家庭对内是公有,对外是私有,这样就确定了农村公社的过渡性质。土地为公社所有,公社按时分配土地给农民耕种,农民要向国家缴纳一定的贡赋,国家负责统理各个公社的生产和生活的种种事宜,这就是古代的井田制度。国家在夏、商时期还只初具形式,它在产品掠夺的种族斗争中起着重要的作用,并且形成了君主统治的传统。到周灭商后,不但领土扩大,而且统治措施也加强了,它把各种文化制度推进到了一个新的阶段,为后来的社会发展打下了坚实的基础。周代的统治主要是扩展了宗法制度的作用,它把血缘的纽结和公社的劳动秩序结合起来,又把血缘的纽结和军事政治的职权结合起来,形成了以血缘为基础的统治系统。周代规定王位由嫡长子继承,他是同姓诸侯的最高家长,也是政治上的共主,掌握国家的军政大权。周天子的庶子分封为诸侯,诸侯的庶子分封为卿大夫,如此一分再分,全族的系属分明,亲疏职责,一目了然。异姓诸侯必要时也得参与周天子的祭祀,共祭周天子的祖先,实际是把异姓诸侯也统一在宗法等级之中了。这样,周朝通过周礼的制定,不仅明确了从上到下的等级和职责,也巩固了全体人民的团结。儒家歌颂周礼,崇拜周公,提倡"亲亲,尊尊,孝悌,仁义"的学说,就是这一现实的反映,也是人类自身的生产关系制约历史发展的具体证明。

解放后有些学者根据历史发展的五种生产方式的框架,把商、周时期定为奴隶社会阶段,这是不妥当的。其错误主要是把有奴隶存在的社会当作了奴隶制社会,实际上奴隶在私有制的各个历史阶段都有一定数量的存在,但有奴隶存在的社会并不就是奴隶制社会。至于商周时期,据古籍的记载,当时盛行"井田"的制度,井田制是属于农村公社的性质,也是无可争论的。古籍所谓尧、舜之治,实际上也就是公社之治。古籍所谓"三代以后,无圣人"。实际是说,三代以后,井田崩溃,进入了私有的时代,而私有时代的君主,按照中国思想的传统标准,是没有理由可以称做圣人的。先秦诸子,无论孔子、墨子和老子都是无限地缅怀古代,歌颂尧舜,赞美汤武,其意义也就是要寻求实现"王道"的途径。梁启超在《清代学术概论》结尾中说："自先秦诸大哲,其理想皆近于今世所谓社会主义。"这说明梁氏对于中国古代文化也多少看到了这一点。

中国社会就是在秦汉以后也不是真正的封建社会。也就是说,社会生产并未进到五种生产方式中的所谓封建的生产方式。中国古代农民在农村公社崩溃之后,绝大多数仍是耕种着自己的小块土地,它们没有摆脱公社遗留的传统习俗,一切活动仍是以维护家庭、培育后代、造福子孙为目的。因而直到今天,家长制的思想和作风还有不小的影响,这是中国社会不同于西方社会的一个显著的特点。其次,中国农民的穷困,并不完全由于地主阶级的剥削,而更主要的是国家的赋役太重。历代地主的地租固然很重,而国家的赋役更重,赋役经常倾人之家,荡人之产,破坏了农业生产,也破坏了农业劳动力的再生产,终于"官逼民变",一次又一次地走上了改朝换代的道路。有些学者喜欢按照欧洲中世纪领土与农奴的对立来说明中国地主与农民的关系,实际上中国的地主并不是像欧洲领主那样能够把财权、法权、军权集中于一身,不受国王控制,得以集中发展生产和财富。而地主在中国是要受到国家的控制的。中国历次农民起义的参加者依附地主的佃农总是占少数,而绝大多数是不堪国家赋役的个体农户。朝廷和官府虽然自认是"民之父母",实际乃是压榨人民的最高统治者,从而造成中国农村长期处于分散停滞的状态。这是中国社会的又一特点。再次,由于传统习俗和专制统治的阻力,中国社会长期未能达到农业与手工业的社会分工。古希腊贵族奴隶主与工商奴隶主的不同发展实际就已形成农业与手工业的社会分工。欧洲手工业者在十一世纪就建立了自己的城市,为了反抗领主的要挟和抢劫,城市组成武装,对领主进行了百年之久的战争,使许多城市得到独立,市民成为自由的人,他们开始摆脱了自然经济的束缚,巩固了中世纪以来"私有财产神圣不可侵犯"的原则,同时也确立了个人的至高尊严。他们组成武装商队,远出贸易,扩大了商品市场。在商品贸易中,他们确立了"自由"、"平等"的关系,从而在封建社会的母胎内孕育了资本主义的因素。所有这一切,对中国来说,不仅在先秦时期不可想象,就是在秦汉以后也是根本不存在的。夏曾佑在他的《中国古代史》中说,"自秦汉至今,如一日"。这就说明了中国农民在公社解体之后,世世代代过着男耕女织的生活,没有经历过任何根本性的变化。两千年来的传统意识就是崇古、尊古、复古。在天灾人祸的频繁袭击之下,他们只能"顺自然","重现实",产生不了任何富有理性的设想。如果有所设想,也只是希望有个"真命天子,为百姓做主",他们"不能代表自己,一定要别人来代表自己",没有"自我",崇拜"权威"。这是中国社会的又一特点。总之,中国的封建社会乃是沿袭周代社会的遗俗,保持了宗法等级的生活。它同欧洲领主农奴制的社会发展是不同的。

据此,我们可以知道,中国社会在进入私有制后,并没有真正走上奴隶制社会的道路,原始社会后期遗留的某些习俗和制度没有得到彻底肃清,反之,血缘纽结对社会体制的支配却保持了显著的作用,这样就使中国社会不能不长期停滞在"农业与家庭手工业相结合"的历史阶段。中国社会,正是由于它在私有制阶段上发展落后,在思想文化和生活习俗上保留了不少以古代公有制为基础所形成的传统精神,散见在先秦诸子的论著之中,这是很值得我们重视的。因为我们只有明了中国社会在历史过程中形成的这些特点,才能弄清中国人民的传统思想和中华民族的传统精神是什么。才能在已经取得社会主义革命胜利的今天,特别是在精神文明的建设中,知道我们应该继承并向之前进的方向是什么。

(原载《江苏社联通讯〔学术版〕》1989 年第 4 期)

座谈我对孔子的看法

谈对孔子的看法,实际也就是谈对传统文化的看法。"五四"以来,国内就一直有着"保存国粹"和"整理国故"的讨论,解放以后,"保存民族文化传统"的呼声,更是到处都能听到。那末,我们究竟要保存一些什么呢?难道是要复活两千年来封建腐朽的东西吗?当然不是。

要弄清什么是值得我们保存的传统文化,就不能不联系到我们的历史发展。甲骨文是我国最早的文字,应该说殷商已是中国文化的开始。有人说,殷商是奴隶社会,因为在甲骨文中就已有了贵族和奴隶的对立,前者称做"人",后者称做"众",就是证明。实际在甲骨文中"人"和"众"同时出现的去处也很多,商王既与"人"共同聚会,也与"众"共同聚会,他们同样受到商王的关注,怎么能说"众"和"人"有奴隶和贵族之分呢?又有人说,古籍中,例如《盘庚》中的"畜民",就明明是奴隶。但是《说文》也训"畜"为"好",《说苑》尹逸对成王曰:"民善之则畜也,不善则仇之"。晏子对景公说:"畜君何尤,畜君者,好君也。"都说明"畜"是"好"的意思,"畜民"是"好民",畜君是好君,民指众庶,怎么能说是奴隶呢?我们绝不能把存在着奴隶的社会简单地误认做奴隶社会,因为从周初到战国,当时承担主要生产任务的是农民而不是奴隶,这是谁也不能否认的。所以把中国古代殷商时期划做奴隶阶段是不应该的。中国古代,根据古籍的记载,夏、商、周三代都是井田制,是处于从公有制过渡到私有制的农村公社阶段。当时情况正如马克思所说:"……在大多数亚细亚的基本形式中,凌驾于所有一切小的共同体之上的总合的统一体表现为更高的所有者或唯一的所有者,实际的公社只不过表现为世袭的占有者。"① 也就是说,当时存在的是国家所有和公社所有的双重所有制。这种情况,西周最为典型。到春秋战国时期,农民的世袭份地因着天长日久便自然蜕化成了私有。正由于中国古代由公有制向私有制过渡是经过农村公社阶

---

① 《马克思恩格斯全集》第45卷,第472—473页。

段,所以在广大的农村中保留了大量原始公社的风俗习惯。而且在后起的国家中也不可能像日耳曼军事领袖那样,学习罗马后期大奴隶主把奴隶变为佃农的经验,也把日耳曼的公社农民变为佃农,建成欧洲占有广大农奴的庄园制度,得以集中发展生产和财富。中国农村则随着土地可以自由买卖以及子孙可以共分田产而长期陷于散漫、停滞。在君主专制之下,由于农民的反抗,不断地出现改朝换代。说明中国的所谓封建制度和欧洲的封建制度,其社会情况是不一样的。不承认中国历史的这一特点,怎么能够说明问题呢?

中国历代的学术思想,并未超出先秦诸子的范围,他们实际都是遵循先秦诸子的启发和指示。特别是儒、墨、道三家的导师,由于他们生活在井田制度崩溃、社会进入私有的春秋时代,目击当时社会的种种流弊,对已往的公社生活产生无限的缅怀,他们从不同的角度提出了自己的观点和要求,希望人们通过对先王习俗的认识和发挥,得以挽救当时的流弊,所以他们不是歌颂尧舜,就是赞美禹、汤、文、武,一句话,要向古人学习。从而造成了两千年来中国学术思想的"崇古"倾向和"厚古薄今"的传统,其影响的深远是惊人的。所以如此,当然不单纯由于思想的作用,而是有其现实的根据的。试看每一个朝代都存在着或大或小有关实行井田制度的争论,以及每次改朝换代,农民的要求都是"反对苛政"和"均分土地",甚至从古到今,在许多文人学士的诗歌词赋中全都充满对"桃花源"生活的向往,凡此种种,都从各方面说明了中国民族从思想到生活所具有的传统倾向是什么?我们究竟应该从哪里去正确地认识我们民族的传统文化,不是很清楚吗?可知中国历代人民念念不忘的就是古代学者所称述的"王道",实际也就是我们解放后所讲的"公社精神"。

根据上述,现在来谈我们对孔子的看法。孔子说:"周监于二代,郁郁乎文哉,吾从周。"又说"久矣,吾不复梦见周公"。都说明孔子是崇尚周代文化,并且极其景仰周公的。但在当时周室已经衰微,社会日趋混乱,孔子也就只能从教育入手,通过对"礼"的学习,使人们成为具有仁德的人。试看孔子对他的弟子子贡说:"博施济众,何事于仁,必也圣乎?尧舜其犹病诸。"意思是说,如果能够博施济众,那岂止是仁,必定是圣人了,尧舜都还慨叹自己做得不够。说明孔子虽然强调仁德的修养,其目的仍然是要落实到人民的实际生活。只有做到尧舜那样,才是"巍巍乎其有成功,焕乎其有文章"。孔子学说的主要继承人是孟子,孟子经常以"言必称尧舜"自居,他把尧舜以来一切先王的措施统叫做"仁政",说明一切政令,都是为了人民。所以他在《孟子》书中,反复强调《尧典》多次说过的话"天视自我民视,天听自我民听",一切都要从人民出发。因而他的"民贵君轻"一词,也就无人不知。当然,自两汉以来都认为只有"三纲五常"才是孔孟思想的精义,才是不可触犯的天理。但这都是董仲舒和朱熹等人应着君主的需要所造成的理论。从原著来看,无论是孔子也好,孟子也好,都没有像他们这样强调过"三纲五常",他们不过是提到而已。如果孔孟的学说完全是为专制君主吹喇叭、抬轿子的话,那末朱元璋大发雷霆要把孟子这个亚圣从孔子庙中赶了出去,就成为不可思议的事了。

当然,说来说去,井田也好,孔孟也好,都是我们国家两千年前的老古董,它给后世的影响,除了"落后"和"停滞"之外,还有什么意义呢?在这里,我们应该承认历史的发展是辩证的,当西方私有制度发展到资本主义的最后阶段,无力解决它本身具有的"生产社会化"和"占有私有制"这一根本矛盾时,中国人民却以其英勇奋斗的精神走上了社会主义的道路。那末,正当我们举国上下不但要抓好物质建设,同时要搞精神建设之际,到底应该怎样正确地掌握我们民族的文化传统,来予以发扬光大,建成具有中国特色的社会主义国家,难道不是值得我们深思的问题吗?

(原载《时代与思潮》1990年第4辑)

先秦逻辑大师——公孙龙

先秦"名"家公孙龙,其人其书,古今交毁,古毁之为"奸人"、"怪说";今斥之为唯心主义形而上学的"诡辩"。古人由于历史局限、阶级偏见,自不必言。今天,如不对之作历史的、实事求是的分析,或拾古人牙慧,或囿于成见而加以种种不实之辞,则是我们的责任。公孙龙是先秦逻辑史和哲学史上的重要一环,是由"道"入"名",引"名"入"法";从稷下学派过渡到荀韩之学的"中介"。如缺了这一环,整个先秦逻辑与哲学的历史长链将被中断,许多重要问题将无可说明。本文拟就该书作一浅析,并与某些时论商榷。

"白马非马"! 这一轰动当时而震骇后世的命题,我们能以"大率儿童戏语"[①]目之,而以"亟火之"[②]了事吗? 有一现象是耐人寻思的,即颇具战斗精神而集诸子大成的荀况对先秦诸子(除孔子之外)无一不訾。可是,对公孙龙却侧目而视,重足而立,敢怒而不敢言。《非十二子》篇中,明明是在批判所谓"以名乱实"的公孙龙学说,文章却指在盖棺了的邓析惠施头上,避开了并世的公孙龙,岂非怪事? 这一事实起码表明:公孙龙的学术影响深远,门徒人多势众,而使荀况颇感棘手。一个门下食客,无尺土寸权,何能至此? 若非其学术足以服人,怎有可能! 如果不把公孙龙学说放在当时具体的历史与学术环境,并结合其言行实践来加以考察,只是就其文字作抽象的、甚而是随心的解说,则只能是"非诬则罔"。为此,对其生平事迹,作一传略,俾言行参照,说而可证,惜史家未曾为之立传,因仅就见于篇籍可考者撮其梗概。

公孙龙,"字子秉,赵人也"[③] 秉,即庄子称惠施与"儒墨杨(朱)秉"[④]"秉"。他曾与孔子六世孙孔穿辩论过,年岁当相仿佛,据《史记·孔子世家》有关记载估

---

① 黄震:《读诸子》。
② 宋濂:《诸子辨》。
③ 《列子·仲尼》释文。
④ 《庄子·徐无鬼》。

算,当生于公元前 314 年前后,①卒于公元前 249 年左右。主要事迹:

1. 公元前 284 年,"适燕说昭王偃兵",戳穿昭王"口称善"而"实不为"的言行不一的虚伪面目。"曰(昔日)者大王欲攻齐,备天下之士,其欲破齐者,大王尽养之;知齐之险,要塞之际者,大王尽养之;虽知而不欲破者,大王犹若不养。其卒果破齐以为功。今大王曰:'我甚取偃兵'。诸侯之士走大王本朝,尽善用兵者也。臣是知大王之不为也。王无以应。"②同年,回答赵惠文王空喊"偃兵"口号十余年无成效而产生的疑问"兵不可偃乎"? 龙曰:"偃兵之意,兼爱天下之心也,不可以虚名为也,必有其实。今蔺、离石入秦(二县叛赵入秦)而王缟素布总(丧国之服);东攻齐得城,而王加膳置酒。秦得地而王布总;齐亡地而王加膳,此非兼爱之心也。此偃兵之所以不成也":③偃兵,墨子首倡,"非攻"、"兼爱"之意;稷下宋钘尹文发扬之,公孙龙祖述之。战国商鞅变法前后,各国亦先后变法,新兴地主阶级取得了政权。为扩张其势力范围,各诸侯国无不从事掠土兼民的兼并战争,烽火连绵,加深了人民的灾难,他们从关心人民疾苦出发而提倡"偃兵"。然而,各国统治者接过这口号,假借"偃兵"名义,作为争取喘息时机,积聚力量,麻痹敌方,以期再战的政治手腕。"名"为偃兵,"实"为备战。名实相乖,是公孙龙最深恶痛绝的,"疾名实之散乱"、"欲正名实以化天下",是他平生致力的目标。他以敏锐的观察力,以名实相应的学理,运用无可辩驳的事实与逻辑力量,戳穿了统治者的虚伪面目。

2. 公元前 283 年,公孙龙以"两可"之辩回敬秦约的"两可之辞",谴责秦王的"侵地"行为。"空雒(地名)之遇(会),秦赵相与约曰:'自今以来,秦之所欲为,赵助之,赵之所欲为,秦助之。'居无几何(不久),秦兴兵攻魏,赵欲救之,秦王不悦,使人让(责)赵王:'约曰:秦之所欲为,赵助之;赵之所欲为,秦助之。今秦欲攻魏,而赵因欲救之,此非约也。'赵王以告平原君,平原君以之告龙。龙曰:'亦可以发使而让秦王曰:赵欲救之,今秦王独不助赵,此非约也。'"④当秦侵魏时,赵国一方面从军事上援魏,同时据公孙龙之见展开外交斗争,取得了成效,迫使秦"兵至大梁而还"⑤。该约当在强秦压力下签订,是为侵魏作战争准备的外

---

① 孔子八世孙孔鲋牺牲于陈胜起义军中(公元前 207 年),享年五十七,生于公元前 264 年,每世以 25 年折中之,则孔穿生于公元前 314 年左右,以此作公孙龙生年,"虽不中,不远矣"。
② 《吕氏春秋·审应览》。
③ 同上。
④ 同上。
⑤ 《史记·六国年表》。

交部署。由于秦赵强弱悬殊,唯秦能"所欲为",对赵而言,只是一句空话,故秦设此"两可"之辞,名义上双方"平等",事实上单方"凌驾",是秦设计的外交圈套。公孙龙据同一律原理,以子之矛攻子之盾,显出非凡的机智与无比的逻辑力量。

3. 公元前259年,夜驾说平原君辞封:"'龙闻:虞卿欲以信陵君之存邯郸为君请封,有之乎?'平原君曰:'然。'龙曰:'此甚不可!且王举君相赵者,非以君之智能为赵国无有也,割东城而封君者,非以君为有功也,而以国人无勋,乃以君为亲戚故(王弟)也。……今信陵君存邯郸而请封,是亲戚受城而国人计功(计国人之功于亲戚名下)也。此甚不可!且虞卿操其两权,事成操右券以责(如取封事成,则可操右券以责其报德);事不成,以虚名德君。君必不听也!'平原君遂不听虞卿,厚待龙。"①他对操"两权"的政客嘴脸作了深刻的揭露,对"分封制"的血缘政治给予无情的鞭挞。公孙龙反对君主"守白"(重血统)取士而作"白马非马"之论,可从此探知其消息。他主张"因资材之所长",重用一切有一技之长的人才,此可从其广延学生的事迹见之:"昔者公孙龙在赵之时,谓弟子曰:'人而无能者,龙不能与游(与其门下游学)。'有客衣褐带索而见曰:'臣能呼(声宏而善呼喊)'。公孙龙顾谓弟子曰:'门下故有能呼者乎?'对曰:'无有。'公孙龙曰:'与之弟子之籍(名册)'。后数日往说燕王,至于河上,而航(船)在一汜(对岸边)。使善呼者呼之,一呼而航来。故曰:'圣人之处世,不逆有伎能之士。'"②

以上简略事迹可见公孙龙之为人,他是一位精明而切实的政治活动家与理论家,其持论皆以名实一致为宗,重事实,斥虚名;其论说善"寓理于事",分析透彻,正反论证,逻辑严密,具有不容置辩的说服力。他的言行,在当时历史条件下,是符合时代要求,反映人民愿望,起着历史进步作用的。世上岂有如此名实一致、言行切实的"诡辩家"?

以下就该书内容与某些时论商榷之。

一 《名实论》的"唯谓论"是形而上学的诡辩吗?

《名实论》是贯穿《公孙龙子》全书理论体系的中枢,是其哲学和逻辑学的理论纲要。它对认识和概念(名)的来源,对思维的基本规律都有正确的阐述。尤其是他总结了历史上"正名"理论的成果而提出独特的"正名"理论——"唯谓

---

① 《史记·平原君列传》。
② 《淮南子·道应训》。

论"，使"正名"理论首次从传统的"礼乐刑政"的政治和伦理学的桎梏下解放出来，向着纯逻辑理论形态发展，从而把先秦逻辑学推向一个新的高度。

《名实论》开宗明义地说："天地与其所产者,物也。"这是说天地间的一切,无非是客观存在的物质世界,认识的来源,概念的产生,都是从物派生而来的。他又进一步说："物也者,天下之所有也;指也者,天下之所无也。"①认为客观存在的物是第一性的,是独立于人们意识之外的客观实在,是看得见摸得着的"实有";而"指"(事物的"共性",是事物普遍联系在思维中的反映,是抽象思维的产物——概念)是第二性的,是不能离开具体事物而独立存在的。这是《公孙龙子》全书的理论基石。作为公孙龙理论渊源的稷下学派认为："凡物载名而来,圣人因而裁之。"②"有形者必有名,有名者未必有形。形而不名,未必失其方圆白黑之实。"③"凡物载名而来"，即名是由物派生而来的,只是"圣人"据物的方圆白黑等属性(公孙龙称之为"指")，因而"裁"(理性加工)之而成的。当有物而未知或未予其名之时("形而不名")，物的一切属性并不因人们不曾认识它而不存在("失")，换言之,物的客观存在是不以人们意志而转移的,正因为物是第一性的,故人们迟早总能认识它("有形者必有名")。公孙龙继承了这一唯物的理论成果,并在此基础上有所创造,提出了"物"、"实"、"位"三者合而"正"的"正名"论——唯谓论。由于"名"是物载之而来的,故因而裁之所成之"名"必须与物之实相符合。《名实论》说："物以物其所物而不过者,实也。"即名物的概念(物以)必须与所命(物其)之物(所物)相符合而不得超过它(实)。这"实"字,指物的实际,即物的范围,逻辑学称为概念的"外延"。正如《管子·心术上》所云："言(名)不得过实"，概念是揭示事物本质属性的,这就是概念的内涵。概念不仅要与其外延一致,同时要与内涵一致。故进一步说："实以实其所实(以事物的本质属性来规定所揭示的事物)而不旷(欠缺)焉,位也。"这"位"字,即逻辑学所说的概念的"内涵"，不可把它解释成什么"空间位置"。"位"是沿借"名位"(名分)之"位"字。原意是封建等级之"位"。由于封建等级之"位"森严,各等级皆有其特定的权限作为严格的规范而不可逾越,故借此来表示概念质的规定性(内涵)是恰当的。"过"与"旷"亦有其特定的涵义,乃蕴涵着外延与内涵的反比例关系。即外延"过"者,内涵必"旷"。如称白马为马,则"旷"一内涵(白色)而"过"其外延

---

① 《公孙龙子·指物论》。
② 《管子·心术下》。
③ 《尹文子·上篇》。

(马的外延超过白马的外延),故公孙龙认为"不可"。此即《管子·心术上》所说:"实不得延名"(延名必旷实)。不"过"与"旷",即外延与内涵统一,则称为"位(位于)其所位(内涵),正也。"因内涵不"旷",外延必然不"过",故概念如准确无"旷"地位于其内涵上,就是正确的概念了。物与名(外延与内涵一致之名)相合(相应)就是"正名"的原则,其要义是遵守思维基本规律——同一律。《名实论》又说:"其名正,则唯(应)乎其彼此。""夫名,实谓(称谓)也。知此之非此也;知此之不在此也,则不谓。"这就是"唯谓论"的基本点,它要求名实必须"互应":以名谓(呼)实,必以如名之实应之,以实命名,必以如实之名应之。此乃开了由"形名之学"(名家)向"刑名法术"的法家之学("循名责实"、"以实覈(核)名",名实相循为用)过渡的津梁,也是从引"道"入"名"到引"名"入"法"的逻辑中介。"知此之非此,则不谓"!是由于事物的复杂性,事物处于彼此互相联系的长链中,可能产生彼此含混不清,如紫与朱,引起"紫之夺朱",故必须审慎地分清彼与此的界限。"知此之不在此也,则不谓"!是由于事物的变化性可能产生名存实亡,名实不当的错误。春秋战国之际,社会急剧变化,新旧交替频仍,"名实相怨"的现象层出不穷,逻辑思维面临着新的挑战,孔子曾为此而惶惑,时而发出"觚不觚(酒器、礼器),觚哉!觚哉!"之叹。至战国中期,稷下学派汲取了道家"无为"、"因应"之道,用于形名之学,才相对解决了这一难题:相对稳定之"名"如何适应常变之"实"?提出"不言之言(不预先主观设言而因物以言),应也。……,执其名,务其应,所以成之,应之道也。无为之道,因也。因也者,无益无损也。以其形,因为之名,此因之术也。"又说:"因也者,舍己而以物为法者也。……,若影之象形,响之应声也。故物至则应,过则舍矣"①。公孙龙继承这一理论成果,并以"飞鸟之影未尝动也"②的形象譬喻表达之,如飞鸟在 A 点上则附以 a 影,当飞鸟飞至 B 点上,影则"改为"而舍 a 影,附以 b 影。此一观点已为当时社会普遍接受而成流行的观点,魏公子牟亦说:"景不移,说在改也。"③《墨经下》也说:"景不徙,说在改为。"绵延流传至魏晋犹余音缭绕,欧阳建的"言尽意论"说:"名逐物而迁,言因理而变,此犹声发响应,形存影附,不得相与为二矣。"④公孙龙在"物至则应,过则舍矣"的原理指导下,进一步具体化,提出"彼彼止于彼,此此止于此。可!(即

---

① 《管子·心术上》。
② 《庄子·天下》。
③ 《列子·仲尼》。
④ 《艺文类聚》。

遵守了同一律）","彼此而彼且此,此彼而此且彼。不可！（即违反了排中律）"。后期墨家汲取了这一正确观点,《经下》说："彼彼此此与彼此同,说在异。"这是说"彼彼此此"与分清"彼此"的提法是相同的,之所以要分清彼此,是因为它们在质上是各异的。《经说下》进而解说："正名者,彼此（所谓正名就是正确分清彼此）。彼此可（正确命名彼此）：彼彼止于彼,此此止于此。彼此不可（错误命名彼此）：彼且此也,此亦可彼（违反"非此即彼"的排中律）。彼此止于彼此,若是而彼此也,则彼彼亦且此此也。"最后这句"彼彼亦且此此"是《经说》的总结语,并与《经》文相呼应（《经说》是解《经》的,不可离《经》而孤立解《经说》）,重申"彼彼此此与彼此同"之义。这里说得很清楚,既然"彼此止于彼此",则彼此分明；彼此分明也就是"彼彼（彼止于彼）亦且此此（此止于此）"！在遵守同一律的"正名"原则上,墨经与公孙龙的观点是一致的,只是墨经在《名实论》的基础上提要而言,故说之简略。然而,有些论者篡改墨经文字,把"则彼彼亦且此此也",改成"则'彼'亦且此'此'也",并以此走样了的文字任意引申,说什么墨经提出了可以有"'亦此亦彼'的情况",且美其名曰：这是辩证法观点！另方面对公孙龙"彼彼止于彼,此此止于此"的正名原则诬为"形而上学诡辩"。其实,这不过是论者把形而上学观点与遵守同一律混为一谈而作出的主观臆断而已。

二 "白马非马"是只承认"个别"而否认"一般"的诡辩吗？

"白马非马"！乍然一看,几乎是儿戏般的诡辩。其实不然,而是针对当时现实的砭世之论。《迹府》篇把公孙龙作《白马论》的时代背景、目的意义和论证要点都揭示无遗了："疾（嫉恶）名实之散乱,因（主张以）资材之所长,为（有见于）'守白'之论,假物取譬,以（与）'守白'辩,谓白马为非马也。"春秋以还,"名实相怨久矣"！[①] 名实散乱、相怨。即出现了"同异之不可别,是非之不可定,白黑之不可分,清浊之不可理"[②]的混乱现象,其结果则是社会政治的败坏,而政治腐败的主要表现是君主囿于自私的偏见（"守白"、重血缘）而取士任人,导致亲戚"无能而相"、"无功重封"；国人则"有能无位"、"有功无赏"的"天下离心"的可悲局面。上述公孙龙以"善呼者"为弟子,说平原君辞封,《迹府》篇言齐王以"勇"取士而遗"四行"（忠信孝悌）之士等一系列的言行,皆为此而发。战国之世,"士"的去

[①] 《管子·宙合》。
[②] 《邓析子·无厚》。

就具有举足轻重之势,"入之国重,去之国轻"。能否最广泛地争取"士"的投效和支持,是各国成败的关键之一。倡"白马非马"论以喻"取士",非自公孙龙始,而是在他之前已流行了半个多世纪。苏秦曾说秦王:"夫形名之家皆曰'白马非马'也。如白马实马,仍使有白马之为(即以白马为马之为,以此喻不能广揽客卿),此臣之所患也。"①苏秦死于公元前320年,距公孙龙说白马论,近六十年。然而,直至韩非仍复叹息:"人主之所甚亲爱也者。同坚白(以"守坚"、"守白"喻取士任人而弃天下之士)也!"②从苏秦之患至韩非之叹的百年间,莫不以"白马非马"喻君主"守白"而"取士"之不当,由此足见"守白"之论积重难返,血缘政治牢不可破。当此存亡之秋,怎不痛心疾首、大声疾呼?公孙龙与韩非的赵韩故国,未经几时,遂被革故鼎新、重用客卿的秦国所扫灭,其时,六国倾覆衰象已败露,尤其"长平之战"(公元前260年)后,赵国一蹶不振(被秦一举"坑卒四十万"),国力耗尽,朝不保夕矣!倘不及早猛醒,悔之莫及!稍前于公孙龙,又有"宋人儿说,持白马非马也,服稷下之辩者。乘白马过关,则顾(酬,付)白马之赋(税)。故籍之虚辞,则能胜一国;考实定形,不能谩(欺)一人"③。公孙龙或直接受儿说的启迪。关于"乘白马过关"戏剧式的故事甚不足信,有说是儿说者,有说是公孙龙者;有说"遂过",有说"不得过",莫衷一是。如"公孙龙度关,关司禁曰:'马不得过'。公孙龙曰:'我马白,非马'遂过"④。此类传说或是后学为张扬师说而编造,或是韩非为批判"虚名夺实"而虚构,后遂以讹传讹,似若有其事。料公孙龙必无此等无稽之举,其白马论的喻旨十分明确,是有为而发的砭世之论,非徒以滑稽乱俗为意。他是个极精明而切实的政治家,怎会以此抽象理论与难以理喻而唯命令是从的"关司"去开玩笑呢?

公孙龙"假物取譬",以"士"假"马",以"勇士"假"白马",而作"白马非马",是针对"守白"取士的现实而言的。齐王以"勇士"取代"士",认为自己就是重视"士"了,实际是把一般的"士"等同于个别的"士"了,是犯了以个别代替一般的逻辑错误。"马非白马",众所周知,然而君主由于偏见却恰恰违反常识而认定"马是白马"!"白马非马"与"马非白马"是等值的可逆命题,可以互换。由于"守白"之论积习难破,如以习常的"马非白马"言之,如风过耳,不以为意。公孙龙为了

---

① 《战国策·秦策二》。
② 《韩非子·外储说右上》。
③ 《韩非子·外储说左上》。
④ 《古籍丛残》。

引起注意、振聋发聩,变而言之曰"白马非马"! 这是正确的逻辑命题,殊非诡辩!

产生"白马非马"是所谓"割裂个别与一般联系"的误解,是由于对"白马非马"的"非"字之误释,有些论者把这"非"字当作全称否定的"不是"之词来解释,这就排斥了"白马"与"马"在外延上的包含关系。一般不包含个别,公孙龙在这命题上所使用的"非"字是作为"别于"或"异于"之义而言的。《说文解字》,非部林:"非,作兆。兆,别也。"《庄子·寓言》:"同于己为是,异于己为非。"兆,即为"非己"。故"非"与"别"、"异"同义。公孙龙在书中正是以"非"字为"异于"之义来使用。《迹府》:"夫是仲尼异楚人于所谓人,而非龙异白马于所谓马(即"白马非马"),讳。"《白马论》亦是如此,"异黄马于马,是以黄马为非马"。如"白马非马"(即白马异于马)则不排斥白马与马在外延上的包含关系,由此可知"白马非马"这一命题并不割裂个别与一般的联系。

《白马论》在论证"白马非马"时,一方面从"唯谓论"的正名原则上论证,"彼彼止于彼。此此止于此",即要求"白马"(如彼)与"马"(如此)必须各自以其内涵与外延统一的概念命名之,因两者的内涵与外延皆异,不可将白马当作就是马,以"马"称"白马",称"白马"唯能以白马应之。这是就概念的准确性要求而言的。另一方面又据《通变论》中"二无一"的原则而论证。"二无一"是说"一"(概念)与"一"相与而为"二",则不可复以原"一"(概念)来称之。如"白"与"马"相与为"白马"("二"),就不可复以原一"白"或"马"称之,即不可称白马是马,或白马是白。这是就概念类属之间关系的变化上,即上位概念(类,一般)与下位概念(属,个别)之间的互相推移关系上而规定的原则,也是"唯谓论"的正名原则在概念类属关系变化时的具体表现。"相与"与"不相与",即"定"与"不定"(或称"兼"),"个别"与"一般","物指"与"指"。如"相与"之"白马",即白"定"于马者,"物指"、"个别";"不相与"之"马",即"不定"于某色之马,"兼"于诸色之马,"指"、"一般"。"二无一"的原则就是强调它们之间的差别,如个别不等于一般,二者决不可混同。故称白马非马。《白马论》说:"白马者,马与白也;马与白,马也(耶)? 故曰:'白马非马也'。马未与白为马;白未与马为白。合马与白,复名白马。是相与以不相与为名,故曰:白马为(原作"非"字,错讹。)马,未可!(后两句是倒装句,即白马为马,是相与以不相与为名。)"又说:"白马者,言白定所白也。定所白者,非(异于)白也。马者,无去取于色,故黄、黑马皆所以应;白马者,有去取(即定)于色,黄、黑马皆所以色去,故唯白马独可以应耳。无去(去取于色)者非有去也。故曰:白马非马。"

上述可见《白马论》只是从正名的"唯谓论"意义上而言,即要求名实相应,概念准确,强调的仅是个别与一般的区别,两者不可等同。尤其是公孙龙以此逻辑问题寄寓深刻的社会涵义,这是他抱负"正名实以化天下"的历史使命,力求逻辑为社会服务的宗旨所在! 怎可诬之为诡辩?

公孙龙强调个别与一般的区别,并非就是割裂了个别与一般的联系,更非只是承认个别而否认一般。事实上,他多处从侧面提示了个别与一般的联系,如说"求马,黄、黑马皆可致"、"黄、黑马可以应有马",这就是承认了一般(马)包括着个别(黄、黑马);同时还承认着个别(黄、黑马)体现着(可以应)一般(马)。如"马固有色,故有白马",则更直接承认着一般包括着个别。然而,由于论述重点不在于此,故每当涉及此时,就笔锋一转,故意避开,而一再论证其区别。这是由文章的宗旨主题所决定的。不直接涉及的问题并不意味着否认了这问题,这是不言而喻的。如果通观全书,不难发现他非但不否认、不割裂个别与一般的联系,而且在末篇《通变论》中直接地论证着个别与一般的联系:"羊与牛唯(虽)异,羊有齿,牛无齿(上齿),而牛之非羊也,羊之非牛也。未可! 是不俱有而或类焉。"这是说羊与牛因"齿"之有无(据此作为分类的划分根据)而被分为不同的种(个别),然而仍为"或类"(同是偶蹄的畜类——一般),故不可说牛羊毫无共同之处,不与一般(类)联系着,断然而称"羊之非牛"、"牛之非羊"! 既然不同种的牛羊尚有"或类"之处,不言而喻,同种而只品色不同的白马、黄、黑诸色马,当然更有"或类"——"马"类矣! 白马自是马之一种,这是不证自明的公理,不容推翻的事实,公孙龙决不会热昏至此地步来否认这公然的事实,时论所难,只是断章取义的片面之谈而已。

三 "物莫非指,而指非指"是唯心主义吗?

有些论者认为公孙龙哲学是唯心主义的,这是从曲解《指物论》入手的。他们割裂"物莫非指,而指非指"的完整命题,只取其前半句"物莫非指",并把其中这"指"字单纯说成是"意识"或"概念",进而把"物莫非指"推为"万物没有不是意识(或观念)的显现"。这未免确有"唯心"之嫌了! 然而,他们以此来解释下半句"而指非指"时,却不免带来了麻烦! 如有的解释为:"而意识本身则不是意识的显现",有的则说:"但是,概念却不与另一概念相应"。简直令人如遇丈二金刚摸不着头脑! 牵强立说,不免捉襟见肘。

《指物论》是探讨"指"(物的属性)与"物"、"指"(一般、抽象概念)与"物指"

(个别、具体事物)之间关系的论文,它涉及哲学的本体论和认识论的基本问题。这篇素以难读见称,主要由于对"指"字在含义上的灵活多样性难以把握所致。

"指"是况谓之名,指与物的关系如指与掌。孔子曾以"指掌"喻示"知天下"的道理:"或问禘(天子祭所自出之祖的重大祭祀)之说。子曰:'不知也。知其说之于天下也,其如视诸斯乎?'指其掌。"①物之"指"犹如掌之指,其指虽同,而大小、作用却各异(如物的属性各异),孔子以此喻示"治天下"以"不齐而齐"的道理,这涉及政务的亲疏远近、大小轻重、先后缓急的程序问题。物与"指",异而相须,所谓"合众异(指)而为同(物)"。《墨经上》曰:"同:异而俱于之一也。"离物的属性无物,如离指而无手掌;离手掌自无所谓指,如离物自无所谓有物的属性("指")。借指掌关系以喻指物关系,只是就"异而相须"的关系而言,是形象譬喻的说法,但不可拘泥,把它们等同起来。必先明确的是,"天地与其所产者,物也","物也者,天下之所有也"。这是公孙龙全书的立足点和出发点,即物是第一性的,是不以人们意识而转移的、独立于意识之外的客观实在。而"指也者,天下之所无也。"其谓"所无"是就"指"不能离开"物"独立存在而言的,就世界的"本原"意义上说是第二性的。明于此,可进而论指物矣。

《指物论》从三方面探讨哲学基本问题。

(1)就认识的有限性与物质世界的无限性而论指物。"物莫非指",是说物无不以其属性(指)来表现;"而指非指",是说由指所表现的物(能指)并不完全等于被表现的物本身(所指)。这两句话是全篇的纲领,是一不可分割的整体。由于物质世界是无限的,一物总处于物质世界的普遍联系之中,因而,物的属性(即与他物处于某一特定的联系)也是无限多样的,而物的属性的暴露及其为人所征知(认识),在时间、空间与认识主体等方面则只能是有限的。公孙龙又以另一辩题表达这一思想,"有物不绝,有指不至"②。或称"指不至,至不绝"③。其同时代而稍前的庄子已先窥见此种关系:"指穷于为薪(以为薪——砍柴喻所至之指——被人所认识的物的属性,砍柴再多,毕竟有限,故所至(知)之指亦终有穷,而必有不至之指存在着。);火传(传:转化。火传乃物质的转化,喻处于普遍联系中的物的属性)不知其尽也。"④后期墨家亦有类似的说法,《经下》:"所知而不

---

① 《论语·八佾》。
② 《列子·仲尼》。
③ 《庄子·天下》。
④ 《庄子·养生主》。

能指,说在春也、逃臣、狗犬、遗者。"《经说下》:"所。春也,其势固不可指(冬去春来,但何时可确指是"春天"则难,古人有见于此,而以物候一"百虫蠢动"表征之,故曰:"春者,蠢也")。逃臣(逃亡奴隶)不知其处。狗犬不知其名(小犬曰"狗",长至何时可确指名之曰"犬"亦难,亦只能以其长出脚蹄时而称之。《尔雅》:"狗之有县蹄者曰犬"。公孙龙有"狗非犬"辩题即指此而言其区别)。遗者(指所未至而遗留的物性,或曰认识之所误差)巧(巧慧者)不能网(穷尽)也。"这是说物有其指,物由指见,人能由指而知物,但不能穷尽物的一切所有之"指"而无遗。以上可见"道"、"名"、"墨"诸家在物的无限性与认识的有限性这一问题上的认识大体一致而互相发明,公孙龙的逻辑成就是战国中后期名辩思潮的产物,这一论点是宋钘"别囿"遗绪的继承发展,并以此提醒人们防止认识的片面性与局限性,为其反对"守白"之论提供了认识论的理论依据。

(2) 从指物关系进而论名指关系,阐明"名不为指"、名指之别。《指物论》说:"天下无指者,生于物之各有名,名不为指。"这是说物有了"名"之后,以"名"称物,则只能抽象地知物之大概(形),而见不到物的诸多具体属性,因"名"是物之"形"的抽象概括反映,而"形"则是物之诸"指"在总体上的外在形式,由"形"是不能直接表现物的各种具体属性(指)的,故物以"名"见而"指"隐(隐藏在物中),故知其名尚须进而究其实,明其指。名指有别,故称"名不为指"。"火不热"[①]、"冰不寒"、"炭不热"[②]这是说:称"火"(或"炭")、"冰"是物之"名",而"热"、"寒"则谓物之"指"(属性),二者有别而不可等同。这些命题是公孙龙以简洁语言来表达"名不为指"的逻辑思想,是他以物实作为认识论和逻辑学的基础,是其"重实"理论的表现,怎可称之为诡辩?

(3) "物指"与"指"的关系表现为"个别"与"一般"、"概念"与"事物"的关系。"而指非指"的另一层意思是"指"有别于(非)"物指"。《指物论》又说:"指,非非指也,指与物,非指也。"指与物即"物指",物指即非指,故指非物指,换言之,即物指非指。"而指非指"即与指有别的指是"物指",所以,"而指非指"与"指非物指"同义。这里,首先明其区别,进而言其联系。"指者,天下之所兼","指也者天下之所无","所无"是说"指"不能离开"物指"而独立存在。"所兼"是说"指"(一般,或概念)是分别兼存于"物指"(个别,或事物)。故说:"使天下无物指,谁径(直

---

① 《庄子·天下》。
② 《淮南子·诠言训》许慎注引。

接)谓非指(即谈不上有与指区别的东西)？天下无物,谁径谓指(无物当然更谈不上指了)？天下有指无物指,谁径谓非指？径谓无物非指？"(如果天下有独立存在的"指"而无具体存在的"物指",那么就谈不上有与"指"区别的"物指"了,而如果无"物指"则必然无"指"的存在,也就谈不上没有一物不是由"指"来表现了,即谈不上"物莫非指"矣!)由此可见"物莫非指"是以"而指非指"为前提的,这是由于"物指"(个别,具体事物)是第一性的而"指"(一般,抽象概念)是第二性的,这显然是朴素唯物主义的观点。然而有人把"指"说成是派生万物并独立自存的意识或概念,并认定公孙龙主张"万物没有不是意识的显现",把公孙龙所说的"物"改铸成如黑格尔"理念的外化",决非其本意,只是论者的主观推论而已。

四 "离坚白"是说"物是感觉要素的复合"吗？

《坚白论》是公孙龙的认识论,它在唯物的本体论(在《名实论》与《指物论》见之)的基础上进而探究物是怎样被认识的？其主题是"离坚白"。要点为:其一,感性认识是认识的起点、来源。认识是从感觉开始、离不开感觉的,而感觉又依赖于感官与客观对象以及外部条件(如视觉离不开光线——"火见"等),把感觉建立在唯物的基础上。其二,感官各有分工且不可互代,人们不能在同一时间内产生不同的感觉,所谓"视不得其所坚而得其所白者"、"拊(触)不得其所白而得其所坚者",这就是感觉的认识作用之所在,为此,事物的各种属性才能被准确地分辨出来,才有事物的各自规定性以及概念的准确性,所以说"离也者(从感觉直至思维对事物的各种分别),天下故独而正(天下事物才有各自特殊的规定性并被正确地认识);与此同时,这又是认识可能产生片面性(顾此而失彼)的局限所在,也是反复论证"离坚白"并作为《坚白论》主题的缘由。其三,感觉既有局限性,必须在此基础上上升至理性认识,依靠思维("神")的分析综合,最后得出"神知"(理性认识)之"离"、抽象之"名"(准确的概念)。公孙龙的正名理论正是建立在《坚白论》这一朴素唯物的认识论上。

关于"离坚白"的精义所在,历来注家纷纭而未中肯綮,在于未能结合公孙龙另一生动比喻"离坚白,若悬寓(宇)"[①]来参究,成玄英疏曰:"离坚白"如"日月悬于区宇(天地间)"。成疏未解释清楚,后人亦未多注意。然而,成疏还是猜中了其中若干意思。日月悬于天空,起落互为迭代,即日月之光互为隐(藏、落)现

---

① 《庄子·天地》。

(见、升),公孙龙以此而喻坚白一见一离,"知与不知相与离,见与不见相与藏",以及"非藏而藏"的"自藏"之意。如视觉见白则坚离。坚离即无(无见)坚。"视不得其所坚而得其所白者,无坚也"。但坚"离"向何方?"藏"于何所?坚乃"离"开白而"藏"(隐没)在所见之白的物中,亦可说是掩蔽于见(视觉)的后面,这如日出(见)则月落(藏),当日出(只见日光)月光则"藏"而不见(即掩蔽在日光背后),反之亦然。但无论如何见藏,日月之光仍客观存在于区宇之间,如坚、白依然自存(藏)于石中。"自藏"是自然而然而藏,即"知与不知"、"见与不见"自然互相转移而见藏("相与离"、"相与藏")之意,不是别有离开该物的另一"藏所"而藏之者。如坚之"自藏"是坚自然转移而隐藏于"见"白之背后,见与不见("离"、"藏")是一现一隐自然相互转移的关系。这是"有见必有所不见"、"不见唯因有所见"的认识辩证法,是有无相生、相反相成的辩证法。所谓昭旷之鼓琴"有成与亏"、"彰音而声遗"①在一定程度上亦揭示了认识有片面性与局限性的缘由。公孙龙为别囿、解蔽,反对"守白"之见,着重从认识论探究其原因,"离坚白"所揭示的"知与不知相与离,见与不见相与藏"的"自藏"之理,为之提供了理论说明。二千多年前能作如此透彻分析,难能可贵!公孙龙抱"正名实而化天下"的积极态度,知其局限是为了防止它、克服它,使认识更全面些和更正确些。他与因其局限而遂主张"不遣是非而齐物我"的蒙昧主义者庄周是判然两途的!

公孙龙的"离坚白",是否如人所说的那样:坚、白是各自独立的客观存在("自藏")的"感觉要素"或"概念"?物不过是"感觉要素的复合"或"概念的显现",认为公孙龙哲学是多元的主观唯心论(即物是感觉要素的复合)或是客观唯心论(即物是概念的显现),乃据此而推论的。我们的看法则相反,认为公孙龙哲学是一元的朴素的唯物论。其一,公孙龙全书是建立在物质第一性、意识、概念第二性的基础上的。前面已多阐述,不赘。其二,《坚白论》一再强调"坚石二、白石二"而反对"坚、白、石"为"三"!正是坚持坚、白是不能离物(石)而独立存在的,故总是白石、坚石附丽相盈而称,这在本体论上则是主张"盈坚白"的,其"离坚白"是就认识论而言的。如果承认坚、白、石为"三",即承认它们是三个各自独立自存的客观实在,这恰是唯心主义所主张而为公孙龙所反对。有人以其认识论的"离坚白"来与其本体论上的"盈坚白"作对,说什么墨经是"盈"派,唯物的,而公孙龙是"离"派,唯心的,这其实是望文生义,墨经在认识论问题上也是持"离

---

① 《庄子·齐物论》。

坚白"的(下详)。这里首先指出，主观唯心论的贝克莱认为"物是感觉的复合"，是说除了"感觉"之外别无所谓"物"的存在，存在的只是"感觉"、或"感觉的复合"而已，这实际上是否认、取消了"物"的存在；与此相反，公孙龙则强调"物"的第一性，感觉、概念是派生的，第二性的，非能离物而独立存在的。其三，离坚白的"自藏"之意，是指"知与不知"、"见与不见"相与离藏的关系，是就认识论而言，指明认识可能片面性的原因，然而有人歪曲"自藏"之意，把它套到本体论的问题上去，认为坚、白是各自独立而"自藏"的实体，是独立自在的"感觉要素"或"概念"。这根本歪曲了原意。如其所说，坚白是独立存在的实体，必然有个"藏所"而藏之，试问：这藏所是什么？或许有人会说其"藏所"就是如黑格尔的"理念王国"！然而，这是把黑格尔的帽子戴在公孙龙的头上。这与"自藏"之意了无干涉！其"自藏"之意是说见白而离坚，坚仍藏于白石之中，而非别有异于石的另一藏所而藏之者！坚白相互离藏，然皆盈于一物(石)，故称"坚石二、白石二"，即不知白的坚石是"二"，不见坚的"白石"亦是"二"。正如《经说下》所说："见与不见，离一，一二不相盈。"这是说离坚之"一"不相盈于白石之"二"，离白之"一"不相盈于坚石之"二"。如果是他们所说的那样，坚、白都是独立自在(自藏)的客观实在，则是公孙龙和墨经所反对的"坚、白、石、三"。上述可见，把"离坚白"说成是公孙龙认为"物是感觉的复合"(或概念的显现)，并为此而判定他是主观或客观唯心论是歪曲公孙龙哲学原貌的。

综上所述，公孙龙全书为一整体，结构谨严，理论精密，具有高度的抽象性与概括性，是古代史上第一部具有纯理论纯逻辑倾向的著作，其篇章结构首尾相衔，环环紧扣、步步深入，每篇各有重点，又环绕一中心而互相联络，纵横交错而条理井然，不愧为先秦诸子名篇，中国古代逻辑学之津梁。有些论者未察于此，割裂篇章、断章取义，轻率非难，实欠妥当。公孙龙是一位朴素唯物论者，先秦的逻辑大师，这份珍贵的历史遗产，深值发掘研究，本文只是作个引子，抛砖引玉、尚祈大家教正！

(本文与陈进坤合写，原载《社会科学战线》1983年第1期)

论五四运动时期的胡适

在伟大的反帝反封建的五四运动中,胡适作为中国民族资产阶级的学者,积极参加了这场运动。他在打倒孔家店的反封建旗帜下,要求民主和科学,在文化上宣传白话文;在哲学思想上,宣传进化论和实验主义,为中国民族资本主义的发展鸣锣开道,作出了积极的贡献。尽管胡适在五四运动以后离开了民族资产阶级的立场,逐步向右转,趋于反动,但对这样一个在中国现代历史上有过重大影响的人物,我们应该本着历史唯物主义的态度,对他作出全面的客观的评价。本文试就胡适在五四运动时期的情况,作一简略的分析。

一

胡适走上社会,投身于政治的时候,正是在辛亥革命后,我国资产阶级民主主义革命继续向前发展的时期。1919年的五四运动是由旧民主主义革命转变为新民主主义革命的转折点。它是从鸦片战争以来,中国人民反帝反封建斗争的历史发展的结果。民主和科学是五四运动的中心口号。胡适是积极的宣传者和推动者。

1840年的鸦片战争,帝国主义侵略者打开了中国长期闭关自守的大门。它们在我国的土地上横冲直撞,为非作歹,不少爱国志士看了深为悲愤。腐败的清政府为了维护统治,也不得不因中国物质技术的落后而感到忧虑。于是提出了中学为体、西学为用的口号,设立制造局,派遣留学生,学习西方的科学技术,搞洋务运动。但他们绝不承认中国封建专制制度的腐朽,否认政治变革之必要,结果破产了。

1851年爆发了太平天国革命,沉重地打击了清朝的反动统治。太平天国革命提出了废除封建土地制度、平分土地的纲领,反映了中国广大贫苦农民对土地的渴望和自由平等的要求。它是为民主和科学而斗争的中国资产阶级民主革命的先驱。

1898年的戊戌变法运动,是中国上层进步分子力图通过君主立宪的改良道路,在封建专制统治上加上些民主政治的成分,兴科学,发展资本主义。以康有为、梁启超为首的改良派虽想学习西方的民主和科学,争取民族独立,但却主张保持儒家的传统并幻想得到封建皇帝的帮助。由于他们不相信人民群众,不彻底推翻封建统治,因而失败是必然的。

戊戌变法的失败,说明在中国走自上而下的道路实现民主和科学,发展资本主义,是行不通的。随着中国资本主义的发展而不断成长起来的中国民族资产阶级和小资产阶级的知识分子,清楚地看到了清政府的腐败,终于走上了推翻封建统治,建立资产阶级共和国的道路。在孙中山的领导下1911年爆发了辛亥革命,结束了两千多年的封建专制制度。这次革命是中国旧民主主义革命发展的顶峰,在广大人民群众中造成了民主精神的高涨。

然而,皇帝虽被赶跑,反帝反封建的任务远未完成。辛亥革命并没有争得真正的民主,也未能为科学的发展铺平道路。中国社会内部的基本矛盾继续加深和发展着。帝国主义列强加紧侵略,互相争夺势力范围;军阀把持政权,进行混战,广大劳动人民陷于水深火热之中,全国各地的农民暴动接连不断。中国向何处去?资产阶级和小资产阶级的知识分子,都努力寻求改变中国现状的出路,这样,就在日本帝国主义侵略的沉重压力之下,爆发了五四运动。

五四运动在反帝反封建的旗帜下,明确提出了民主和科学两个革命口号,这绝不是偶然的。从鸦片战争到五四运动前后八十年时间内,中国人学习西方有着深刻的经验和教训。首先,它告诉我们,中国要自强,不仅要学习西方先进的科学技术,而且要有政治上的民主,把民主和科学结合起来。就是说,既要反对封建,争取民主,求得自由平等的权利,又要学习先进的科学技术,破除迷信,摆脱愚昧,解放思想,发展生产力。洋务运动只学西方的科学技术而不要民主的社会制度,太平天国革命只要求自由平等而没有学习西方的科学技术用来解决人民的实际生活问题,因而都失败了。其次,在半封建半殖民地的中国,要实现民主和科学,发展资本主义,必须既要反帝又要反封建,才能胜利。戊戌变法只反对外国帝国主义而幻想得到封建皇帝的支持,辛亥革命只反对封建统治而幻想得到英美帝国主义的支持,结果两者都失败了。五四运动总结了这些历史的经验,在反帝反封建的前提下,明确地提出了民主和科学这两个中心口号,把我国的民主主义革命提到一个新的阶段。

民主,在《新青年》的创刊号被称为人权。它说:"自人权平等之说兴,奴隶之名,非血气所忍受。世称近世欧洲历史为'解放历史'——破坏君权,求政治之解放也;否认教权,求宗教之解放也;均产说兴,求经济之解放也;女子参政运动,求男权之解放也。解放云者,脱离夫奴隶之羁绊,以完其自主自由之人格之谓也。"这就是说,民主就是反对人压迫人,反对专制,反对宗教的统治,要求经济平等、男女平等、人身自由。关于科学,它又说:"科学之兴,其功不在人权说下,若舟车之有两轮焉。今且日新月异,举凡一事之兴,一物之细,罔不诉之科学法则。以定其得失从违;其效将使人间之思想云为,一遵理性,而迷信斩焉,而无知妄作之风息焉。"并且强调:"国人而欲脱蒙昧时代,羞为浅化之民也,则急起直追,当以科学与人权并重。"①这就是说,科学就是反对迷信和蒙昧,就是停止无知和盲动,一切都得按科学法则行事。很清楚,民主和科学的口号,当时矛头是直接指向封建专制主义的。虽然它并没有超出资产阶级民主主义的范围,但由于它对顽固的封建堡垒进行了猛烈的冲击,使广大的知识分子,特别是年轻人,摆脱一切传统思想的镣铐,勇敢地批判一切旧观念,从几千年的旧礼教、旧道德的罗网下解放出来,掀起了追求新知识,追求真理的热潮。

以民主和科学的结合为主要内容的五四运动的主要倡导者是陈独秀、李大钊。胡适也积极地参加了。早在美国留学期间,胡适就极力推崇美国的民主和科学,认为"在这个地方,似乎无一事物不能由人类智力做得成的"。他把美国的社会生活当作中国的未来。他在《睡美人》歌中说:

> 东方绝代姿,百年久浓睡。
> 一朝西风起,穿帏侵玉臂。
> 碧海扬洪波,红楼醒佳丽。
> 昔年时世装,长袖高螺髻。
> 可怜梦回日,一一与世戾。
> 画眉异深浅,出门受讪刺。
> 殷勤遣群侍,买珠入城市。
> 东市易宫衣,西市问新制。
> 归来奉佳人,百倍旧姝媚。

---

① 陈独秀:《敬告青年》,《青年杂志》1卷1号,又见《独秀文存》卷1。

装成齐起舞,"主君寿百岁"。①

这里,胡适把美国比作"西风",将科学与民主比作"洪波",震醒了祖国;"西市"指美国资本主义社会,"新制"指资本主义文明,认为一旦用这些装扮起来,中国便会百倍美丽。这首歌反映了当时中国民族资产阶级向西方学习,希望用民主与科学来改造祖国,有朝一日能够走上世界强国行列的强烈愿望。

胡适认为,要学习美国的民主和科学,首先得承认我们自己是落后了。他说:"我们如果还想把这个国家整顿起来,如果还希望这个民族在世界上占一个地位,——只有一条生路,就是我们自己要认错。我们必须承认我们自己百事不如人,不但物质机械上不如人,不但政治制度不如人,并且道德不如人,知识不如人,文学不如人,音乐不如人,艺术不如人,身体不如人。""肯认错了,方才肯死心塌地地去学人家。"②胡适在这里使用的方法虽是形而上学的肯定一切和否定一切,但其目的是要人们看清我们国家各方面的落后情况,学习西方才能方向明,决心大,大家才会齐心协力地去干。

胡适还认为,要学习美国的民主和科学,把中国搞上去,一定要有一批为自由、民主和真理而献身的勇士。他说,"欧洲有了十八九世纪的个人主义,造出了无数爱自由过于面包,爱真理过于生命的特立独行之士,方才有今日的文明世界。"③胡适作为民族资产阶级的代言人,把个人主义作为自由、民主和真理而献身的动力,这是阶级的局限性。但是,他的话说出了一个道理,资产阶级的自由民主的实现是需要经过奋斗,作出牺牲,才能取得的。

胡适还认为,要把中国建设成美国一样民主自由和富强的国家,必须要有个人的自由平等的权利,要有高度的自觉性。他说:"争你们个人的自由,便是为国家争自由! 争你们自己的人格,便是为国家争人格! 自由平等的国家不是一群奴才建造得起来的!"④这段话充分说明了民主的问题在建设富强的资产阶级国家中的重要作用。

胡适还指出,要学习美国的民主和科学。建设富强的国家,还应该有科学的精神、科学的态度和科学的方法。为此,他写了很多东西。他说:"在这些文字

---

① 见《新青年》第 4 卷,第 2 期。
② 《介绍我自己的思想》,《胡适选集·序言》。
③ 同上。
④ 同上。

里,我要读者学得一点科学精神,一点科学态度,一点科学方法。科学精神在于寻求事实,寻求真理。科学态度在于撇开成见,搁起感情,只认得事实,只跟着证据走。科学的方法只是'大胆的假设,小心的求证'十个字。没有证据,只可悬而不断;证据不够,只可假设,不可武断;必须等到证实之后,方才奉为定论。"① 胡适认为,只有掌握科学,运用人类的聪明才智,寻求真理,来制服自然,改造物质环境,改革社会制度,才能谋得人类的幸福。

总之,胡适从资产阶级的阶级本能出发,意识到民主和科学在发展资本主义中的重要作用,因而,作了积极的宣传和鼓动,这在历史上留下了深刻的影响。

二

五四运动不但是一次彻底地反帝反封建的爱国运动,同时也是一次彻底地反封建文化的新文化运动。而后者是前者的一种表现形式。毛泽东同志曾指出:"当时以反对旧道德提倡新道德、反对旧文学提倡新文学,为文化革命的两大旗帜,立下了伟大的功劳。"② 五四新文化运动的一个伟大功绩,便是对于白话文的提倡,用新的文字形式来表达反封建的新思想。在这方面,胡适是起了不可抹煞的积极作用的。

胡适"要求语言文字和文体的解放"。原因何在呢?他说:"初看起来,这都是'文字的形式'一方面的问题,算不得重要。却不知道形式和内容有密切的关系,形式上的束缚,使精神不能自由发展,使良好的内容不能充分表现。若想有一种新内容和新精神,不能不先打破那些束缚精神的枷锁镣铐"。③ 这段话,包含着胡适对于文字、文体和思想关系的灼见。在中国,封建统治阶级为什么要极力推崇八股式的文言文?那是为了把孔孟的一套东西当作教条强迫人们信奉,造成愚昧和盲从,以利于封建专制统治。五四运动矛头直指"孔家店",它的思想是新的,是"科学"与"民主"。新的思想岂能没有新的表达形式?岂能容那旧的传统形式扼杀思想之解放?不能。胡适提倡大胆从古文中解放出来,正是适应了当时提倡"科学"和"民主"的思想解放运动的需要。思想的变革引起文字的变革,而文字的变革又反过来促进了思想的变革,使新思想获得尖锐的表达办法,充分发挥自己的力量,向着封建文化冲杀过去。正是在这个意义上,我们完全可

---

① 《介绍我自己的思想》,《胡适选集·序言》。
② 《新民主主义论》,《毛泽东选集》,第660页。
③ 《谈新诗》,《胡适文存》卷1。

以说,如果没有五四时期所提倡的以白话文为主要内容的文学革命,也就不可能有以后的革命文学。

1917年1月,胡适首先在《新青年》上发表了《文学改良刍议》一文,明确提出了用白话文取代文言文的主张。诚然,早于胡适,如戊戌变法时期的谭嗣同、梁启超和黄遵宪等都已提出过"废文言,崇白话"的主张。但是,他们往往都只把这当作一般的工具改革,没有充分看到政治与文字、思想与文字的关系,因而不能揭穿旧的语言文学维护旧东西、阻碍新东西的反动本质。他们往往一面提倡文体改革,一面又声称决不能触犯"圣教"。这样的做法,降低了文体改革的实际意义和重要性,因而也不能引起整个社会的普遍重视。胡适不一样,他在前人的基础上大大前进了一步。他认为,这一次中国文学的革命运动,虽然也是要求语言文字和文体的解放,但内容应当是反封建的,应当用这种新的形式去建设新的文学,反映资产阶级改良主义的政治主张。这样,就跳出了那种工具改革的眼界,把提倡白话文与反对封建主义、宣扬科学和民主思想联结在一起。正因为如此,陈独秀才继《文学改良刍议》之后,发表一篇《文学革命论》的文章,以示声援:"余甘冒全国学究之敌,高张'文学革命军'大旗,以为吾友之声援。旗上大书特书吾革命军三大主义:曰:推倒雕琢的阿谀的贵族文学,建设平易的抒情的国民文学;曰:推倒陈腐的铺张的古典文学,建设新鲜的立诚的写实文学;曰:推倒迂晦的艰涩的山林文学,建设明瞭的通俗的社会文学。"①所以,五四时期的白话文运动,实际上是一场思想启蒙运动,举起了文学革命的旗子。

正是由于白话文在五四时期具有"民主与科学"的性格,推动了思想解放运动,因此它遭到了守旧派的攻击。如林纾的攻击新文化运动致蔡元培书,就集中表达了封建文人对新文化运动的憎恶和害怕心情,黄侃甚至纠合一批复古分子举办《国故》杂志,专与白话文唱对台戏,一些抱残守缺的封建遗老遗少,公开弹出"能笃于旧学,始能兼采新学"的调子。胡适对守旧派进行了斗争。他指出,形式必须统一于内容。旧形式的抛弃,是因为观念形态发生了变化。旧的思想过时了,旧的形式也就理应被抛弃。他说:"文学者,随时代而变迁者也。一时代有一时代之文学,周秦有周秦之文学,汉魏有汉魏之文学,唐宋元明有唐宋元明之文学,此非吾一人之私言,乃文明进化之公理也。"胡适试图用达尔文的进化论学说论证新思想必定取代旧思想,反对把任何一种思想或学说凝固化,这是积极

---

① 见《新青年》2卷6号,又见《独秀文存》卷1。

的;同时还指出了文学是时代的文学,随时代变迁而变迁,也是科学的。从这点出发,胡适论证道:"然以今世历史进化的眼光观之,则白话文学之为中国文学之正宗,又为将来文学必用之利器,可断言也。"①胡适从形式和内容的统一来论证提倡白话文的重要性,从政治上说明文学改革乃改革社会之必需,从历史上证明一切文学都是一定历史的产物,所有这些都可以说是击中了封建文人的要害。

既然封建统治阶级及其帮闲者们的文章,不论它的内容和形式,都是僵死的、教条式的。那么,以"民主"和"科学"为内容的新文学应该是怎样的呢?胡适认为,它应当是生动活泼的、前进的。他把旧文学当作批判的对象,历数其罪状,并积极提出了八项改革主张:文学要言之有物;不机械摹仿古人;讲求文法;不作无病之呻吟;去滥调套语,不用典;不讲对仗;不避俗字俗语。言之有物是指要有自己的见解、思想;去滥调套语,要求人人以其耳目所亲见亲闻所亲身阅历之事物,一一自己铸词以形容描写之,但求其不失真,但求其能达状物写意之目的;而不用典,不讲对仗,则是反对不解其意地搬抄替代和受骈文格律的束缚,要求尽情地发挥自由的思想。② 后来,胡适又把它总结成四条,即要有话说方才说;有什么话说什么话;话怎样说,就怎样说;是什么时代的人,说什么时代的话。无论是八条还是四条,都是胡适反对封建老八股、老教条斗争的产物,是一种有益的贡献。胡适提倡白话文就是在提倡自由的思想、民主的思想、敢想敢说的风气。"有什么材料,做什么诗;有什么话,说什么话;把从前一切束缚诗神的自由的柳锁镣铐,拢统推翻。"③胡适提倡白话文,提倡白话诗,也是在提倡科学的精神,使"中国的文学能达今日的意思,能表今人的情感,能代表这个时代的文明程度和社会状态"④。

胡适不但参与倡导了白话文的文学表达形式,而且对文学的内容也提出了有益的思想。在他看来,那些歌颂封建"三纲五伦"的东西固然要反对,而以只写官场、妓院为内容的文学也是太狭窄了。今日之平民社会,如工厂之男女工人、人力车夫、内地农家、各处大负贩及小店铺,他们的一切痛苦情形,都应在文学上占据一定的位置。还有诸如一切家庭惨变、婚姻痛苦、女子之解放、教育之改革……种种问题,都应看做是文学的材料。显然,这些都是反封建的内容,要求

---

① 《文学改良刍议》,《新青年》2卷5号,又见《胡适文存》卷1。
② 同上。
③ 《答朱经农》,《胡适文存》卷1。
④ 《答黄觉僧君"折衷的文学革命论"》,《胡适文存》卷1。

进行资产阶级的改良。胡适不仅这样说,而且身体力行,首先尝试用白话做诗,这就是他那本《尝试集》。

诗集的大部分是胡适用资产阶级个人主义思想对封建主义的批判,体现了他当时资产阶级民主主义的思想和政治主张。如《礼》这首诗,就是对封建礼教的辛辣嘲笑。在《孔子》篇中,他把历代封建统治者尊奉的"孔圣人"讥讽为一个"知其不可为而为之"的不识时务的顽固派,而只要"认得这个真孔丘,一部论语都可废"。这就是说,所谓的"圣言",在胡适看来,不过是一堆一钱不值的破烂。诗集中还反映了胡适对民主必然战胜专制的信心。如在《一颗遭劫的星》这首诗里,胡适因听到《国民公报》响应新思潮而被查禁,他激动地写道:"大雨过后,满天的星都放光了。那颗大星欢迎着他们,大家齐说'世界更清凉了!'"当《每周评论》被封禁时,他挥笔写成《乐观》一诗,那诗句也是很激励人心的:"那树还有许多种子——很小的种子。裹在有刺的壳里——上面盖着枯叶,叶上堆着白雪,很小的东西谁也不注意。……雪消了,树叶被春风吹跑了,那有刺的壳都裂开了……过了许多年,坝上田边都是大树,辛苦的工人在树下乘凉,聪明的小鸟在树上歌唱——那砍树的人到那里去了?"胡适当时作为民族资产阶级的代言人,诗集中有不少篇倾诉了作者希望国家强盛起来的愿望。又由于资产阶级在五四时期还是前进的阶级,因此胡适的诗里有的还揭露了贫民社会的疾苦,表示了对劳动人民某种程度上的同情。《人力车夫》那首诗写的就是作者对人力车夫"又寒又饥"的生涯,所发生的"酸悲"、"惨凄"之感。在另一首《威权》里,这样写道:"威权坐在山顶上,指挥一班铁索锁着的奴隶替他开矿。他说:'你们谁敢倔强:我要把你们怎么样就怎么样'。"胡适这种对社会不平等现状的写照,无疑是他宣传民主,争取民权思想的反映。基于这种情感,当胡适听到二月革命胜利的消息时,胡适才兴致勃勃地写下了《新俄万岁》的小诗,"拍手高歌,新俄万岁"。总之,胡适在《尝试集》中所表达的新思想是与封建思想对立的。胡适实现了自己用白话文来表达自由思想的愿望,胡适把反封建的民主思想内容与新的自由文体统一了起来,"使妇女、童子都能了解",从而优胜于那种"是少数懂得文言的人的私有物"的封建八股文。这就是胡适的作品在当时一版再版的原因。

一定的文化是一定社会的政治和经济在观念形态上的反映,又给予伟大影响和作用于一定社会的政治和经济。胡适参与倡导新文化运动,在五四时期反映了资产阶级民主革命的要求。他的主张和写成的作品,同那种尊孔读经、提倡旧礼教旧思想的封建文化,存在着根本区别。关于这一点,中国文化革命的主将鲁迅曾这样说过:"我做小说,是开始于一九一八年,《新青年》上提倡文学革命的时候。这一种运动,现在固然成为文学史上的陈迹了,但在那时,却无疑是一个革命的运动。"①当然,无需多言,胡适主张的新文学性质完全是资产阶级的。同时,由于中国资产阶级的软弱性,胡适在五四时期反封建的态度也不是彻底的。这表现为,他认为封建"旧文学"和"死文学"已没有"破坏的价值",只要有了"真文学"和"活文学",它自然就会消灭。他把自己的主张,称作"建设的文学革命论",要人们只在"建设"方面"用力",这实际上是一种妥协。毛泽东同志指出:不把替帝国主义和封建阶级服务的旧文化打倒,什么新文化都是建立不起来的。"不破不立,不塞不流,不止不行,它们之间的斗争是生死斗争。"②因为中国资产阶级的无力和世界已经进到帝国主义时代,胡适作为资产阶级知识分子的代表人物虽然用资产阶级思想同封建文化打了几个回合,但很快就被外国帝国主义的奴化思想和中国封建主义的复古思想的反动同盟所打退。"五四"以后,胡适也就偃旗息鼓,宣告退却,最后终于失了灵魂,成为帝国主义文化的吹鼓手。

三

胡适说:"我谈政治只是实行我的实验主义。"他在"五四"前后,为传播实验主义而呕心沥血,为的是要人们接受这种哲学,并把它当做观察国家命运的工具。对此,我们应当如何评价呢?历史地看问题,胡适宣扬实验主义是当时中国社会发展的产物,适应了新兴民族资产阶级改良主义的需要。从世界范围看,这种哲学尽管自身包含着保守的、反动的基本内容,但胡适把它拿过来,为我所用,并与"五四"时期中国新文化运动的条件相结合,在当时是发挥过进步作用的,其中包含着不少有价值的因素。

第一,有反宗教迷信的启蒙作用。

实验主义有个口头禅,叫做"拿证据来";实验主义又推崇"科学态度",也讲"实验是真理的唯一的试金石"。③ 胡适从这种态度出发,认为封建社会的"旧宗教"崇拜鬼神,是没有"科学证据"的,故不"理智化";只谈天堂地狱,不问人间疾苦灾难,故不"人化";只想自己死后升入天堂,乃是"自私自利的宗教",故不"社会化"。胡适主张自然主义,他说:"根据于一切科学,叫人知道宇宙及其中万物

---

① 《南腔北调集》。
② 《新民主主义论》,《毛泽东选集》,第 655 页。
③ 《杜威先生与中国》,《胡适文存》卷 2。

的运行变迁皆是自然的——自己如此的,——正用不着什么超自然的主宰或造物者。"①又说,"在这个'拿证据来'的旗帜之下,不但同善社悟善社等等变相的道教要受理性主义的评判与打击,就是基督教义与信条也免不掉他的评判与打击。"②詹姆士曾经用实验主义假设过上帝的存在。对于这一点,胡适的批评超过他的老师杜威。胡适认为,詹姆士的"这种理论,仔细看起来,是很有害的",是把"实验主义的方法用错了"。③ 可见,在胡适那里,实验主义是一种反宗教迷信的武器。他拿了这个武器来反对中国几千年封建社会的神权思想,使人认识到"……'神道设教',见神见鬼的手段在今天是不中用了。还有那些'默示'的宗教、神权的宗教、崇拜偶像的宗教,在我们心里也不能发生效力,不能裁制我们一生的行为。"④不可否认,这在当时是有很大的启蒙作用的。

胡适与赫胥黎有某些相似之处,胡适自己也推崇赫氏是对他影响最大的哲学家之一。列宁曾经指出,"赫胥黎的哲学正像马赫的哲学一样,是休谟主义和贝克莱主义的混合物。"赫胥黎在达尔文的进化论处于少数派的情况下,毅然同牛津主教威尔伯福斯展开了一场进化论与神创论的大论战,揭露了宗教是对科学的无知。成为达尔文进化论的捍卫者。他虽然自我标榜是"不可知论者",并宣称,"如果我非得在绝对唯物主义和绝对唯心主义中间进行选择的话,那末我不得不选择后者。"然而,根据他反宗教的态度,列宁没有简单地给他戴上一顶反动唯心主义的帽子。相反,列宁说:"他的不可知论是唯物主义的遮羞布。"⑤同时列宁又指出,由于赫胥黎认为我们无法肯定或否定已知世界之外的某个最高存在物的存在,他也就给唯心主义留下了地盘。胡适也是这样,当他强调科学时,他否认"超自然的主宰或造物主",并宣布"根据于天文学和物理学的知识,叫人知道空间的无穷之大";"根据于地质学及古生物的知识,叫人知道时间的无穷之长";根据生物学之知识,人是从动物进化而来;根据心理学的科学,一切心理的现象都有生理的基础。⑥ 这时的胡适打的是"实验主义"的招牌,宣传的则是唯物主义的东西,不愧为反宗教的斗士。但胡适对哲学基本问题抱"不了了之"的态度,因此,你要是打破砂锅问到底,世界上到底有没有鬼神和上帝,胡适的回

---

① 《科学与人生观序》,《胡适文存 2 集》卷 2。
② 《今日教会教育的难关》。
③ 《实验主义》,《胡适文存》卷 2。
④ 《不朽》,《胡适文存》卷 4。
⑤ 《列宁选集》第 2 卷,第 211 页。
⑥ 见《科学与人生观序》。

答是:"灵魂的有无还在不可知之中。"①又说,"我们如果深信现有的科学证据只能叫我们否认上帝的存在和灵魂的不灭,那么我们正不妨老实自居为'无神论者'。这样的自称并不算是武断,因为我们的信仰是根据于证据的,等到有神论的证据充分时,我们再改信有神论,也还不迟。"②这时的胡适,又为同宗教的妥协留下了广阔的后路。不仅如此,胡适还致力于创立一个"理智化"、"人化"与"社会化"的"新宗教",妄图在"科学"的基础上建立一种"合理的信仰",并把"扩大的同情心"当作"新宗教新道德的基础"。这些就为"五四"以后,胡适逐步走上调和科学与宗教,乃至利用宗教进行反动活动留下了根子。

第二,适应了反"天理"的需要。

在中国,曾有所谓"天不变,道亦不变"的玄学,长期地为腐朽了的封建统治阶级所拥护,并在人们的思想中占了统治的地位。"五四"作为一次思想解放运动,就是要打破这种精神的枷锁,敢想敢为,起来变革现实。胡适把实验主义介绍到中国,在一定程度上适应了这种斗争的需要。

在胡适看来,十九世纪以来自然科学的蓬勃发展,"有两大重要的变迁,都同实验主义有绝大的关系。"第一是科学家对于科学律例的态度的变迁。"从前崇拜科学的人,大概有一种迷信,以为科学的律例都是一定不变的天经地义。他们以为天地万物都有永久不变的'天理',这些天理发现之后,便成为科学的律例。"③近代自然科学的发展,改变了这种"天经地义"的态度。第二个大变迁,就是达尔文的进化论。胡适指出,无论是中国古代,或在古代西方哲学史上"因为主张物类不变,故也把其理看作一成不变"。达尔文推翻了这种传统观念,他用大量无可辩驳的事实证明自然界的物种是进化的、变迁的。

胡适把实验主义介绍到中国,核心是立意于"变",天地在"变",真理在"变",那么从中应得出什么结论呢? 首先,胡适把矛头指向封建社会的伦理道德。"'三纲五伦'的话,古人认为真理,因为这种话在古时的宗法的社会很有点用处。但是现在时势变了,国体变了,……古时的'天经地义'现在变成废话了。"封建社会的遗老遗少们死抱旧的"经典"不放,觉得很可惜。胡适驳斥他们说:"其实还有什么可惜? 衣服破了,该换新的;……这是平常的道理",用不着去为旧的东西

---

① 《不朽》,《胡适文存》卷4。
② 《科学与人生观序》,《胡适文存2集》卷2。
③ 《实验主义》,《胡适文存》卷2。

"开追悼会"。① 在中国,"不说别的,试看一个'忠'字,一个'节'字害死了多少中国人!"②因此,那"黑暗无人道的制度"不但要改变,而且能改变。其次,应唤起人们"一种知识上的责任心"。在胡适看来,天下既然没有永久不变的,绝对存在的"道"哪,"理"哪,那么我们也就不必死守着它,不敢越雷池一步。"一切主义,一切学理,都该研究,但是只可认作一些假设的见解,不可认作天经地义的信条;只可认作参考印证的材料,不可奉为金科玉律的宗教;只可用作启发心思的工具,切不可用作蒙蔽聪明,停止思想的绝对真理。"只有这样,"方才可以渐渐养成人类的创造的思想方法。"③在胡适看来,如果一个国家、一个民族的人民因循守旧、愚昧无知、顽固不化,那么国家的复兴是没有希望的。再次,既然物种在变,世界在变,胡适就主张每个人都应有进取心,要奋斗而造就事业、拯救世界。他反对那种"不以人易天"的懒人哲学;他嘲笑"那些退缩的懦夫,那些静望派的懦夫"。胡适把建立在实验主义哲学之上的人生哲学,叫做"创造的人生观",又称之为改良主义。"这种人生观也不是悲观的厌世主义,也不是乐观的乐天主义。乃是一种创造的'淑世主义'。世界的拯救不是不可能的,也不是我们笼着手,抬起头就可以望得到的。世界的拯救是可以做得到的,但是须要我们各人尽力做去。我们尽一分的力,世界的拯救就提早一分。世界是一点一滴一分一毫的长成的,但是这一点一滴一分一毫全靠着你和我和他的努力贡献。"④因此,胡适勉励青年人,国家和民族的命运,乃至世界的关键全在我们自己手里,可谓是"任重而道远"。绝不可消极颓废,万不能放下这绝重大的担子,应该振作一番,用手和脑去抗争。

胡适的这些主张在当时有不可否认的进步作用,但从本质上来看,则是同马克思主义根本对立的。拿实验主义的真理论来说吧,它根据自然科学的发展,指出每一个科学真理都是有相对性,因而不是永恒不变的。这是含有合理的因素的。但是,人们往往从科学进步本身产生出反动的意向,胡适就是这样从相对主义走向了主观唯心主义。他认为,认识既然具有相对性,那么,一切真理都不过是"人造的最方便的假设","科学律例是人造的","我们所谓真理,原不过是人造

---

① 《实验主义》,《胡适文存》卷 2。
② 《问题与主义》,《胡适文存》卷 2。
③ 同上。
④ 《实验主义》,《胡适文存》卷 2。

的一种工具";客观真理是没有的,绝对真理"是没有凭据的,是不能证实的"。①

胡适从主观真理论出发,虽然要求变革当时的现实,却是唯心地发挥了人的主观能动作用,以致得出结论:"实在是一个很服从的女孩子,他百依百顺的由我们替他涂抹起来,装扮起来。"②再看胡适的进化论思想。他虽然十分崇拜达尔文,但并非完全懂得达尔文进化论的科学意义。第一,他混淆社会和生物这两个不同物质运动形式的界限,妄图用生物进化理论来说明社会现象;第二,胡适说,"实验主义从达尔文主义出发,故只承认一点一滴的不断的改进是真实可靠的进化"③,不承认有什么"社会根本改造"。他不仅完全否认了质变和飞跃,走到了庸俗进化论,并且以此来反对马克思主义的阶级斗争理论。随着历史车轮的滚滚向前,随着中国人民革命斗争的蓬勃展开,胡适仍旧顽固地抱着它不放,这就必然使进化论在五四时期所具有的历史进步作用丧失殆尽,滚向抵制人民革命的深渊。

第三,倡导方法论的研究。

胡适常说,"中国人(其实不单是中国人)有一个大毛病,这病有两种病症:一方面是'目的热',一方面是'方法盲'。"④所谓"方法盲",即不管实行的方法如何。胡适当时指出要克服"方法盲",倡导对方法论的研究,无疑是有进步作用的。照胡适的解释,实验主义就是"注重方法论"。五四时期的进步知识分子提出了变封建落后、任他人宰割的旧中国为富强昌盛之新中国的任务,打出了科学的旗帜。如何才能达到呢?在这里,方法的问题就严重地摆在面前。不解决方法问题,任务也只能是瞎说一顿。

胡适倡导了方法论之研究,并把实验主义那一套介绍到中国。从本质上来看,由于方法论是由世界观决定的,因而胡适所推荐之种种"科学方法",并非真正的科学。但细细加以分析,却也不失有一些合理的因素。胡适提出,科学的方法就是"大胆地假设,小心地求证"。这个方法是:"细心搜求事实,大胆提出假设,再细心求实证。"如果再分得细一点,则可"分作五步来说:(一)疑难的境地;(二)指出疑难之点究竟在什么地方;(三)假定种种解决疑难的方法;(四)把每种假定所涵的结果,一一想出来,看那一个假定能够解决困难;(五)证实这种

---

① 《实验主义》,《胡适文存》卷2。
② 同上。
③ 《介绍我自己的思想》,《胡适选集·序言》。
④ 《问题与主义》,《胡适文存》卷2。

解决使人信用;或证明这种解决的谬误,使人不信用。"①如果抛弃实验主义主观唯心论的体系,把这个方法论的叙述加以改造,那么确实是有可取之处的:疑难是科学研究的起点,怀疑是求得真知的第一步;提出和验证假设是科学发展的一种重要途径;做学问、研究问题都必须细心、认真,要有"实验室的态度"。胡适又提出,科学的方法就是"实验的方法"。这种方法至少要求注重三件事:"(一)从具体的事实与境地下手;(二)一切学说理想,一切知识,都只是待证的假设,并非天经地义;(三)一切学说与理想都须用实行来试验过,实验是真理的唯一试金石。"②这里,第一件提出了要注意具体的境地,是很可取的。第二件把一切学理都看成主观假设,当然是错误的,但也包含着可以解放许多"古人的奴隶"的积极作用。第三件提倡一切都要通过实验,很明显是对那种"上天下地的妄想冥思"的"稍稍限制"。是教人不要去盲从那些没有充分证据的东西。当然,对于"实验是真理的唯一试金石"这类与辩证唯物论说法相近的话,仍是需要严格加以区分的,决不可与实践是检验真理的标准这个马克思主义的根本原则同日而语。胡适还指出,科学的方法就是"历史的方法",也即杜威所说的"祖孙的方法"。"他从来不把一个制度或学说看作是一个孤立的东西,总把它看作一个中段:一头是他所以发生的原因,一头是他自己发生的效果;上头有他的祖父,下面有他的子孙",③他把真理看成是"历史的","注重点在于真理如何发生,如何得来,如何成为公认的真理。真理并不是天上掉下来的,也不是人胎里带出来的"。④ 这里面包含的积极贡献是:要历史地看问题。对于任何一种制度或学说都应了解发生的原因、所处的历史背景,从而方能了解其在历史上的地位和价值,而不致于过分的苛责;同时,又要求人们处处拿一种学说或制度所发生的结果来评判他本身的价值,因而这种方法又是带有进步性的。诚如胡适所说:"这种方法是一切带有评判精神的运动的一个重要的武器。"⑤

胡适虽然倡导了方法论研究,唤起了人们的注重,并有一系列合理的部分,但它是主观唯心主义的,不能正确地反映客观世界,故从整体来看,也不是科学的方法论,其致命的弱点是,否定世界的物质性和否定规律的客观性。在实验主

---

① 《实验主义》,《胡适文存》卷 2。
② 《杜威先生与中国》,《胡适文存》卷 2。
③ 同上。
④ 《实验主义》,《胡适文存》卷 2。
⑤ 《杜威先生与中国》,《胡适文存》卷 2。

义看来,不是自然界把规律给予人,倒是人把规律给予自然界。这样,方法论就变成了没有客观依据的主观的东西。五四运动以后,随着胡适政治上的逐步堕落而走向反动,他那套主观唯心主义的哲学体系也越来越窒息了方法论中的合理因素。

第四,提出了求实的精神。

五四时期曾经爆发过一场关于"问题与主义"的大讨论。1930年胡适在《介绍我自己的思想》中明白地说,他参与这场"问题与主义"的论争,是为了要叫人"不受人惑"。"被孔丘、朱熹牵着鼻子走,固然不算高明;被马克思列宁斯大林牵着鼻子走,也算不得好汉。"①胡适当时的立场是:一方面,对于马克思主义传播到中国,他本能地感到不妙,说是中国人得上了"目的热"病,他要用实验主义来阻挡马克思主义的传播。对此,李大钊同志立即撰文,据理反驳,明确指出,马克思主义的流行,"实在是世界文化上一大变动"②。另一方面,胡适又反对传统的孔孟之道,反对吃人的礼教,拥护"打倒孔家店"。这里包含的合理因素,就是一种求实的精神。

胡适认为,研究问题要从实际的现实出发。即"从具体的事实与境地下手","凡是有价值的思想,都是从这个那个具体的问题下手的"。胡适主张,一切学理和主义都需有现实的内容,反对空谈名词概念,"我所攻击的'抽象的主义',乃是指那些空空荡荡,没有具体的内容的全称名词",玩弄概念无异于原始人类的"名字的魔术"。胡适提出,"主义"要解决"问题"。世界上问题有大有小,但一切大小问题都是有内容的。大问题与其说是更抽象,宁可说是更复杂一些,内容更丰富一些,因此研究的时候就需先作分析,然后综合起来,求得解决的办法。胡适反对"不根据事实的,不从研究问题下手的抄袭成文的主义",认为从国外输入学理,都"应该注意那发生这种学说的时势情形","应该注意'论主'的生平事实和他所受的学术影响","应该注意每种学说已经发生的效果"。③ 胡适还认为,一切学说都必须经过实验的证明。方能确定它的真理性,世界上没有任何作为无需求证的天经地义的绝对真理。"思想起于应用,终于应用",实验主义要求把任何主义、学理都"一个一个的'现兑'做人生经验",即"从通则移到事实,从范畴移到效果",在实际中看它究竟有没有意义。只有有用的思想,才配得上真理之美

---

① 《胡适选集·序言》。
② 《李大钊选集》,第232页。
③ 《问题与主义》,《胡适文存》卷2。

名。胡适这些主张里,带有浓厚的经验唯物论的色彩。他作为一个启蒙思想家,对于"神秘性"和"愚昧"采取了不协调的态度。他反对将主义抽象化。因为推崇抽象的教条,乃是宗教迷信的一种新形态,只能使人愚昧。正因为如此,在当时的那场讨论中,李大钊同志是肯定了胡适的求实精神的。李大钊坚持"求真"与"有用"的统一,而不是一般的反对"有用"。他说,"凡是一种学问,或是一种知识,必于人生有用,才是真的学问,真的知识,否则不能说他是学问,或是知识"。①

这里,我们说胡适有求实的精神,给予适当的肯定,绝不是肯定他那个"多研究些问题,少谈些主义"的口号。这个口号有着对抗马克思主义,鼓吹改良主义的顽固的资产阶级偏见。对此李大钊同志当时就予以点明了。即使从哲学理论上来看,胡适所说的"具体"、"事实"、"实用"和"效果",也是同马克思主义有本质区别的,需要加以比较说明,切不可混淆不清。第一,我们讲理论与实际相统一,是建立在马克思主义革命的能动的反映论之上的。我们认为,研究问题和宣传主义,两者是相互联系不可分割的。主义譬如一面旗子,旗子树起了,大家才有所希望。研究问题,必须以主义为指导;中国社会问题的解决,必须以马克思主义为指导,而胡适把"主义"和"问题"截然割裂开来,对立起来,带有强烈的反理性主义。我们反对空洞的抽象,但是我们认为,人的认识不能停留于经验,必须把感性材料加以整理改造,上升为理性认识。正如列宁所说:"一切科学的(正确的、郑重的、不是荒唐的)抽象,都更深刻、更正确、更完全地反映着自然。"②胡适由于不懂得这个道理,所以看社会问题总是停留于现象,抓不住本质;而所提出的治国的办法,也只能是点点滴滴的改良,根本否认改变社会本质之必要。第二,实验主义虽然也借用实践一词,但它根本否认实践的社会性和客观性,否认只有千百万群众的实践才是检验真理的唯一标准。同样马克思主义也讲"有用",但坚持唯物主义的认识路线,"认识只有在它反映不以人的意志为转移的客观真理时,才能成为对人类有机体有用的认识,成为对人的实践、生命的保存、种的保存有用的认识。在唯物主义者看来,人类实践的'成功'证明着我们的表象和我们所感知的事物的客观本性的符合。在唯我论者看来,'成功'是我在实践中所需要的一切,而实践是可以同认识论分开来考察的"③。胡适的"有用即真理",就是一种唯我论者的真理论。

---

① 李大钊:《史学要论》。
② 《列宁全集》第 38 卷,第 181 页。
③ 《列宁选集》第 2 卷,第 139 页。

四

　　我们马克思主义者是历史主义者,不能割断历史。凡是在历史上对人类的思想文化的发展起过作用,有过影响的人物,我们都应该加以历史的分析和总结。毛泽东同志曾经说过,在五四时期,"我特别爱好胡适、陈独秀的文章,他们代替了梁启超和康有为,一时成了我的模范。"[①]可见,胡适的思想在五四时期的影响是巨大的。我们应该加以认真的研究和总结,作出实事求是的历史唯物主义的评价。

　　事物都是一分为二的,胡适也是这样。五四运动以后,他在政治思想上逐步走向反对马列主义,反对中国共产党,为反动派反共反人民的政治路线效劳,在中国近现代历史的发展过程中起着阻碍和破坏的作用。因此,我们对他进行批判是完全必要的。但是,批判是"扬弃",不是简单地否定一切,这就还要研究胡适在五四运动时,作为中国民族资产阶级的学者,为什么能够影响一代人,形成一种时代的意识?以后他又为什么会离开民族资产阶级的立场,追随国民党反动派?找出其中的原因,总结出历史的经验和教训。看看对社会主义革命和建设有什么可供参考的东西。我们认为,应该提倡用历史唯物主义态度分析和研究问题。

　　用历史唯物主义态度分析和研究问题,就是要求把社会问题提到一定的历史范围之内,要估计到在同一历史时代这个国家不同于其他各个国家的具体特点。列宁说:"马克思的方法首先是考虑具体时间、具体环境里的历史过程的客观内容,以便首先了解,在这个具体环境里,哪一个阶级的运动是可能推动社会进步的主要动力。"[②]这就是说,对每一个社会问题,不同的时代具有不同的性质,即使同一时代在不同的国家,也可能具有不同的情况,不能一概而论,要作具体分析。用这个观点来看问题,虽然就世界范围来讲,1831年已经爆发了法国里昂工人的武装起义,它宣告无产阶级作为独立的政治力量登上了世界历史舞台。可是,在东方的中国,直到1840年的鸦片战争,仍然处在闭关自守的封建社会。从鸦片战争直到五四运动,中国社会内部的主要矛盾是新兴资产阶级和封建统治阶级的矛盾。正是这个矛盾,推动着中国社会的前进。资产阶级在当时

---

① 见斯诺:《西行漫记》,第118页。
② 《列宁全集》第21卷,第121页。

的中国是新兴的阶级,因而是生气勃勃的。孙中山就是这个新兴阶级的杰出代表。五四运动时期还十分年轻的胡适,也是以中国新兴的民族资产阶级的思想文化代表的身份登上历史舞台的。在当时的思想文化战线上,存在着新学与旧学、学校与科举的斗争,这些斗争就阶级性质而言,属于资产阶级的新文化与封建阶级旧文化的斗争。胡适在思想文化战线上,主张打倒孔教,学习西方的民主和科学,提倡白话文,这无疑是反映了新兴资产阶级的利益,符合历史的潮流,具有进步意义。

当然,胡适作为资产阶级的思想代表,在学习西方时,不可能有马克思主义的批判精神。他使用的方法是形而上学的。尽管他反对过旧八股、旧教条,主张科学与民主。但是,他对于现状、对于历史、对于外国的事物,缺少分析,坏就是绝对的坏,一切皆坏;好就是绝对的好,一切皆好。毛泽东同志说:五四运动时"这种形式主义地看问题的方法,就影响了后来这个运动的发展。五四运动的发展,分成了两个潮流,一部分人继承了五四运动的科学和民主的精神,并在马克思主义的基础上加以改造,这就是共产党人和若干党外马克思主义者所做的工作。另一部分人则走到资产阶级的道路上去,是形式主义向右的发展。"①胡适就是形式主义向右的发展的典型代表。

吴玉章同志在讲到五四运动中两条路线斗争时说:"五四新文化运动的发展,有两条不同的路线在发展着、斗争着。到现在:一个是成功了;一个是失败了。这是合于历史发展的规律的。这两条路线各有它的思想、理论、政治观点、政治制度。因为在当时它们都是新时代和中国新兴阶级的产物,表面上都是反帝反封建的,因而使人难于辨别是非,认识它们的好坏。其实这两条路线。一个是革命的,一个是改良主义的;一个是代表无产阶级的,一个是代表资产阶级的;一个是马列主义的,一个是实验主义的;宣传马列主义最早最有力的是李大钊同志,宣传杜威实验主义最早最有力的是胡适。"②实验主义哲学植根于美国社会。它随美国社会的变化而变化。美国在第二次世界大战后出现过短暂的繁荣时期,发展成为世界帝国主义垄断的堡垒。胡适长期受美国垄断资产阶级教养,同它有千丝万缕的联系,在政治上也随着美国国际地位的变化而日趋反动。在国内,由于中国民族资产阶级的软弱,其右翼在帝国主义卵翼下,同封建势力相结

---

① 《毛泽东选集》,第789页。
② 《纪念五四运动三十周年应有的认识》。

合,发展成为官僚买办资产阶级。同这种变化相适应,最初代表民族资产阶级的胡适,也就由原来反帝反封建的中国民族资产阶级思想代表,转化为半封建半殖民地中国的大地主、大资产阶级反共反人民政治路线的走卒。这是胡适在五四运动后政治道路发展的必然结局!

(原载《纪念五四运动六十周年学术讨论会文选》,1980年社会科学出版社出版)

回忆早年阅读胡适《中国哲学史大纲》

听前辈人说：在辛亥革命前后，最流行的一本书是《天演论》。当时在封建愚昧的气氛笼罩下，《天演论》开阔了人们的眼界，发现世界是进化的，都感到非常新奇。在五四运动期间，据我所知，胡适《中国哲学史大纲》是最流行的一本书，当时影响很大。

胡适《中国哲学史大纲》是中国最早使用白话文体的一部学术著作，列为"北京大学丛书"之一，由商务印书馆出版。当时商务印书馆正出版林琴南用古文翻译的外国小说《茶花女》等，有名一时。当蔡元培为胡适写成《中国哲学史大纲序》，并将该书介绍给商务印书馆时，商务印书馆感到用白话来阐述古代典籍，有些不伦不类，但又碍于蔡元培的面子，就送了30元的稿费把稿子搁下来了。胡适没有接受稿费，要求出版后再说。商务只好在1919年2月把书印了出来。哪知一经出版，便风行一时。

五四运动时期，我正在北京正志中学读书。这个学校当时在北京很有名气，其所以有名，因为（一）它是段祺瑞的心腹徐树铮创办的。（二）它模仿第一次大战前德国的学制，实行军事国民教育。（三）当代古文大师林琴南是正教务长，桐城派古文大家姚鼐的后人姚永概是副教务长。我13岁离开农村，进入学校接受教育，由于我太幼稚了，我简直听不懂他们讲的是什么。有一天我买到一本胡适《中国哲学史大纲》，从目录我知道书中讲的是古人古书，又是白话，我想这书一定可以有助于我的课堂学习。哪知看下去时，就不对了。胡适说："大凡一种学说，决不是劈空从天上掉下来的。我们如果能仔细研究，定可寻出那种学说有许多前因，有许多后果。"我当时看了，暗自吃惊。我想我们的林教务长、姚教务长不都是口口声声说，圣人是天生的么？怎么又提出"决不是劈空从天上掉下来的"问题呢？胡适还说，"这个前因，所含不止一事。第一是那时代政治社会的状态。第二是那时代的思想潮流。""这两事又是互相为因果的。有时是先有那时势，才生出那思潮来；有了那种思潮，时势受了思潮的影响，一定有大变动；所以时势生思潮,思潮又生时势,时势又生新思潮。"我看了又惊又喜,心想我们全国闻名的林教务长、姚教务长从春秋左传到唐宋八大家讲了一大堆,怎么就没有说清孔子的学说是怎样产生的呢?难道孔子的思想真的是从天上掉下来的么!我怀疑了,我感到自己有些会用思想了,我非常高兴,我拿着胡适的书,问了这个同学,又问那个同学,说:"你知道学说是怎样产生的么?"同学都说我发疯了。当日的情况,如今记忆犹新。这是我读胡适《中国哲学史大纲》留下的第一个印象。

第二个印象是:当时林琴南给我们讲"修身"课,说明"自天子以至于庶人,一是以修身为本"。姚永概给我们讲"我师录",即圣贤嘉言钞,同样是说明在家要孝,做人要守礼。同学都很年轻,头脑是一张白纸,由于他们的熏染,影响很深,因此同学之中常常出现孝子嘉行之类的事情。我的一个同班同学,他的父亲病了,经久不愈,他就仿效古人"割股"的办法,从自己腿上割了一块肉,烧汤给他父亲吃,他父亲把他的肉吃下去了,结果还是死了。这事情在我们同学中引起很大刺激,不知怎样理解才好。胡适在他的《大纲》中指出:儒家"孝的人生哲学,要人尽孝道,要人做一个儿子",而不是做一个人,"把个人埋没在家庭伦理里面了",成为"孝的宗教"的牺牲品。我想我接受了不少的封建伦理教育,但是我还不知道我是"孝的宗教"迷信的信奉者。我联系到同班同学的事迹以及我自己在家庭中不合理的遭遇,我从封建伦说教者接受的理论全部解体了,我不由得重复鲁迅的话喊道:"没有吃过人的孩子,或者还有?救救孩子……"

第三个印象是:胡适在他的《大纲》中很强调变化的观点。他把这个观点叫做"明变",这对于我这个已经具有"天不变,道亦不变"的头脑来说,在当时也是一个很好的教育。胡适在《导言》中谈到哲学的演变时说:"……欧洲到了再生时代(即文艺复兴时代),昌明古希腊的文学哲学,故能推翻中古经院哲学的势力,产生近世的欧洲文化。我们中国到了这个古学昌明的时代(指清代汉学家考据时代),不但有古书可读,又恰当西洋学术思想输入的时代,……我们今日的学术思想,有这两个大源头:一方面是汉学家传给我们的古书;一方面是西洋的新旧学说。这两大潮流汇合以后,中国若不能产生一种中国的新哲学,那就真是辜负了这个好机会了。"胡适不把他的思想局限在"实用主义"的框框之中,在轰轰烈烈的五四新文化运动时代,他不自觉地流露出了若干唯物的观点,并希望产生一种中国的新哲学(又名世界将来的哲学),这对我当时是一个很大的鼓舞。我抱着同样的希望,我觉得我们应当朝着这个方向前进,探索各种学说,去发现世界将来的哲学。我终于找到了马克思主义哲学,它正通过曲折的道路,发展成为世界人民的灵魂。我追溯自己的思想发展,应该说,这是和当时胡适《中国哲学史大纲》对我的影响分不开的。我认为,胡适的这本著作,直到今天,仍是学习中国哲学史值得参考的一本书。

当然,从整体说来,胡适在哲学上究竟是一个实用主义者,他的观点没有超出资产阶级意识的范围,他既没有分清唯物论和唯心论两条哲学基本路线的斗争,也没有认识到哲学发展同阶级对立的深刻联系。因此,我们读这本书时,不成问题应该只能批判地去理解。

(原载《书林》1980 年第 3 期)

中国民主革命的先驱孙中山先生的哲学思想

一

孙中山(公元1866—1925年),名文,字逸仙,广东香山县(今中山县)人。香山邻近广州港口。这是外国侵略者首先向中国输入商品,贩卖鸦片,用兵舰、大炮屠杀中国人民,打破中国闭关自守的港口;也是三元里的人民奋起向外国侵略者作殊死战斗,太平天国革命运动的领导者洪秀全等从事早期革命活动的地方。就在这个作为近代中国民族斗争和阶级斗争的战场,孙中山开始了自己的革命活动。

孙中山在近代最先提出了比较完整的民主主义革命的政治纲领。作为杰出的革命民主主义者,他不仅是中国旧民主主义革命的领导者和组织者,而且在中国共产党的帮助下,晚年还成为新民主主义革命的同情者。

孙中山出身在农民家庭。自幼受到我国人民革命传统的熏陶,后来他谈到洪秀全时,常称赞他为反清第一英雄。13岁跟他哥哥到檀香山读书。18岁回到中国,在广州博济医院读书,又转到香港西医书院(雅丽医学校)学习。在那里孙中山接触到了近代的科学知识、西方的物质文明和政治制度,特别爱读《法国革命史》和达尔文的《物种起源》。他接触到许多受帝国主义压迫的华侨群众和秘密组织的会党分子,在华侨"深望母国能革除专制"以及会党分子"反清复明"的民族主义思想的影响下,对祖国的现状深感不满,决心向西方寻找真理,改造中国。

1894年孙中山上书给李鸿章,提出了自己对当时的政治经济进行改革的主张,将"人能尽其材,地能尽其利,物能尽其用,货能畅其流"当作是"治国"、"富强"的根本。但是,他的意见并没有得到李鸿章的赏识。孙中山渐渐认识到:改良主义的"请愿""上书"的办法是完全没有用的。"现在的中国政府绝对没有能力进行任何改造,任何改革,所以只能消灭它们,而不能改造它们"。① 就在这年秋天,孙中山在檀香山联络和组织了二十余名爱国华侨,成立了中国最早的资产阶级革命团体——兴中会。1895 年孙中山在兴中会总部的入会誓词中,更提出了"驱逐鞑虏,恢复中华,创立合众政府"的要求,这是中国人民第一次提出了推翻清王朝,建立资产阶级民主共和国的革命主张。甲午战争中国失败,清朝政府签订了丧权辱国的"马关条约",激起全国人民的愤慨。孙中山在广州发动了武装起义。义和团运动在北方兴起,孙中山又在惠州发动了第二次武装起义。此后孙中山连续发动了将近十次起义。这些起义虽然失败,但是孙中山从一般的要求改革发展到举行武装起义,并同改良派展开激烈斗争,表现了他决心把当时中国人民的民族民主斗争引导到新的革命的道路。

  1905 年,孙中山为了把分散的革命团体结合起来,以便集中力量,反对清朝的罪恶统治,去破改良主义(君主立宪派)对于人民的欺骗和蛊惑,他在东京把国内几个有力量的革命团体:兴中会、华兴会、光复会、日知会等组成了统一的革命政党——中国同盟会,出版了它的机关报——《民报》。孙中山被选为总理。在同盟会的宣言中,孙中山明白地提出了"驱除鞑虏,恢复中华,建立民国,平均地权"的政治纲领。这个纲领是中国历史上从来不曾有过的新纲领。他不是简单地要求"反清复明",另建朝代,而是要用革命的方法推翻清朝的专制统治,建立一个资产阶级的民主共和国。孙中山用建立民主共和国的纲领来号召反清,这是不同于以前一切运动的一个伟大进步。他没有停止在单纯民族主义的观点上,提出了民权主义和民生主义,他认为:"照现在这样的政治看起来,就算汉人为君主,也不能不革命"。② 因此,他要推翻封建制度的上层建筑,要改变封建制度的经济基础。但他不是简单地摹仿西方资本主义,孙中山看到"西方资产阶级已经腐化了",已经面临着无产阶级革命运动的高涨。他承认西方无产阶级要求革命的正义性,并且恳切地同情中国劳动人民的悲惨命运。他说:"资本家者,以压抑平民为本分者也,对于人民之痛苦,全然不负责者也,一言以蔽之:资本家者,无良心者也"。③ 他想在他所建立的民主共和国中,避免西方"文明的恶果",这就是他的民生主义。虽然民生主义的实质不过是把反封建的平均地权的主张作为内容,如列宁所说这乃是幻想预防资本主义发展的一种民粹主义思想,但是

---

① 《不可思议的神话》。
② 《孙中山选集》(上卷),第 75 页。
③ 同上书,第 95 页。

孙中山能够承认欧美资本主义的腐朽，同情人民大众的疾苦，企图避免西方"文明的恶果"，这种思想也在一定程度上表现了孙中山的崇高的革命理想。

孙中山在同盟会的机关报——《民报》发刊辞中正式提出实行民族、民权、民生的三民主义的号召，又在 1906 年解释了这一民主革命的纲领，他说："我们革命的目的，是谋中国的幸福。因不愿少数满洲人专制，故要民族革命；不愿君主一人专制，故要政治革命；不愿少数富人专制，故要社会革命。"[①] 对于这个纲领，列宁给予高度评价，指出："孙中山纲领的每一行都渗透了战斗的、真诚的民主主义。它充分认识到'种族'革命的不足，丝毫没有对政治表示冷淡，甚至丝毫没有忽视政治自由或容许中国专制制度与中国'社会改革'、中国立宪改革等等并存的思想。这是带有建立共和制度要求的完整的民主主义。它直接提出群众生活状况及群众斗争问题，热烈地同情被剥削劳动者，相信他们是正义的和有力量的。"[②]

孙中山的这一政治纲领，奠定了中国旧民主主义革命的理论基础。在这一纲领的指导下，从 1905 年到 1909 年，革命派同改良派（保皇党）展开了激烈的论战，结果不仅团结了广大的革命群众，而且使不少同情康、梁的人也转移到革命方面来了。因此，毛泽东同志在《青年运动的方向》一文中说："中国反帝反封建的资产阶级民主革命，正规说来，是从孙中山先生开始的"。1911 年辛亥革命的胜利，正是孙中山这一政治纲领深入人心的表现。

辛亥革命不仅在于推翻了清朝的统治，而更重要的是从此结束了统治中国两千多年的封建君主专制制度。这是它胜利的一面。但是，辛亥革命并没有完成中国资产阶级民主革命的任务。当时在中国，帝国主义和封建主义的势力还很强大，而资产阶级改良派则到处进行破坏活动。同时，处于半殖民地、半封建环境下的民族资产阶级的力量还很软弱，无产阶级还没有独立登上政治舞台，农民也缺乏自觉的斗争，这就造成了辛亥革命后的形势混乱，革命走着曲折的道路。

首先是袁世凯篡夺了当时的革命领导权，1912 年 3 月代替孙中山接任总统，废除了孙中山所拟定并经参议院通过的"中华民国临时约法"，实行军阀独裁。在这股反民主共和的复辟倒退逆流情势下，同盟会也发生了很大的变化。

---

① 《孙中山选集》（上卷），第 79 页。
② 《列宁选集》第 2 卷，第 424 页。

有的人认为革命已经大功告成，或者出国留学，或者回到书斋准备做"学者"去了；有的人醉心于"议会"政治，追逐官禄；有的人则被反动派腐蚀，与康、梁保皇党同流合污，干脆充当袁世凯的走狗。总之，革命派经不起反动势力的分化与瓦解，在思想上组织上陷于一片混乱。在这时候，孙中山面对反动逆流，巍然屹立，继续同恶势力进行战斗。他积极发动"讨袁"，号召第二次革命。袁世凯死后，他又号召"护法"，为从北洋军阀手中夺回辛亥革命的果实，他进行了不屈不挠的斗争。在这时候，孙中山屡遭失败，备尝艰苦，陷于极度的困难。但是，他并不灰心气馁，仍然坚持革命主张，在坎坷不平的道路上摸索前进。

"十月革命一声炮响，给我们送来了马克思列宁主义"。中国先进的知识分子热诚地欢迎科学社会主义。1919年爆发了五四爱国运动，中国工人阶级登上了政治舞台，成为中国革命的领导阶级。1921年中国共产党成立，工人运动、农民运动和学生运动汹涌澎湃地发展起来了。中国革命从此进到了一个新的阶段——新民主主义革命阶段。它已经不再属于旧的世界资产阶级民主主义革命范畴了，而成为世界无产阶级社会主义革命的一部分，中国革命的面貌因此发生了巨大的变化。在这些事实面前，一切反动派憎恨、诅咒，害怕得发抖。但是孙中山从十月革命得到极大的鼓舞，他发表"知难行易"学说，鼓励革命党人坚持斗争。他重新审查了革命的过去，觉悟到要中国革命得到胜利，必须"以俄为师"，"唤起民众"，建立一个包括民族资产阶级、城市小资产阶级以及广大工农群众在内的有广泛社会基础的革命联盟。由向西方寻找救国救民的真理，转而向苏俄学习，这是孙中山对于中国革命认识的一个大转变。根据这个认识，孙中山在列宁领导的第三国际的关怀下，在中国共产党的直接帮助下，决定采取联俄、联共和扶助农工三大政策，改组国民党为各革命阶级的联盟。为了实现这些新政策，孙中山对他所创造的旧三民主义重新作了解释：民族主义以反对帝国主义侵略为主要内容，民权主义就是建立为平民所共有的民主制度，民生主义就是实行"耕者有其田"和"节制资本"。孙中山依靠中国共产党和革命人民的坚决支持，断然地，不顾一切恶势力的反对而走上了争取中国民主革命彻底胜利的道路。

孙中山是伟大的民主革命先行者，永远值得中国人民纪念和学习。毛泽东同志在《纪念孙中山先生》一文中说：

"纪念伟大的革命先行者孙中山先生！

纪念他在中国民主革命准备时期，以鲜明的中国革命民主派立场，同中国改良派作了尖锐的斗争。他在这一场斗争中是中国革命民主派的旗帜。

纪念他在辛亥革命时期,领导人民推翻帝制,建立共和国的丰功伟绩。

纪念他在第一次国共合作时期,把旧三民主义发展为新三民主义的丰功伟绩。"

二

孙中山以西方近代机械唯物主义和自然科学理论为基础,继承了我国历史上主张变革和前进的思想,确立了自己宇宙进化论的自然观,成为他进行资产阶级革命的重要理论武器。

长期的封建社会中,"天不变,道亦不变"的形而上学世界观,严重禁锢着人们的头脑,摇摇欲坠的清朝封建统治者,更是借此维护自己的统治。因此,在我国旧民主主义革命时期,中国资产阶级的革命派和改良派,都曾提倡"变"的思想,反对"不变"论,要求改变二千余年的腐朽封建制度。但是,由于二者的政治基础不同,因此,各自所主张的"变"的思想,有着原则区别。孙中山主张"变",就要革命,就要推翻封建君主政体,建立民主共和国,所以,他赞成"突变",反对改良派"渐进"改良的荒谬理论。康有为一伙改良派,则是以庸俗进化论和"中庸之道"为根据,他们赞成"变",只是承认量变,绝对否认突变。康有为说:"进化有渐进,……欲骤变而不能也"。(《论语注》)他们的"变",是要改良,即在不触动封建专制制度的前提下,实行君主立宪,反对彻底改变君主政体。因而,戊戌变法失败后,当革命派兴起之时,他们就很自然地投向封建势力的怀抱,从改良走向保皇,从不彻底的承认量变走向根本反对变革。康、梁改良主义路线的理论基础,实质上同"天不变,道亦不变"的封建教条一样,同属形而上学的世界观。

对于这种形而上学的世界观,孙中山以宇宙进化论为武器,展开了猛烈批判。他非常推崇达尔文的进化论,认为:"自达尔文之书出后,则进化之学,一旦豁然开朗,大放光明,而世界思想为之一变。从此,各种学术皆依归于进化矣"。[①] 列宁曾经指出:"达尔文推翻了那种把植物种看做彼此毫无关系的、偶然的、'神造的'、不变的东西的观点"。[②] 在大量事实材料的基础上,达尔文论证了生物界是不断进化发展的,推翻了"物种不变"的形而上学观点;论证了物种变异是生物界在"生存斗争"中,"自然选择"的结果,否定了唯心主义的"神创"论。孙

[①] 《孙中山选集》(上卷),第141页。
[②] 《列宁全集》第1卷,第122页。

中山赞同这一学说,认为,整个宇宙都是一个进化过程,"天地万物皆由进化而成",没有万古不变的东西,也没有僵死的不可逾越的界限,无机体可跃变为有机体,而"所谓元素者,更有元素以成之,元子(原子)者,更有元子以成之"①。总之,世界发展一层深似一层,一步进似一步。所以,进化是不可抗拒的自然规律,是"自然之道"。根据这一思想,他豪迈地说:"世界潮流浩浩荡荡,顺之者昌,逆之者亡"。他认为,清朝政权"正迅速地走向死亡",封建制度定将被埋葬,民主革命一定会成功。

在当时,不批判康、梁改良理论,就无法批倒"天不变,道亦不变"的僵死教条。孙中山不仅在政治上坚决和保皇党划清界限,"决分两途",而且在哲学上提出了"突驾"的理论,以主张突变的革命进化论反对否认突变的庸俗进化论。孙中山在阐述革命发展前途时提出,中国不仅要和欧美资本主义各国"并驾齐驱",而且要"突驾",实行跃进,超过西方。他说,中国人要奋斗十年二十年,以"异常之速度",实行突变,赶上落后于西方资本主义两百余年的差距,做到"后来者居上"②。他反复强调以"异常之速度"、"变本加厉"地干,实现"后来居上",是人类进化的"公理",坚决反对康、梁一伙不承认"骤变"、鼓吹只能"渐渐更新物",而把实现民主共和制度推向遥远的将来的谬论。孙中山认为凡事都应该提倡推陈出新、"破天荒"才对,批驳保皇派关于"中国不能躐等而为共和"的主张是"反夫进化之公理"。康、梁一伙死守中庸之道,反对超越僵死的君主制界限,坚持"次序井然"地实行君主立宪制,孙中山气愤地斥责他们为天下最愚蠢的人。孙中山批判改良主义路线的一系列论述,闪耀着辩证法思想的光辉。他对于形而上学世界观所进行的批判,在当时,有着极大的进步意义。

但是,孙中山并未能深入掌握辩证法的实质。马克思主义认为,对立统一规律是宇宙发展的根本规律。孙中山受其资产阶级立场的限制,没有能自觉接受辩证唯物论作为自己世界观的基础。因此,当他运用进化论来阐述他的自然观时,常犯形而上学方法论的毛病,对唯物主义路线若即若离,陷入二元论或唯心论。这是他的哲学思想中一个明显的缺点。

孙中山把世界的经历(即进化过程)分做三个时期。他说:"元始之时,太极(此用以译西名伊太也)动而生电子,电子凝而成元素,元素合而成为物质,物质

---

① 《孙中山选集》(上卷),第140页。
② 《孙中山选集》(下卷),第659页。

聚而成地球。此世界进化之第一时期也。"①

孙中山认为世界起源于物质,而且指出物质世界是一个长期的进化发展过程,在这里,孙中山否认了"上帝创世说",坚持了进化论。他根据当时自然科学的理论,改造了中国传统的"太极"学说,认为"太极"就是以太,赋给了世界的元始(太极)以物质的意义,这是他接近于唯物论的方面。但同时他又受到形而上学和唯心论的影响。孙中山说:"元素合而成为物质,物质聚而成地球"。他在这里所说的物质,显然不是列宁所说的"不依赖于我们的感觉而存在但为我们的感官所能感觉的客观存在",而是物理学上具有一定的重量和体积的物体,即物质的特殊的形态。正因为他的物质概念是机械唯物论的观点,所以他不敢明白地承认以太也是物质,而认为物质是在有了以太经历电子、元素等阶段之后产生出来的东西。孙中山说:"太极动而生电子,电子凝而生元素……"而且,孙中山从旧唯物论的机械观点出发,将物质和运动割裂开来,把物质都看成是机械的呆板的东西,认为没有一种原初动力就不能推动世界进化发展。孙中山把这一运动的原因归结为太极,认为有了太极,才有世界的运动和发展。孙中山不了解世界的运动发展是没有它的开端和终结的,而认为整个世界是从以太开始;不了解物质和运动是分不开的,而认为世界的运动是从"不动"过渡到"动";不了解运动是从事物本身的矛盾中产生的,而认为有一种最初的动力在推动。这都说明孙中山的自然观没有摆脱机械唯物论的形而上学观点,一方面承认有最初的物质(以太),另一方面又承认有一种不同于物质的最初的动力,这就使孙中山在说明世界起源的时候已经存在了二元论的倾向。

孙中山的世界经历三期说中的第二期是物种进化时期。他指出:"由生元之始生而至于成人,则为第二期之进化,物种由微而显,由简而繁,本物竞天择之原则,经几许优胜劣败,生存淘汰,新陈代谢,千百万年,而人类乃成。"②孙中山把细胞(生元)看做构成各种生物的基始单位,生物的发展是由低级到高级,人类也是由动物演变而来,这种理解是唯物主义的。但是孙中山对于细胞(生元)本质的理解存在着二元论倾向,即认为细胞既是物质的东西,又是精神的东西。他说:"生元(细胞)者何物也,曰其为物也,精矣、微矣、神矣、妙矣,不可思议者也。……乃有知觉灵明者也,乃有动作思为者也,乃有生意计划者也。人身结构

---

① 《孙中山选集》(上卷),第141页。
② 同上书,第141、110页。

之精妙神奇者,生元为之也。动植物状态之奇奇怪怪,不可思议者,生元之构造物也。……孟子所谓良知良能非他,即生元之知、生元之能而已"。① 孙中山承认细胞是形成生命现象的基始单位,这是科学的。他又把细胞看做是一种具有精神意志的东西,这显然是违反科学的。因为人类的精神意志是物质发展到高级阶段的产物,它是高级神经系统,即人的大脑的特殊机能。孙中山的二元论倾向,如果说在他的太极说中,由于论据不足还显得不够明显,那么,在他的"生元"说中,就表现得非常显著了。孙中山实际上承认宇宙间有两种实体,一种是物质的实体,一种是精神的实体,认为它们都是客观世界存在的基础。这从孙中山给精神下的定义就会更加明白:"至于精神定义者何?欲求精确之界限,固亦非易,然简括言之,第知凡非物质者即为精神可矣。"②孙中山认为"凡非物质者即为精神"。这就是说,精神绝不是物质的从属和产物,精神是和物质不能统一的,精神是独立于物质之外的、和物质相对立的另一种实体。这就是二元论。

孙中山也曾继承中国传统的"体"和"用"的观点,强调物质是体,精神是用,来说明物质和精神的关系,试图把两者统一起来。例如他说:"总括宇宙现象,要不外物质与精神二者,精神虽为物质之对,然实相辅为用。"然而在孙中山那里,所谓物质和精神的"相辅为用",不过是两者的联合,而不是两者的统一。其实精神只是物质的一种属性,除了在认识领域里两者是对立的以外,在任何时候精神都是统一于物质,而不是"物质之对"。孙中山把本来是从属于物质的精神,提高到同物质对等的地位,其结果就会夸大精神的作用,削弱物质的意义。例如他说:"人有精神之用,非专恃物之体",精神不一定从属于物质,而且,"用既失,而体亦即成为死物矣"。也就是说,一旦失去精神,物体就成为废物,似乎不是物质决定精神,而是精神决定物质。孙中山把"体"统一于"用",而不是把"用"统一于"体",即把物质统一于精神,而不是把精神统一于物质,这就会导致唯心论。孙中山始终是把物质看成机械的呆板的东西,没有精神的推动,物质就不能存在。他在物质和精神的关系上不能理解"精神是物质的属性",同时"精神有对物质的反作用",这是两个不同的问题,他把二者混淆起来,认为既要承认精神对于物质有很大的作用,就不能不承认它超越在物质之上,所以他说:"……精神能力实据其九,物质能力仅得其一……物质之力量小,精神之力量大……"特别在他总结

---

① 《孙中山选集》(上卷),第141、110页。
② 《军人精神教育》。

革命经验时,认为:"夫国者人之积也;人者心之器也。而国事者,一群人心理之现象也。……心之为用大矣哉,夫心也者,万事之本源也。"①

应当指出,孙中山强调精神的积极作用,是具有其进步意义的。他认为"革命成功全赖宣传主义",所以,他要求革命者坚定信念,为实现三民主义而奋斗。但是,他不懂得总的历史发展中是物质的东西决定精神的东西,把心看做万事的本源,漠视了物质是精神的基础。因而在革命斗争中只看到精神的积极作用(事实上只限于少数上层分子),而没有看到广大人民群众的物质力量,这是孙中山的资产阶级局限性在他的哲学思想上的反映。

孙中山的世界经历三期说中的第三期是人类进化时期。在第三期的说明中进一步表现了孙中山的历史唯心主义的思想。他说:"此期之进化原则,则与物种之进化原则不同,物种以竞争为原则,人类则以互助为原则。社会国家者,互助之体也,道德仁义者,互助之用也。"②

孙中山认为人性不同于兽性,兽性是"竞争",人性是"互助"。他认为人类进化的道路,就是通过"人性战胜兽性,达到神性",通过"物质文明和心性文明相应发展",进到"大同世界"。孙中山不理解思想意识(包括道德)是社会物质存在的反映,在不同的社会产生不同的思想意识,离开了社会的物质生产方式,我们就不能理解任何思想的起源。孙中山离开了社会的存在来探求意识的根源,就会把意识看做驾临于社会关系之上的独立的实体,因而他不得不承认有所谓抽象的人的天性。孙中山一方面用"道德仁义"来说明"人的天性",同时又用"人的天性"来说明人类进化的原则是"互助",这种先验主义的道德观,反映了他所代表的中国民族资产阶级的软弱性和二重性。

三

孙中山在认识论上,一方面有唯心论的色彩,但基本的方面,则有着明显的唯物论倾向。特别在知和行的关系问题上,他有不少光辉的论述。孙中山认识论中的唯物论,是他坚持革命的思想支柱。

孙中山的经验论的唯物倾向首先表现在他承认"先有事实,后有言论"。他在批判卢梭的"民权天生说"(即天赋人权说)时说:"民权不是天生出来的,是时

---

① 《孙中山选集》(上卷),第 105 页。
② 同上书,第 141 页。

势和潮流所造就出来的,故推到进化的历史上,并没有卢梭所说的那种民权事实,这就是卢梭的言论没有根据。……因为宇宙间的道理,都是先有事实,然后才发生言论,并不是先有言论,然后才发生事实。……就中国历史来考究,二千多年前的兵书,有十三篇,那十三篇兵书便是解释当时的战理。由于那十三篇兵书,便成立中国的军事哲学。所以照那十三篇兵书讲,是先有战斗的事实,然后才成那本兵书。"[①]孙中山指出民权主义是"时势"和"潮流"所造成的,认为是由于历史的进化,是客观的必然,有了这个历史的客观的要求,才有我们关于民权的言论和主张。孙中山的这一"先有事实,然后才发生言论"论点是符合唯物论的原则的。

孙中山根据长期革命斗争的经验,深感解决理论(知)和实践(行)的关系的问题,乃是从思想上武装革命同志所必不可少的方法。因此他在1918年发表了《孙文学说》,在这一著名的哲学论文中提出了"知难行易"的理论。辛亥革命失败后,妥协投降论调甚嚣尘上。孙中山感到不仅他多年奋斗的民主革命没有实现,而且他所领导的革命党也濒于瓦解,除了少数爱国志士之外,许多人意志消沉,离开了革命,有的甚至投靠军阀,去钻营个人的禄位。这些人以《尚书》中倡导的"知之非艰,行之惟艰"的理论为借口,认定三民主义是"理想过高",在中国行不通。孙中山总结辛亥革命的经验教训,认识到要继续推行革命,必须首先"破去心理之大敌"。于是,他提出了"知难行易"学说,给新的革命斗争提供了精神武器。孙中山在"知"和"行"的问题上批判了当时流行的"害怕革命"、"畏难苟安"的思想,批判了"知之非艰,行之惟艰"这一旧的传统观念和王阳明"知行合一"的主观唯心主义,这样,就使他的"知难行易"学说具有了浓厚的革命色彩。

孙中山首先明确知的基础,他认为人的知识都是从实际经验中来,离开了实际经验,就不可能有任何知识。因此,他认为行在先,知在后,知是从行中求得的,行是知的基础。孙中山说:"行其所不知以致其知",即肯定先有实践,后有理论。他说:譬如饮食是人们日常生活中最普通的事,是不待教而能的,但营养和烹调的学问则是经过长期饮食的实践而后逐渐得到的;用钱也是人们日常生活不可少的,而关于货币的学问则是经过长期商业的实践而后逐渐得到的;又如作文,如果先学文法而后学写文章,则更容易入门,但中国古人曾经长期以来会作文章,却并不懂文法之学。其他建屋、造船、筑城等等也是如此。人类先会造屋,

---

① 《孙中山选集》(下卷),第672页。

而后有建筑学;先会造船,而后有造船科学;先有秦始皇筑长城,而后才产生长城对中华民族政治文化发展的巨大影响。这些例证都说明行在先,知在后,行是知的基础。

从行是知的基础出发,孙中山认定只有通过行才可以解决知和不知的矛盾。因此他主张"知之固应行,不知更应行"。人类只有在行中才能得到知,离开了行就不可能解决知的问题。因此他说:"人类之进步,皆发轫于不知而行者也,此自然之理则,而不以科学之发明而为之变易者也。"① 孙中山把"不知而行"当作认识论的最高原则,当作解决知和不知的矛盾的钥匙,认为"不知而行"乃是自然的规律,是无论什么时候都改变不了的。可见孙中山虽然没有明确地提出实践是认识的基础这一科学命题,可是他已接触到了问题的实质。

从行是知的基础出发,孙中山还肯定世界是可以认识的。他说:"凡真知特识,必从科学而来也。舍科学之外,所谓知识者,多非真知识也。"② 孙中山所谓"真知",就是正确反映自然和社会规律的知识,他称科学是"系统之学也","条理之学也"。也就是说,只有科学知识才是真知特识。孙中山这样坚定地认为世界及其规律性是可以认识的,就使他和不可知论者划清了界限。他还具体地指出人们认识事物有两种方法:"一是观察,即科学;二是判断,即哲学"。人们在对客观事物科学考察的基础上,加以判断推理,就可以认识"万事万物"③。因此,他进而明确提出:"我们人类是什么事都可以做到的"。④ 只要大胆从事革命,"毅然力行",中国革命是一定能成功的。

孙中山在认识论上还接触到了知和行的辩证关系。他认为认识是一个历史过程,人们在知和行的反复交替中,才会有认识的不断进展。因此他提出"以行而求知,因知以进行"的命题,说明知和行是统一的,是不可分的;知虽然建筑在行的基础上,但是反过来,知又可以指导行,使行获得更大的发展。他说:"吾人之在世界,其知识要随事物之增加,而同时进步。否则渐即于老朽颓唐,灵明日锢。"⑤ 这就是说,知和行都是历史的产物,知和行是随着时代的发展变化而发展变化的,人们为了适应历史潮流,就应该不断地提高自己认识事物的能力,才能

---

① 《孙中山选集》(上卷),第 162 页。
② 同上书,第 146 页。
③ 《孙中山选集》(下卷),第 664、503 页。
④ 同上。
⑤ 《军人精神教育》。

符合人类发展之需要。孙中山就是根据这一正确信念,终生战斗,前进不息。

知和行的关系问题是中国哲学史上长期争论的一个老问题。宋代的客观唯心论者朱熹有所谓"知先行后"说,明代的主观唯心论者王阳明有所谓"知行合一"说;在唯物论方面,汉代的王充和清代的王夫之有所谓"行先知后"说,但是他们所说的知都是指个人关于伦理道德的领悟,他们所说的行都是关于伦理道德的践履,因此,无论他们是从唯心论方面来论证知和行的关系也好,或是从唯物论方面来论证知和行的关系也好,总之,他们所说的知和行的关系大体上都没有超出个人道德践履的范围。中国古代唯心主义哲学家所以强调知先行后、知难行易、知本行次,以至于知行合一,政治上的目的就是惟恐人的行为违反了奴隶主和封建主的纲常名教。

孙中山所说的行,主要是要人去进行革命,因而他的"知行学说"超过了中国古代哲学史上包括唯物主义在内的有关知行的学说。孙中山把"知行学说"直接用作鼓舞革命斗志的武器,这在中国哲学史上是很少见的。他在强调行的同时,坚持了运动发展的思想,反对了几千年来"天不变,道亦不变"的形而上学思想,认为一切都在变化着。因此,他的知行学说不但体现了唯物主义的认识论,而且具有革命的社会实践的意义。在马克思主义的认识论在中国传播以前,孙中山的知行学说达到了中国哲学史上知行学说的新水平。

但是,孙中山的"知行学说"不是没有缺陷的,从整体上来说,他并没有科学地解决知和行的问题。孙中山所说的行,一般来说指的是个人的、孤立的行,是生物学上适应环境、生存斗争的行。还不是马克思主义的实践观。马克思主义所说的实践,是生产斗争、阶级斗争和科学实验的活动,是人民群众的活动,特别是劳动人民的革命活动,这是最基本的社会实践。不仅社会的物质财富,乃至人类的精神财富,都是劳动人民创造的成果,离开了劳动人民的革命实践和创造,就没有人类的进步和文化。但是孙中山所理解的行,到底没有跳出个人活动为中心的实践圈子,这就使他忽视了人民群众在历史上的创造作用,走向历史的唯心主义。

在知识的来源问题上,孙中山亦表现出二元论。他认为知识(智)的来源有三:即天生的智、力学的智和经验的智。他很强调力学和经验的智,认为即或人们有大聪明、小聪明之分,但只要努力学习,重视经验,"有时也较天生之智为胜"。在这里,孙中山虽然强调了后天的知识来源,同时也肯定了先天的知识来源。他说:"智何自生?有其来源,约言之,有三种:一由天生者;二由力学者;三由经验者。中国古时学者,亦有生而知之者,学而知之者,困而知之者之说"。①同时,孙中山又说:"此外亦有不由天生,不由力学,而由经验得来者,谚云:'不经一事,不长一智',故所历之事既多,智识遂益增长。所谓学益其所不能者,此由于经验也。"②由此可见,孙中山承认同时存在先天的知和后天的知(包括力学的和经验的知)这就是二元论。

孙中山主观地把人分为三种。他说:"第一种人叫做先知先觉,这种人有绝顶的聪明,凡见一件事,便能够想出许多道理,听一句话,便能够做出许多事业。……第二种人叫做后知后觉,这种人的聪明才力,比较第一种人是次一等的,自己不能创造发明,只能够跟随摹仿,……第三种人叫做不知不觉,这种人的聪明才力是更次的,凡事虽有人指教他,他也不能知,只能去行。照现在政治运动的言词说:第一种人是发明家,第二种人是宣传家,第三种人是实行家。"③孙中山把知识来源分为三种正是他把人分三种的张本,所谓"先知先觉"也就是他所谓"天生之智"的注脚。孙中山在这里一方面强调了知识来源的先验主义,认为历史上的英雄人物都是"先知先觉",都是"天生之智",同时抹煞了人民群众创造历史的伟大作用,认为没有英雄人物的主宰,也就没有了人民群众的作用。因此,他把人民比做"阿斗",把英雄人物比做"诸葛亮",认为人民无能,只好同"阿斗"一样当有名无实的主人,一切事情都听任有能力的"诸葛亮"处理。这种英雄和群氓的思想,原是十八世纪唯物论者以及一般资产阶级思想家所同有的社会历史观,孙中山也不例外。不过孙中山还有他不同的特点,这就是他随处都体现着二元论的色彩。即如孙中山不仅认为"英雄造时势",同时也承认"时势造英雄"。认为时势、潮流是不可抗拒的,必须"适乎世界之潮流,合乎人群之需要",否则,就不能有成,这是孙中山之所以能成为伟大的民主主义革命家的根本所在。但是他对英雄和时势的关系,始终未能正确地解决。

总之,尽管孙中山的"知行学说"具备着比较深刻的哲理和革命色彩,但是它没有真正解决知和行的关系问题。因为在知和行之间,本来只有谁先谁后,谁是第一性谁是第二性的主从关系的问题,并不存在谁难谁易的问题。知和行是统一的,是互相渗透的,是不能分开来理解的。毛泽东说:"理论的基础是实践,又转过来为实践服务。"也就是说,知是从行产生,行是离不开知的指导的,两者是

---

① 《军人精神教育》。
② 同上。
③ 《孙中山选集》(下卷),第731页。

统一的。而孙中山却把两者分开,说知是难的,行是易的,片面夸大革命理论的能动作用,低估了行在认识论中的首要地位,从而背离了他的"行先知后"说的认识论前提。同时由于片面强调知难的结果,必然愈加使人感到知是"先知先觉"者所特有的东西,愈加造成所谓"先知先觉"者对于人民群众的优越地位。这与孙中山的自然观中有抬高精神,贬低物质的思想因素是相一致的。

四

孙中山的社会历史观是民生史观。孙中山说:"人类求生存是什么问题呢?就是民生问题,所以民生问题才可说是社会进化的原动力。"①他又说:"民生为社会进化的重心,社会进化又为历史的重心,归结到历史的重心是民生,不是物质。"②孙中山把民生问题看做社会进化的原动力,看做历史的重心。孙中山的所谓"民生"问题,不仅包括了人同人的关系,也包括了人同自然的关系,它是孙中山关于宇宙和人类社会的根本观点。所以毛泽东说:"三民主义的宇宙观则是所谓民生史观。"③

孙中山的民生史观,包含不少积极因素。

孙中山从进化论的观点出发,认为人类的历史不是一成不变的。他不仅依据地质学上的发现,阐述了人类的史前发展,同时也说明了政治制度的变化是一个进化过程。首先经过神权时代,后来君权代替了神权,然后民权又代替了君权。在外国既是如此,在中国也应当是如此。他这种看法虽然是违反阶级分析的,但仍表现了孙中山所要求的是革命的变革。

孙中山虽然相信达尔文的进化论,但他不是社会达尔文主义者。孙中山从民族民主革命的要求出发,反对了马尔萨斯的人口论,反对了社会达尔文主义。义和团运动以后,一时列强瓜分中国之说甚盛,当时斯宾塞和马尔萨斯的学说在中国知识界中极为流行。孙中山指出:马尔萨斯的人口论是一种宣扬"弱肉强食"、"优胜劣败"的殖民主义谬论,这不是中国人所应当接受的;并且抨击了斯宾塞把"物竞天择"的生物进化规律运用于人类社会,是用兽性代替人性,"是社会之蠹"。

孙中山的民生史观,比较重视把着眼点放在人民物质生活的改善上面。他

---

① 《孙中山选集》(下卷),第781、775页。
② 同上。
③ 《毛泽东选集》(一卷本),第649页。

说:"民生就是人民的生活,社会的生存,国民的生计,群众的生命。"①他这种看法,虽然还不是马克思主义的唯物史观,但是他想使中国社会发展避免重蹈欧美资本主义千疮百孔的旧路,承认了现代资本主义确实存在着"腐朽的一面","社会革命"是不可避免的。为此,列宁指出:"西方资产阶级已经腐化了,它的面前已经站着他的掘墓人——无产阶级。在亚洲却还有能够代表真诚的、战斗的、彻底的民主主义的资产阶级,他们不愧为法国十八世纪末叶的伟大宣传家和伟大活动家的同志。"②

孙中山热烈向往社会主义。他说:"民生主义就是社会主义,又名共产主义,即大同主义。"诚然,他的社会主义乃是乌托邦理想,但是孙中山对于社会主义的热烈向往,相信大同世界必然到来,确是无可否认的。他热情地赞扬社会主义说:"鄙人对于社会主义,实欢迎其为利国福民之神圣"。他认为社会主义是:"实欲使世界人类同立于平等之地位,富则同富,贫则同贫,不宜有贫富苦乐之不同而陷社会于竞争之境"。③ 孙中山每一提到欧美无产阶级受压迫的痛苦,就表示诚挚的同情。当俄国革命胜利的时候,他就设法从美洲打电报向列宁致贺。这都说明了他对于社会主义前景的热烈憧憬。

但是,孙中山的民生史观从根本上来说仍是非科学的。毛泽东在论到共产主义和三民主义的不同点时说:"共产主义的宇宙观是辩证唯物论和历史唯物论,三民主义的宇宙观则是所谓民生史观,实质上是二元论或唯心论,二者是相反的。"④这是对民生史观的实质最概括的揭示。

孙中山提出的民生问题,即人类求生存的问题,在人类历史上是客观存在的。但是问题不在于提出这个问题,而在于如何解决这个问题。孙中山既没有指出在人类历史上为什么会产生民生问题,也没有说明人类在各种不同的历史时期为什么会存在各种不同的民生问题,他没有分析问题的实质,只是抽象地认定民生问题是历史的重心,这就使他不能不走上主观社会主义。

恩格斯在举行马克思葬仪时说:"……正像达尔文发现有机界发展的规律一样,马克思发现了人类历史发展的规律……"这个人类历史发展的规律就是马克思的唯物史观。孙中山震惊于俄国革命的胜利,承认马克思是"社会主义中的圣

---

① 《孙中山选集》(下卷),第765页。
② 《列宁选集》第2卷,第425页。
③ 《社会主义之派别及方法》。
④ 《毛泽东选集》(一卷本),第649页。

人"。说他"原原本本把社会问题的经济变迁,阐发无遗"①。但是孙中山并不理解什么是社会发展所依赖的物质基础,并不能深入到物质生产方式的变革中去寻找社会变迁的最终原因。相反,他觉得社会关系似乎是人们自觉地建立起来的,因而离开社会物质基础,向人们的精神中去求解决,把"人类求生存"的愿望当作历史活动的"重心"和"原动力",认为:"物种以竞争为原则,人类以互助为原则"。又说:"社会国家者互助之体也,道德仁义者互助之用也。"②孙中山不认为国家是阶级统治的工具,而认为是"管理众人之事"的机构,即一种执行互助的机构,是人类的一种先验的道德行为。这种思想无疑是唯心史观。孙中山一方面承认社会进化有它的规律,另一方面又认为个人都各有其求生存的思想和目的,而不能把这种思想和目的归结到物质生产关系的决定之中,这就是孙中山的社会历史观之所以陷于二元论和唯心论的缘故。

由于孙中山不是从社会的物质生活条件中去寻求社会发展的原因,相反的是把人们的精神活动看作是整个社会赖以建立的基础,因而他就无法理解和接受历史唯物主义的阶级斗争原理。他不懂得阶级产生的原因和存在的历史必然性,不懂得阶级斗争在人类历史进步中的作用。孙中山说:"阶级战争,是社会当进化的时候所发生的一种病态。这种病态的原因,是人类不能生存。因为人类不能生存,所以这种病态的结果便起战争。马克思研究社会问题所有的心得,只见到社会进化的毛病,没有见到社会进化的原理。所以马克思只可说是一个社会病理家,不能说是一个社会生理家。"③在孙中山看来,第一是由于没有实现人类"互助"的原则,才引起人民不能生存,其次是由于人民不能生存,才引起阶级斗争。而孙中山用以解决民生的手段,不过是建立在道德原则上的人类"互助"。

孙中山为了防止"西方文明的恶果",想"举政治革命、社会革命毕其功于一役",因而提出民生主义。孙中山民生主义的具体措施是怎样呢?这就是推行平均地权和节制资本两项主要政策。所谓平均地权,主要是通过核定地价,向土地所有者征收地价税和印契税,把因资本主义发展而增长的地价额收归国家,实际上,这就是把土地所有权交给国家。孙中山还打算在条件成熟时,进一步宣布废除土地垄断,实行土地国有化。正如列宁指出,在中国这个半封建的农业国家,孙中山的平均地权政策,只能是一个改变不动产的一切法律基础的"消灭封建剥

---

① 《孙中山选集》(下卷),第770页。
② 同上书(上卷),第141页。
③ 《孙中山选集》(下卷),第779页。

削的纲领"①。它将解除封建土地关系,使土地买卖得到更大自由,促进农业中的资本主义发展,更有利于城市资本主义工商业的繁荣。所谓节制资本,就是把铁路、矿山以及带独占性的大企业收归国家经营,实行国家资本主义,并对私人资本征收累进税,防止私人资本过度发展而出现私人垄断。这些都说明,民生主义,是一种"最纯粹、最彻底、最完善的资本主义"②,决不是什么社会主义,更不是共产主义。

孙中山对于马克思主义存在着错误理解,他一方面承认这一学说是欧美资本主义社会发展的必然产物,而且认为由于欧美国家有阶级对立存在,马克思主义可能在西方国家实现。但是另一方面他又掩盖中国社会的阶级矛盾,回避阶级斗争,他说,中国社会不存在阶级对立,"只有大贫小贫的分别"。因此在他看来,中国的社会革命不是通过阶级斗争,而是通过"博爱"、"互助"来实现。所以他说:"社会主义者,人道主义也。人道主义,主张自由、平等、博爱"。他认为只要人类能够"博爱"、"互助",就可以解决民生问题,就可以推动社会前进,实现社会主义。这当然只能是一种空想。

概言之,孙中山的民生史观有着两个根本的弱点:第一他只从人们的思想中去探取社会历史现象的真相,去寻求事件成败、革命成败的原因。第二他不懂得只有人民群众才是创造历史的动力这一颠扑不破的真理。因此,孙中山在观察社会问题时经常存在着这种二元论和唯心论的混乱。

孙中山一方面诅咒中国的封建传统思想,说它把中国人民变成了专制主义的奴隶,但是另一方面他又提倡"忠孝、仁爱、信义、和平"等所谓中国的固有道德,认为是中国民族极好的道德传统;认为《大学》中所谓"格物、致知、诚意、正心、修身、齐家、治国、平天下"那一段话,是"把一个人从内发扬到外,由一个人的内部做起,推到天下为止"的极好的政治哲学,"是应该要保存的"③。这说明孙中山所代表的中国民族资产阶级还不能彻底摆脱封建主义的羁绊和影响。

又如,孙中山一方面主张彻底民权,认为民权"非少数人所得而私",但是另一方面他又认为"普通人民的确没有知识没有能力去行使充分的民权"。他害怕像法国大革命那样,"暴民专政,弄到无政府……"④,因此,他主张"权能分立",

---

① 《列宁选集》第 2 卷,第 426 页。
② 同上书,第 427 页。
③ 《孙中山选集》(下卷),第 653 页。
④ 同上书,第 714 页。

想把有权的人和有能的人分开,免得大权落在有能力的人的手里。其实,如果人民不掌握国家政权,也就无所谓权。所以孙中山说来说去,仍不过是为资产阶级民主开辟道路而已。

再如,孙中山一方面主张人在政治上法律上应该平等,但是另一方面他又认为"天生人类本来也是不平等的",有"圣、贤、才、智、平、庸、愚、劣"之分,有造就的不同。他说只有承认这个事实,"各人根据天赋的聪明才力,自己去造就","才是真正平等的道理"。① 他把人分三类:有先知先觉、后知后觉、不知不觉。虽然他认为国家的建设和革命都要靠"不知不觉"者去实行,可是他又认为"不知不觉"者要靠"先知先觉"者去指导去统帅。

孙中山在晚年随着中国革命形势的发展,放弃了对于帝国主义和军阀的幻想,并且深切地体会到人民群众在革命中的巨大作用。虽然他的这一认识还是有限度的,虽然他在宇宙观上还不能克服二元论或唯心论,但是孙中山能够"适乎世界之潮流,合乎人群之需要",随着革命形势的变化,能够使自己适应历史的发展,不断地前进。这正是孙中山这位伟大的民主革命的先行者的优秀品质。正如毛泽东所说:"孙中山和我们具有各不相同的宇宙观,从不同的阶级立场出发去观察和处理问题,但在二十世纪二十年代,在怎样和帝国主义作斗争的问题上,却和我们达到了这样一个基本上一致的结论。"②

孙中山的一生是伟大资产阶级革命家的一生,"他全心全意地为了改造中国而耗费了毕生的精力"③。他从立志推翻清朝政府,倡导民主革命起,勇往直前,数十年如一日,坚持斗争,坚持前进。晚年接受中国共产党的帮助,终于从一个旧范畴的三民主义者转变为新民主主义革命的同情者,在政治上放射出灿烂夺目的光辉。在哲学上,他从西方资产阶级那里学了机械唯物论和社会政治思想,建立了自己的包括宇宙进化论、"知难行易"的认识论以及民生史观等方面的哲学思想体系,作为中国资产阶级革命派的思想武器。他的思想中的唯物主义倾向和辩证法因素,反映了中国资产阶级要求革命的一面;但是在帝国主义和封建主义联合压迫下,中国资产阶级缺乏彻底反帝反封建的勇气,它在政治上经济上的两重性,又使孙中山的哲学思想倒向二元论或唯心论,他没有摆脱资产阶级世界观和旧民主主义的范畴。孙中山思想上的缺点,是他所处的历史时代和阶级

---

① 《孙中山选集》(下卷),第694页。
② 《毛泽东选集》(一卷本),第1361页。
③ 毛泽东:《纪念孙中山先生》。

地位所决定的,是无法避免的。毛泽东说:"像很多站在正面指导时代潮流的伟大历史人物大都有他们的缺点一样,孙先生也有他的缺点方面。这要从历史条件加以说明,使人理解,不可苛求于前人的。"对于孙中山理论上和思想上的缺点,我们应当遵照这一历史唯物主义观点,正确地分析和对待。

(本文系复旦大学哲学系编《中国近代哲学史》讲义中的一章,一九七五年)

附录：学以渐博而相通
——记胡曲园教授及其中国文化史观

程伟礼

"心以积疑而起悟，学以渐博而相通。"这是胡曲园教授赠给笔者的一帧他本人的彩照背面的亲笔题词，录的是张居正的名句。记得那是胡老82岁高龄那年，他的题为《从〈老子〉说到中国古代社会》一文发表以后，受到学术界重视和好评，一时兴起，命笔题词。张居正的这两句诗，既概括了胡老当时的心境，又是他一生勤于思索的写照。

《从〈老子〉说到中国古代社会》一文，是胡曲园教授诸多学术论文中最为重要的一篇，也正是他"心以积疑而起悟，学以渐博而相通"的结晶和体现。该文针对中国古代是否存在奴隶社会这一颇有争议的学术理论问题，旗帜鲜明地阐明了自己的观点，发表了具有相当学术价值的独到见解。文章指出，在商、周社会生产中占主导地位的是公社农民而非奴隶；不能说商、周是奴隶社会，不能千篇一律地认定原始社会的解体形式都是奴隶社会，有奴隶制存在的社会不一定就是奴隶社会，所谓奴隶殉葬也不能作为中国古代奴隶社会的证明，说中国古代使用奴隶作战，不是事实。中国由于没有经过奴隶社会的阶段，长期存在着古代公社的残余影响，形成了后来中国历史和文化发展的特点。

中央编译局编辑、参与编译《马克思恩格斯全集》第四十五卷即《民族学笔记》的徐若木同志撰文评论，称誉此文"用马克思主义观点卓有成效地总结了中国传统文化的基本精神，概括了许多世纪的社会意识和社会存在，探讨了中国社会历史和文化发展的奥秘"[①]。依笔者所见，徐若木的评论一点也不为过，而且日益为时间所证实。在学术思想史上，有时候一篇有质量的学术论文，其价值往

[①] 徐若木：《看掣鲸鱼碧海中——胡曲园先生近作读后》，载《复旦学报（社会科学版）》1987年第4期。

往可以超过数十本砖头般厚的著作。胡老的该文,其意义在于不囿于种种成见旧说,而从中国古代农村公社土地公有制的实际出发,提出了一种比较符合中国历史特征的中国文化史观。

"千淘万漉虽辛苦,吹尽狂沙始到金。"胡曲园教授以八十又几的高龄,仍然保持中国学者一贯求真求是的做学问精神,这是与他的切身经历和思想发展分不开的。回顾胡老的学术生涯,就易于理解他的学术思想。

一

从发展心理学的角度看,大凡一个人的思想学说总是与他早年的精神印痕有着某种内在的联系。胡曲园教授,1905 年 9 月 16 日出生于湖北省江陵县胡家台村。原名胡庭芳,三十年代在上海发表文章曾用笔名"天放",是"庭芳"的谐音。又因他家居处名为曲水村,于是著名国画大师齐白石在北京给他治印时特起"曲园"为之别名。

他的父亲胡荣圭,以务农为生,曾参加反清秘密组织"哥老会"。父亲得病去世时,胡曲园才 4 岁,家境十分艰难。他的母亲田唯玉,是一个勤劳善良的农村妇女。家中主要依靠母亲、祖母耕种几亩薄地维持生计。祖母对人慈善,乡邻称她"四婆",哪怕自己再穷也要省下几口饭来给过路乞丐。艰难的童年生活中,有两件事在他的幼小心灵中留下了难以磨灭的印痕。

那年头,因家中缺乏男劳力,祖母只得和远房本家合买了一头牛。然而,这种依傍血缘宗法关系的"公有"财富,毕竟抵御不住外侮内患,加之饥荒、苛税的侵吞,不久,因为无力偿还欠债,这头合买的牛便眼睁睁地被债主牵走了。这下弄得几个远房本家天天跑来吵闹。

江陵多水患,按治水社会不成文的公约,每家每户每年都要出人去修堤筑堰。胡家台村河沟纵横,更是摊工不断。有一年,他家因为没有男劳力顶差修堤,又拿不出钱请人替工,惹怒了村里几条壮汉,这几个人竟抬来一棵大树桩,将他家的大门砸倒了,吓得全家人躲在一角,连气也不敢透一下。那时担惊受怕最多的是他母亲,一家老小的生活重担也压在她一人肩上。每当悲苦难言之时,母亲就领着小庭芳来到父亲的坟前痛哭;每逢其时,可怜的小庭芳总是凄然地望着母亲颤动的身子而泪流不止。就这样,在他幼小的心灵中逐渐地萌发了不平和抗争的根芽:为什么总是穷苦人受欺侮,什么时候人世间会有公平?! 苦难的童年,磨炼出爱憎分明、坚韧不拔的性格,并促使他日后走上革命的道路。

胡曲园童年生活的转机,是他的叔叔胡鄂公带来的。胡鄂公,字新三,号南湖,1906年离家出走,投身反清运动,加入同盟会铁血团、振武社,后又加入共和党,被选为国会议员。后来曾组织"马克思主义研究会"和"反帝国主义大同盟",创办《今日》《反帝国主义运动》等杂志,与共产党人李大钊交往甚密,曾为营救李大钊而竭尽全力。1917年,胡曲园和全家随叔叔迁居北京,他考入了当时北京很有名气的正志中学读书。正志中学是段祺瑞的心腹大将徐树铮模仿第一次世界大战前德国的学制创办的,实行军事国民教育。该校的教务长是古文大师林琴南,桐城派古文大家姚鼐的后代姚永概是副教务长。所以,这所学校无论在思想控制还是学业要求上都很严格。

那年六七月间,恰遇"辫帅"张勋导演了一场复辟丑剧。几天之内,北京城内兵荒马乱,人心惶惶,胡曲园又随全家逃难,到天津暂住。政局的动荡,官场的黑暗,使少年时代的胡曲园开始明白造成天下哀鸿遍野的症结所在,朦朦胧胧地觉察到国家政治的腐败。五四新文化运动的春风,更使他受到启蒙思想的熏陶,遂立下了献身于改造国家、社会的志向。

1919年2月的一天,他买到一本胡适著的《中国哲学史大纲》(上),从目录上他知道书中讲的是古人古书,又是白话。谁知细细读下去,感到一种新思想的魅力深深吸引住他。胡适说:"大凡一种学说,决不是劈空从天上掉下来的。我们如果能仔细研究,定可寻出那种学说有许多前因,有许多后果。"他当时看了,暗自吃惊,心想:我校的林教务长、姚副教务长不都是口口声声说,圣人是天生的嘛?怎么又提出"决不是劈空从天上掉下来的"问题呢?林、姚从《春秋》《左传》到唐宋八大家讲了一大堆,怎么就没有说清孔子的学说是怎样产生的呢?难道孔子的思想真的是从天上掉下来的吗?此时,胡曲园会怀疑了,他感到自己有些会用思想了。新思想的影响以及自己家庭的亲身经历、亲见亲闻的许多事情,终于使他从封建伦理说教的体系中解脱了出来。

以巴黎和会为导火线的五四运动爆发了,胡曲园所在的正志中学也深深卷入了这场爱国民主运动的漩涡之中。然而,就在他们参加示威游行的前一天深夜,校长徐树铮突然匆匆来到学校,把已经入睡的学生全部集合起来训话。徐戎装冠带,脸色阴沉,声色俱厉,一直把学生们"训"到子夜过后。大部分师生沉着机智地应付,他们等徐走后不久,又聚集起来准时参加了游行。作为一名示威游行的活跃分子,满怀国耻家仇的胡曲园被学校开除了。通过这场面对面的斗争,他更加看清了军阀政府的反动本质,进一步坚定了救国救民的志向。

二

被正志中学开除之后,胡曲园又转入北京第四中学。这所学校较为开明,校内有学生组织的自治会。由于他思想比较活跃,又有一定的组织能力,很快被推举为学生会干事。在四中读书期间,他有幸结识了一些在北京大学读书的同乡,在与他们的接触和影响下,于1924年考上了北大文学院德国文学系,他想以文艺为武器推动中国的社会改革和进步。

五四时期的北京大学是新文化新思想的摇篮,自蔡元培先生担任北大校长以来,大力倡导"兼容并包"的民主自由校风,培育了一代追求真理的青年知识分子。当时,著名的陈独秀、李大钊、鲁迅、钱玄同、刘半农、胡适等都相继到校任教,学校里的民主空气很浓,学术活动异常活跃,北大校园呈现出一派生气勃勃的景象。当时的北大学生,除了学校规定的专修课和必修课外,还可以跨年级选修自己感兴趣的其他课程,甚至可以去听任何一位自己所喜爱的教授讲课,不同意老师的观点,可以当堂质疑争论,师生关系十分融洽。在这一段时间,胡曲园选修过中国古诗词课程,任课教授刘毓盘给他印象极深。这位教授是个老古董,留着小辫子,讲课声音极小,但听他讲课的人却很多。由于他在黑板上写的粉笔字很小,所以有些学生索性盘腿坐在讲台前的地板上听讲。胡曲园也听过鲁迅先生讲课,鲁迅先生幽默风趣、针砭时弊的话语常常引得学生们时而沉思,时而大笑。

北大校园里的民主空气浓厚,进步力量活跃,有不少师生自发组织的各种学术团体及名目繁多的同乡会组织,还有共产党领导的马克思主义研究会。胡曲园是湖北人,由人介绍参加了湖北同乡改进社,社中不少人都是共产党员,该社实际上是共产党领导的一个外围组织。他在社中经常受到马克思主义思想和理论的影响,特别是在听了李大钊讲授的唯物史观课程后,逐渐对哲学产生了浓厚的兴趣。在学习期间,他接触的第一部马克思主义的著作,便是由陈望道先生翻译的《共产党宣言》。为了探求救国救民的真理,胡曲园决定改变自己的专业,由文学专业转向哲学专业。1927年,全国政治风云突变。该年4月,他所十分敬仰的北大教授、著名的中国共产党人李大钊惨遭军阀张作霖杀害,这一事件进一步激起了他学习、研究马克思主义哲学的热情与决心,同时也使他清醒地意识到,只有马克思主义才能救中国,只有共产党才能救中国。就在这一年,胡曲园参加了中国共产党,从此他由一个普通的爱国青年变成了一名具有初步共产主义觉悟的战士。

当时,北京有一个叫"北方国民党左派大联盟"的革命组织,主持者是北大教育系主任高仁山,胡曲园担任这个组织的宣传干事。其时,北京正处于奉系军阀张作霖的黑暗统治下,革命势力遭到近乎疯狂的镇压,进步力量受到令人发指的摧残。《向导》周报曾揭露说:"反动军阀张作霖、吴佩孚的军队占据了北京,北方民众革命运动概受摧残,革命的民众领袖概被通缉,左倾的进步的报馆被封,左倾的进步的新闻记者被枪毙。"(《向导》151 期)"近且以扑灭赤化为名搜检各大学,凡较进步的左倾的教职员,均视为犯有赤化嫌疑,闻被列名通缉者至四百人之多。"(《向导》154 期)1927 年下半年,北方国民党左派遭到严重破坏,高仁山被杀害,胡曲园和另外两名干事李朴园、孙钰也被秘密通缉。同年年底,共产党北京市委决定发动武装暴动,并指定裴文中为总指挥,胡曲园参加了筹备工作。但是由于消息泄露,未及起义,就遭到破坏。这样,胡曲园在北京已不能安身了,于是在这年岁末,他离开北京,由塘沽乘船,到日本避难。

在日本期间,他先在东京补日语,后到京都与几个留日学生组织了哲学讨论会,继续进行哲学理论研究。他与李亚农、史殿昭(即史存直)等人一起,阅读了日本的马克思主义哲学理论家河上肇、永田广志等人的著作,从而开阔了研究的视野,为日后运用马克思主义哲学研究中国问题积累了经验。1928 年 6 月,皇姑屯事件爆发,军阀张作霖被炸死,胡曲园这才由日本返回国内,继续在北京大学就读,并且依然从事学生运动,担任地下党组织的党小组长。1930 年 4 月,北京地下党组织为了纪念"五一"国际劳动节,并抗议蒋介石的反革命行径,决定组织一次游行示威。那天,一百多人聚集在米市大街天主教堂里秘密举行筹备会议。不料事情泄露,与会者刚一走出教堂,即被早已包围教堂的反动军警逮捕,投入监狱。胡曲园和他的未婚妻陈珪如一同被捕,他被关了半年多,直至 9 月底才被释放。出狱后,胡曲园赶上参加北大的毕业考试补考,从而完成了自己的求学历程。由于在北京无法继续活动,这年年底,他告别了生活学习了十多年的古都北京,偕同陈珪如一起来到上海工作。

短短三四年的斗争生活,是胡曲园政治上逐步成熟、学业上逐步完善的时期。这期间,他不仅更多地理解了中国革命的重大实际问题,而且为他以后的理论研究打下了坚实的基础。

三

胡曲园夫妇来到上海之后,他曾在熊得山先生主办的昆仑书店工作。昆仑书店是一个进步书店,在传播马克思主义真理方面起过作用。由于胡曲园曾攻读过德国文学,初到上海时,他在心弦书店出版过一本海涅的《抒情诗》译本。1932年,受李达同志委托,他与陈珪如一起翻译出版了苏联列昂节夫的《政治经济学教程》一书。1935年前后,他参加了地下党组织的哲学研究小组,成员有艾思奇、沈志远、柳堤、任白戈、陈楚云、胡绳、陈珪如等。这个小组经常冒着很大的政治风险在群众组织中传播马克思主义,鼓励群众起来与国民党反动派的文化专制思想作斗争。为了避开特务机关的耳目,当时他们几乎每活动一次都要换一个地方。那时,艾思奇正在写《大众哲学》一书,每写成一篇,总要拿到小组里来征求意见,然后修改定稿。这一时期,艾思奇和胡曲园夫妇交往甚多,常常在一起探讨哲学问题。

抗战期间,陈珪如相继翻译了恩格斯的《自然辩证法》和列宁的《唯物主义与经验批判主义》。胡曲园陆续在上海《民族公论》《译报周报》《知识生活》等刊物上发表"哲学讲话""新启蒙运动"等类文章。1940年,胡曲园主编《哲学杂志》,还在第一、二期上亲自撰写了《论建立"民族哲学"的问题》《悼蔡元培先生》等文章。这些文章旨在维护民族尊严、维护中华民族的优秀文化传统,唤醒人民的民族自觉,坚持反奴役、反愚昧的民主科学精神,激励人民奋起抗击日本帝国主义的侵略。

抗战胜利以后,中国人民又一次面临历史性的文化抉择。胡曲园在《周报》《中国建设》等刊物上,陆续发表了《道自由思想之路》、《今后的文化任务》《辛亥革命的成功与失败》《中国思想的传统特征》《论个人主义》《论偶像》《中山先生的知难行易说》《中国思想的传统缺陷》等文章,这些文章是他运用马克思主义哲学原理研究和解决中国问题的尝试。

自1937年起,胡曲园在上海法政学院讲授哲学概论,从此开始了他的教学生涯。丰富的学识、生动的讲授、平易近人的态度,使他博得学生们的好评和同事们的敬重,以至声誉鹊起,许多学校争相揽聘。他先后在上海法政学院、上海法商学院、无锡国学专科学校、上海法学院、复旦大学等院校开课任教,讲授哲学概论、中国哲学史、中国社会思想史、逻辑学等课程。在教学中,他热情支持学生的爱国进步运动,并以马克思主义的思想理论影响和武装他们。就是在严酷、黑暗的政治迫害环境中,他也没有停止过对进步学生的爱国民主运动的声援。1946年,他参加了由张志让、沈体兰、周予同、蔡尚思等人发起组织的"上海大教联",积极投入反内战、反迫害、争取和平民主的斗争,因此,他被学生们称誉为"民主教授"。解放后的某一天,有一个自称是他学生的青年来拜访他,这个青年人曾参加过三青团。他告诉胡曲园教授,1949年上海解放前夕,他所在的三青团组织曾接到暗杀胡曲园的指令。当时胡曲园在虹口公园附近的上海法学院教书,三青团计划晚上在他回家的路上用麻袋把他套捆,扔进黄浦江去。结果因上海很快解放了,这一暗杀行动未能来得及实行。

上海解放后,胡曲园教授担任了复旦大学校务委员会委员、秘书长兼法学院院长。不久,他与冯定、刘佛年、郑易里等20余人发起成立了中国新哲学研究会上海分会。后来,上海哲学学会成立,又一直担任副会长、名誉顾问。1955年,他受高教部和复旦大学党委委托,在复旦大学创办了马克思主义哲学研究班。次年,又创建了复旦大学哲学系,并亲自担任系主任兼辩证唯物主义和历史唯物主义教研室主任。虽然胡曲园教授担任了不少行政领导工作,事务繁忙,但仍坚持在教学第一线上为本科生、硕士生、博士生开设多门课程。他先后讲授过中国哲学史、外国哲学史、马克思主义哲学原著、马克思主义哲学原理等课程。

胡曲园教授解放后的教学生涯既有欢乐,也有坎坷。40多年来,他在教学园地上辛勤耕耘,为祖国培养了一批又一批优秀的人才,有的已经成为思想敏锐、富有独创精神的理论新秀。看到年轻一代"青出于蓝而胜于蓝",胡曲园教授感到由衷的高兴。哲学理论教学与研究的生涯并非一帆风顺,哲学阵地上的风风雨雨,也使他饱尝辛酸苦辣。1958年的海宁劳动、十年内乱中种种非人的待遇和折磨,都未能动摇胡曲园教授对马克思主义的坚定信念,并未能中断他对自己所热爱和献身的事业的执著追求。

四

在长期从事教学工作和行政工作的同时,胡曲园教授除了主编《形式逻辑》、发表大量哲学理论文章以外,还持之以恒地研究中国文化史观的重大理论课题。越是到晚年,他的学术思想越是成熟。"学以渐博而相通",他的中国文化史观是运用马克思主义哲学研究中国文化和中国历史的结晶,同时,也是对青年时代萦绕心头的理论思索的一个系统的回答。

自从青年时代开始,胡曲园受胡适的《中国哲学史大纲》的影响,便对老子、孔子、墨子等先秦百家的思想学说是从何而来的这一问题进行思索。在接受了马克思的唯物史观思想之后,他便力图运用唯物史观的立场、观点、方法来解答这一有关中国文化史观的基本理论问题。从1959年起,胡曲园教授在《论老子的"道"》、《再论老子的"道"》等论文中,就表现出这方面的尝试和努力。到1980年之后,他在《〈老子〉不是唯心论》、《我对〈老子〉的看法——答韩强同志》、《我对〈老子〉的看法——答于鹏彬同志》等论文中,一再显示出这种努力的决心和信念。胡曲园教授从世界哲学发展史的角度,把《老子》哲学与古希腊哲学、斯宾诺莎哲学作了比较,得出《老子》哲学是一种物活论性质的唯物主义的独到见解。他认为《老子》的"道"与赫拉克利特的"逻各斯"一样,既是物质的也是精神的,是把原初的物质与原初的动力看作统一的东西。他指出,把《老子》的"有生于无"的"无"望文生义地解释为"无形无名"或"虚无",是没有根据的。因为老子是中国哲学史上第一个辩证法家,第一个提出否定原理的人,"反者道之动"和"有生于无"的本义是认为一切事物的存在与运动都是来自事物的否定因素。

1987年,胡曲园教授的中国文化史观集中体现在他的《从〈老子〉说到中国古代社会》一文中。该文正确运用马克思关于社会精神生产的观点和方法,从《老子》说起,对先秦儒、墨、道、法诸家的学说作了扼要的分析和深刻的综合,科学地论证了作为意识形态的诸家学说与社会存在的关系,并且不以古代为限,最终展示出我国整个传统文化的总体特征。

近年来,在对"文化热"的诸多讨论中,始终未能达到在唯物史观的高度对中国传统文化的总体的把握。在谈及传统文化中的先秦诸子,不能仅限于他们之间的差异,因为尽管条分缕析、洋洋大观,然而却都达不到整体的把握。在马克思主义看来,"具体之所以具体,因为它是许多规定的综合,因而是多样性的统一"。因此,中国文化史观的理论使命并不在于对先秦诸子作学院式的探讨,而是应当努力从个别、特殊上升到普遍、一般,达到多样性的统一。

很显然,从哲学唯物主义和唯心主义的分野的角度对先秦诸子进行综合是达不到这个目的的。正如徐若木同志所指出的那样,这是因为先秦诸子主要关心的是社会政治问题,世界本原的纯哲学问题并不是当时百家争鸣中的热门议题;而从这个角度去进行综合,必然会舍弃他们多种多样的社会政治思想,损害各自的特殊性和个性,结果只不过是找出若干简单的共同点。另一种最常见的做法就是进行所谓阶级分析,把他们的学说统一于社会阶级的利益的反映。对先秦诸子采取这种划阶级的做法,实际上已经造成不少的混乱。按照马克思的说法,如果不知道阶级所依据的因素,那么"阶级也是一句空话"①,中国古代社会中的阶级划分情况如何,取决于对古代社会的性质、经济形态、直接生产者的地位等问题的研究,而这些因素还有待于探讨。古代西方奴隶社会的模式并不适用于古代的中国社会。因此,用阶级属性去分析和综合先秦诸子的学说,虽然标榜历史唯物主义,但却缺少历史唯物主义的有力依据。

胡曲园教授摒弃了通常习见的做法,力图用马克思的《民族学笔记》的思想,确立一种实事求是的中国文化史观。按照马克思主义的唯物史观,一切思想、原则、理论、学说都不是人的头脑或心灵自生的,它们是社会环境的产物,归根到底是社会的物质资料生产方式的反映。胡曲园的文章恰恰在分析先秦诸子的多样性的特点的同时,揭示了其内在的统一性即"崇古"精神,从而给先秦诸子的纷纭杂陈的学说注入了普遍性的灵魂。他论证道,孔子说"吾其为东周乎!"是要把西周的文化制度传播到东方诸国来,这说明孔子崇古;墨子欲"背周道而用夏政",提出原始公社的民主精神,自然也是崇古;老子主张"小国寡民","使民复结绳而用之",当然也是崇古;法家虽然标榜"不期修古",但竭力鼓吹并强化君权政治,加强与农村公社相伴随的中央集权的国家,与孔子的"礼乐征伐自天子出"的崇古精神并无实质的不同,所以也是一种崇古。因此,先秦诸子崇古之道不同,而其为崇古则一也。

胡曲园教授在文章中论证了先秦诸子的崇古精神乃是中国古代曾经长期存在的"亚细亚生产方式"的反映,这种生产方式当时正由盛而衰,或者发生各种变形,从而使他们的学说大都具有崇古的精神。"亚细亚生产方式"从土地所有制来看具有两个基本的对立因素:一是农村公社的土地所有制,在这种所有制形式中,"不存在个人所有,只有个人占有,公社是真正的实际所有者";二是国家对全国土地的最高所有权,表现为古代东方的专制制度。而先秦诸子的各种学说,或强调自然无为,或强调仁政礼治,或强调爱无差等,或强调君权至上,实际上都是用不同的方式反映着这两种制度的利益和要求。因此,先秦诸子的学说不管如何多种多样,甚至势若水火,都可以从古代中国的这种生产方式中找出最深刻的来源和根据。这就是胡曲园教授的中国文化史观的基本内核,对于深入研究中国古代文化和社会历史有着极大的启迪作用。

---

① 《马克思恩格斯选集》第2卷,第103页。

五

胡曲园教授的中国文化史观,从深入解剖《老子》入手,进而研讨了中国古代社会的性质,其意义在于如实地认识中国古代历史的真谛,论证了马克思关于社会发展形态多样性的论断。

胡曲园认为,《老子》的"小国寡民"反映了他的社会理想,"可以说是相当于中国古代井田制度的时期",其性质相当于马克思研究东方社会时所提出的"亚细亚生产方式"。正如马克思后来在深入研究俄国农村公社土地所有制所指出的:这"既是原生的社会形态的最后阶段","同时也是向次生的形态过渡的阶段,即以公有制为基础的社会向以私有制为基础的社会过渡"①。中国的井田制度在夏代就有了,在西周建国之际变动较大,形成了一个占统治地位的贵族阶层,周王是凌驾于公社之上的土地最高所有者。

对于史学界长期以来流行的"西周是奴隶社会"的观点,胡曲园认为"是值得研究的",其理由有五条:第一,社会性质是由社会的生产关系决定的,亦即由社会生产的主要承担者在生产过程中所形成的社会关系决定的。在商、周社会中的奴隶数量是很少的,他们在生产上不占主导地位;反之,在生产上占主导地位的,倒是公社农民。第二,马克思在《政治经济学批判》中指出,由于原始社会的状况不同,产生出它的解体的各种不同形式,如古希腊在公社解体之后成为奴隶社会,斯拉夫人和日耳曼人在公社解体之后成为农奴社会。而由于古代东方长期存在土地公有制的形态,形成东方社会发展的一系列特点。因此,我们不能套用一个公式,认定原始社会解体之后,接着的一律都是奴隶社会。第三,有奴隶制存在的社会,不一定就是奴隶社会。其实,在私有制时的任何社会里都可能有奴隶制存在。第四,把奴隶殉葬作为中国奴隶社会的证明,是没有说服力的。奴隶殉葬固然与奴隶制的存在是分不开的,但古代中国殉葬的,并不都是奴隶,其中也有平民和贵族。这并不能证明奴隶社会阶段的存在。第五,认为中国古代使用奴隶作战,这也不是事实。古代任何奴隶国家都不使用奴隶作战,因为奴隶是不会替奴隶主卖命的。周代战争是在保卫社稷的名义下,由人民自己提供费用、自备粮秣或武器,怎么能说是奴隶作战呢?

1853年6月2日,马克思在他给恩格斯的信中说:"……东方一切现象的基

---

① 《马克思恩格斯全集》第19卷,第450页。

础是不存在土地私有制。这甚至是了解东方天国的一把真正的钥匙。"四天之后,恩格斯复信给马克思,表示完全赞同马克思的看法,也认为"不存在土地私有制,的确是了解整个东方的一把钥匙"。据此,胡曲园教授说,马克思、恩格斯正是用土地公有制这把钥匙打开认识东方社会之门,而我们恰好相反,不但不予重视,甚至予以否认,把当时的阶级关系强调得同后来一样尖锐,这怎么能有利于对古代社会的探索呢?在他看来,中国由于没有经过奴隶社会的阶段,长期存在古代公社的残余影响,形成了后来中国历史文化发展的特点。

中国传统文化的崇古精神显然具有两重性。人们没有理由将"崇古"一概视之为复古倒退。其理由在于,马克思主义一贯认为,农村公社土地公有制的解体,即使在过去的时代也并不意味着历史的全面的进步。马克思曾经指出,德国的农村公社"由于继承了古代原型的特征,在整个中世纪时期,成了自由和人民生活的唯一中心"①。恩格斯也曾指出,西欧封建国家中保存下来的马尔克公社,"使被压迫阶级即农民甚至在中世纪农奴制的最残酷条件下,也能有地方性的团结和抵抗的手段"②。因此,我国先秦诸子的崇古精神中那些属于追忆农村公社生活、讴歌往昔的人民自由劳动的部分,始终具有积极的意义,不能一概视之为倒退。胡曲园教授认为,在中华民族几千年的历史文化中连续不断地保留了这样一种对人民一片热忱的传统——重视人民,是很可喜的。并且,它为后来的中国知识分子易于接受马克思主义思想打下了良好的心理基础。他认为我国崇古传统中的民主仁爱精神,是古代公社生活中自由平等的人际关系的反映。老子的"圣人无常心,以百姓心为心",孔子的"道之以德,齐之以礼"、"泛爱众,而亲仁",墨子的"兼相爱,交相利",孟子的"民贵君轻"等思想,都是古代公有制生活的反映。它们是当时阶级分化不太明显的历史环境的产物,应当受到尊重,把它一概视之为剥削者、压迫者的伪善是极不妥当的。

马克思曾指出:"古代的观点和现代世界相比,就显得崇高得多,根据古代的观点,人,不管是处在怎样狭隘的、民族的、宗教的、政治的规定上,毕竟始终表现为生产的目的,在现代世界,生产表现为人的目的,而财富则表现为生产的目的。"③非常显然,古代的观点之所以比现代私有者的观点"崇高得多",是因为他们大半都是围绕着人和人的完善而进行活动的,是对人和人民的一片热忱,而缺

---

① 《马克思恩格斯全集》第 19 卷,第 433 页。
② 《马克思恩格斯选集》第 4 卷,第 153 页。
③ 《马克思恩格斯全集》第 46 卷(上),第 486 页。

少这种崇高精神的文明世界却是"鄙俗的"。

当然,崇古精神的绵延不绝,也许正是东方社会所以长期停滞不前的反映。对此,胡曲园教授作了扼要而深刻的说明:"原因是古代公社解体之后,人民仍然约束在新的专制统治之中,私有制并未得到自由的发展,遂使传统势力有着存在的可能。"这主要是因为在古代中国,小农业和家庭手工业的牢固结合,在农村公社时代和农村公社解体以后都是农村经济的基础,没有发生过古代西方那样大规模的和持久的分工以及商品交换、商品经济发展的过程。而没有商品经济的发展,也就不会有真正自由的私有制的发展。专制制度的强化存在,是农业和家庭手工业分离过程缓慢的根本原因。阻碍和抑制商品经济的发展是古代东方专制制度的特点。在古代中国,从春秋以迄秦汉,专制制度对商品交换的抑制乃至打击是千年一贯的。老子的自然无为学说与自然经济、孔子的伦理政治学说与等级社会的稳定、法家的君权至上学说与专制国家、墨家的兼爱节用说与小生产经济在不同程度上是相适应的,他们的崇古精神是在私有制很不发展的客观经济条件下继续存在的理由。

胡曲园教授的中国文化史观还有一个颇具价值的思想,这就是中国文化史的主体性观点。他认为,社会发展史本是人民生活的发展史,因此,究竟怎样全面观察中国文化传统,如何进行具体分析,如何排除一切宗派的主观爱好,就成为一个至关重要的问题。他指出,文化作为社会发展的一个侧面,应该从人民生活的根本需要出发来研究问题,不然就没有文化抉择的客观标准,就会陷于笼统的保留或笼统的抛弃,不能解决问题,也不能得到成果。

(原载《学习与思潮》第四辑)

附 录

探古索今　直面现实
——胡曲园哲学精神的当代思考

胡曲园先生是我国著名的老一辈马克思主义哲学家,复旦大学哲学系的奠基人。早在中学时期就参加过五四运动。1924年,他考上北京大学德国文学系,然而在李大钊、鲁迅、钱玄同、刘半农等先进思想影响下,尤其在听了李大钊讲授的唯物史观课程和研读了陈望道先生翻译的《共产党宣言》后,为探求真理,他把兴趣转向了哲学专业。1927年,李大钊被杀害后,他毅然加入了中国共产党,勇敢地走上了革命道路。他曾经因参加北京地下党组织的暴动而流亡日本,也曾因策划组织北京"五一"游行而被捕入狱。因而他是一位马克思主义的学者,但首先是一位革命者,正是为国为民的抱负,使他在坚持真理面前无比坚强。

胡曲园也是一位知识渊博、学贯中西的学者。早在1932年,受李达的委托,他就和爱人陈珪如一起翻译出版了苏联列昂诺夫的《政治经济学教程》和《世界经济地理教程》。1935年,他和陈珪如都是中共地下党哲学研究小组成员,和艾思奇、胡绳一起研讨马列,完成对《大众哲学》各章节出版前的修改。1937年担任上海法政学院等高校教授,主讲中国哲学史、外国哲学史、哲学概论、中国社会思想史、逻辑学等课程,发表《抗战中的文化运动》《哲学讲话》《新启策运动》等多篇文章。1940年,胡曲园主编《哲学杂志》,撰写《论建立民族哲学的问题》等文章。1946年起一直担任复旦大学教授,在《周报》《知识生活》《中国建设》等刊物上,发表了《道思想自由之路》《今后的文化任务》《辛亥革命的成功与失败》《中国革命思想的传统特征》《孙中山的行知学说》等激扬时代的论文。由于历史的原因,胡曲园发表的大部分论文都已散失,今天选编的只是胡曲园在新中国成立后发表的部分论文,但仅凭这些论文也足以领略他在坚持马克思主义真理问题上的渊博、深邃、胆略和浩气,正如胡曲园先生在《自序》中所说:"它是我的心声。"

收入本论文集的共有25篇论文,我们大致可以从以下四个方面进行理解。

一、坚持马克思主义哲学的真精神

胡曲园是我国著名的马克思主义哲学家,他的论著以思想深邃著称,然而在"大跃进"和"文革"期间,他却受到非常不公正的批判,现在看来其真正原因就是坚持了马克思主义的正确理论。

文集第一篇写于1957年,当时"反右"之风已经弥漫,而我们的党内和理论界则盛行着只讲斗争,不讲团结和统一的"斗争哲学",对于这种假的马克思主义,胡曲园心如火焚,连续发表了两篇文章《对立统一是辩证法的核心》和《再论对立统一是辩证法的核心》,矛头直指斯大林四章二节理论为代表的教科书体系,明确指出:"斯大林在哲学上抛弃对立的统一,片面强调对立的斗争。"[1]文中还直接批评了罗森塔尔编著的《简明哲学辞典》和阿历山大罗夫主编的《辩证唯物主义》第6章的错误原理。

胡曲园认为"对立的统一"是辩证法的核心,不能离开统一讲对立,也不能离开对立讲统一,这是辩证思维的基本原则,然而"这些哲学家对于对立的统一是辩证法的核心这一原理,只从对立的方面加以观察,而没有从统一或同一的方面去了解"[2]。这样事物的转化就变成了无情的斗争:"这种转化,在这些哲学家们看来,似乎都是通过斗争得来的,但是如果没有转化的可能性(指事物相互间的同一性),是不是单靠斗争就能实现呢?"由于只有斗争,因而事物的联系也就变成了抽象的联系,"他们在联系这一笼统的概念之下,抓到了对立的斗争,丢掉了对立的统一(或同一)"[3],其结果,必然是"在现实的斗争之中,把认识上的矛盾,扩大成为阶级对立,进而把阶级对立扩大成为政治阴谋,最后走上扩大肃反的道路"[4]。按此逻辑,无产阶级专政也会发生蜕变,"这些哲学家根本没有想到:强调无产阶级专政的专政职能就往往会带来忽视民主的缺陷,要求权力集中就会带来权力集中的缺陷,强调个人威信,就会把自己送入个人专断的绝境"[5]。这些理论在今天的学界看来可能只是常识,可是在1957年,在苏联哲学界一统天

---

[1] 见本书,第20页。
[2] 见本书,第3页。
[3] 同上。
[4] 见本书,第4页。
[5] 同上。

下的时代,胡曲园的批评不能不是一面旗帜,而理论所指向的实践,在今天的学人看来不依然具有切中时弊的新鲜感吗?胡曲园文章发表以后的"反右""大跃进"和"文革"不正从反面印证了胡曲园忠告的正确性吗?联想到"大跃进"时期胡曲园对"人有多大胆,地有多大产"的批评,以及为此而受到的批判,足见胡曲园先生的理论洞察力、政治勇气和一生的坎坷。在《序言》中有一段话很能说明他的心态:"1958年我被指责为'只专不红'。1959年由于我否定'人有多大胆,地有多大产'的大跃进口号,作为'右倾思潮'的代表受到批判。十年内乱,我更受到种种折磨,蹲牛棚,下干校,直至'四人帮'倒台。……半个多世纪过去了。回想我在五四运动时期被中学除名,在大学读书时期被捕坐牢,抗战时期在上海经历政治风险,解放后在'左'的压力下屡遭批判,真是感慨万千,确实有着一番在泥泞中跋涉的滋味。"①

"文革"结束时,胡曲园已是古稀之年,然而他却像青年一样投入了战斗。在实践是检验真理标准讨论前夕,他连续发表了两篇文章《论真理没有阶级性》和《再论真理没有阶级性》。正如胡曲园所说:"关于真理有没有阶级性的问题,本来是可以讨论的。但林彪、'四人帮'却在真理'有阶级性'的幌子下,人为地设置禁区,用资产阶级唯心主义的真理论来冒充马克思主义的真理论,并把他们这个反动谬论作为打人的棍子,摧残革命同志。对他们推行的法西斯文化专制主义必须彻底批判。"②胡曲园认为"真理是客观的","真理是我们对客观事物的正确反映,一个事物是不可能有两种正确反映的,尽管人们的阶级立场、观点和方法不同,对于同一对象会得出不同的、甚至完全相反的结论,但是关于同一对象的真理,只有一个,就是那种符合客观事物发展变化规律的正确认识"③;"如果认为真理有阶级性,就必然得出真理是随阶级而异的结论","不能把人在认识和运用真理时所表现的阶级性套到客观真理上去",林彪、"四人帮"鼓吹真理阶级性,"表面看去,似乎他们非常注意用阶级斗争的观点观察和分析问题,实际上是否认检验真理的客观标准"④,一方面"把马克思主义真理当作教条",鼓吹"句句是真理,一句顶一万句","用唯心主义真理论来冒充马克思主义真理论",另一方面又"把他们这个反动谬论作为打人的棍子,摧残革命同志"。胡曲园文章刊登在

---

① 见本书,第2页。
② 见本书,第34页。
③ 见本书,第33页。
④ 同上。

停刊十年后刚刚复刊的《复旦学报》1978 年第一期上，胡耀邦看了非常高兴，他在《理论动态》上批示："今天收到这本刊物，翻了一下，觉得敢于接触实际问题，内容多彩，文风也比较好。现在意识形态领域的空气仍很沉闷，哼哼哈哈的东西很多，相比之下，就感到这个刊物可爱。"胡曲园关于强调真理阶级性的实质是"否认检验真理的客观标准"的结论，为即将开展的真理问题大讨论起了理论上的推进作用。

二、马中西贯通，开拓马克思主义哲学教学的新境界

胡曲园坚持马克思主义真精神的更重要表现是开拓马克思主义哲学教学新境界，胡曲园担任复旦大学哲学系系主任 30 年，他深知马克思主义哲学教学在国家建设中的重要性。20 世纪 80 年代，他集中写了五篇这方面的论文。

胡曲园对哲学教学的反思集中体现在《解放后哲学教学的主要失误》和《马克思哲学的遭遇》二文中。胡曲园认为："从哲学教学来说，我认为过去最大的失误，是没有真正理解马克思主义哲学的精神。"①正是这种失误，导致了林彪、"四人帮"的猖獗。

恩格斯说哲学的基本问题包括两个方面，我们常把第一方面，即"唯物""唯心"作为评判一切哲学家、思想家和实际活动家的根本标准，"认定凡是唯物主义者都是正确的，凡是唯心主义者都是反动的"②。结果导致了思想界的最大一次浩劫，"在'文化大革命'中，很多知识分子被批斗得死去活来，就是这一思潮酿成的后果"③。胡曲园认为这是对马克思主义的庸俗化、教条化理解。胡曲园以反潮流的精神明确提出："哲学的真正任务是在哲学基本问题的第二方面，而不在第一方面。第一方面不过是第二方面的理论前提"，只有第二方面，即"我们关于我们周围世界的思想对这个世界本身的关系"才构成问题的实质。它"要求和解决思维与存在之间存在的矛盾，所以哲学基本问题的第一方面不可能包含着第二方面，反之，第二方面在论证思维与存在能否同一的过程中倒是包含了第一方面"④。"学习哲学的目的和任务，不是为了划分'唯物'或'唯心'，而是要为人们的活动提供一个如何才能符合实际的途径和方向，可以达成我们认识世界和改

---

① 见本书，第 78 页。
② 同上。
③ 同上。
④ 见本书，第 79 页。

造世界的目的。"这一深刻的理解不能不是哲学界一声清醒的"惊雷",引起哲学界的反思。

在《马克思哲学的遭遇》一文中,胡曲园对《联共(布)党史简明教程》第四章第二节的思想再一次展开了批判,认为"不论马克思是从黑格尔那里接受'合理内核',还是从费尔巴哈那里接受'基本内核',它们都被《联共(布)党史简明教程》歪曲了。这就是马克思哲学在近些年来的遭遇"[①]。从合理内核看,"《联共(布)党史简明教程》在阐述马克思的辩证法时,……通篇看不到一句'对立统一'的用语,认为'发展就是对立的斗争'。这样没有统一作为前提的斗争,便成了无原则、无条件的乱斗"[②]。而在"基本内核"问题上,只看到马克思对费尔巴哈物的第一性的强调,而没有看到马克思对费尔巴哈人的主体性的继承和发展。胡曲园说,"如果只看到马克思终生致力于社会的客观研究,便认为马克思没有把人作为哲学的出发点,是不公正的"。费尔巴哈"把关于人的认识局限于生理学和心理学等生物学的范围",而没有"充分认识人是生活在社会的实践之中",但必须承认费尔巴哈"人的哲学"对马克思的启迪作用。"不承认马克思关于社会的研究,是为了把人从泥坑中拯救出来,从而获得人性的健康发展,是无法令人信服的。"[③]这两点深刻的反思,都是胡曲园捍卫马克思主义真精神的表现。

由此,他提出了要认真学习哲学史的号召。在《谈如何学习哲学》一文中,明确提出了"学哲学一定要学习哲学史"[④],"因为哲学史体现了逻辑和人类认识发展史的统一";"研究哲学史,在一定意义上说就是研究哲学本身。……哲学原理离开了哲学史,就会脱离历史,脱离实践,脱离人类的认识"[⑤]。并告诫后人:"不懂哲学史,就会受骗上当。要记住,蔑视哲学史是不能不受惩罚的"[⑥],"一个民族要想站在科学的最高峰,就一刻也不能没有理论思维";"这种能力必须加以发展和锻炼,而为了进行这种锻炼,除了学习以往的哲学,直到现在还没有别的手段"[⑦]。同时要加强马克思主义哲学原理的学习,"哲学史的学习不能代替马克

---

① 见本书,第84页。
② 见本书,第82页。
③ 见本书,第84页。
④ 见本书,第71页。
⑤ 见本书,第72页。
⑥ 见本书,第73页。
⑦ 参见《马克思恩格斯全集》(第20卷),人民出版社,1971年第382页。

思主义哲学原理的学习"①,"只有站在马克思主义哲学的立场上,才能真正读懂黑格尔。……因此当着我们强调学习哲学史的时候,决不能放松,忽视马克思主义哲学原理的学习,而是应该加强"②。

同时,胡曲园提出了学习马克思主义哲学的另外两条重要原则。(1)认真读原著原则。"我们学习马克思主义哲学,一定要刻苦认真,持之以恒。应当尽可能多学一些原著,不要太依赖和迷恋二三手的辅导参考材料。学习无捷径,它成于勤而毁于惰。一遍不懂,多读几遍,联系思考,总会豁然贯通的。""不能搞片言只语,要注意系统性和完整性。"③ (2)马、中、西贯通原则。马哲、中哲、西哲最后学问是贯通的,"心以积疑而起悟,学以渐博而相通",这是胡曲园最喜欢的张居正名句,也是胡曲园一生做学问的真实写照。正如他在《谈如何学习哲学》一文中所说的:"几十年来,我先后讲授过中国哲学史、外国哲学史和马克思主义哲学原理的原著课,根据我的体会,学习理论和学习哲学史确实是学习和研究马克思主义哲学很重要的两个方面。只要善于把两者结合起来,就能收到相互促进的益处。在这个过程中,要有毅力,做一个孜孜不倦的苦学者,一曝十寒是不行的。"④胡曲园的忠告成为哲学系办系的指南,几十年来,复旦哲学系始终坚持读原著和马、中、西对话,这是与胡曲园的远见卓识分不开的。

胡曲园是真正的哲学大师,他热爱马克思哲学,又学贯中西,精通古文和西文,是一位知识渊博、见解深刻的学者。在本文集收集的25篇论文中,有10篇是研究马哲的,在剩下的15篇中,有6篇是研究老子"道"和辩证法的,一篇研究公孙龙辩证逻辑的,一篇研究孔子思想的,两篇是研究胡适的,还有一篇是研究孙中山的,与西方相关的有两篇,一篇是研究康德总体思想的,另一篇研究西方马克思主义的,最后还有一篇是研究中国古代社会的。涉及面之广、之深都足以体现他的哲学教育思想。他热爱哲学,正如黑格尔所说:"我知道很多美妙的科学,但是我不知道有比哲学更加美妙的科学了"。正是在这里,他找到了人生的真正精神支柱。

1986年艾思奇同志逝世二十周年,胡曲园写了纪念文章,提出了哲学教育的通俗化、中国化、现实化问题。早在1935年,胡曲园就是艾思奇哲学小组成

---

① 见本书,第75页。
② 见本书,第75页。
③ 见本书,第76页。
④ 见本书,第77页。

员,并参加讨论了《大众哲学》各章节,正是对艾思奇的感情触发了他的纪念文章。胡曲园认为:"艾思奇在现代中国,是哲学大众化通俗化的先驱。1934年11月,他发表了'哲学讲话'的第一篇《哲学并不神秘》,此后,他在《读书生活》上每期写一篇,到1935年底写成24篇。1936年1月集结成《哲学讲话》出版,……后来遭国民党反动派的查禁,改名《大众哲学》再版,到1938年即已出到第十版,到1948年已出到三十二版。可见,《大众哲学》在中国大众中的影响极大。"[1]其"根本动力来源于他对党和人民的一片忠心,对无产阶级革命事业的热忱,对马克思主义的坚信不移"[2]。哲学的基础在生活中,正如艾思奇所说:"哲学本身也是从日常生活的基础里发生的";"就是真正的专门问题,也同普通生活有关系的,一般专门问题之所以专门,是因为被教授学者们过分抬高了,使我们看不见它和生活的关系"[3];"不搞普及,将理论束之书斋课堂,不仅妨碍理论发挥作用,而且由于脱离群众的需要,最终也必然影响理论的繁荣"[4]。在三者的关系中,艾思奇认为:"无论哲学的通俗化还是中国化都不是目的,更重要的乃在于哲学的现实化"[5],"哲学的主要任务是要能够真正解决人类生活上事实上的问题,要能真正解决这些问题,才足以证明它是事实上的真理"。(《艾思奇文集》第1卷,第139页)理论"如若不联系实际,理论就会成为空洞及教条,金子'也常常在我们的手里不知不觉变为泥土'"[6]。艾思奇说:任何理论,"它只能起引导的作用,而不能起教条的作用",因而理论联系实际是马哲研究和教学的一个基本原则,胡曲园号召:"一切有出息的理论工作者都要根据中国革命每一时期的经验,不断地来丰富和发展马克思主义理论","不坚持马克思主义的基本原理,是不行的,不冲破某些已经过时的或者实践证明不完全正确的个别原理,而代之以马克思主义的新的原理,也是不行的"[7]。胡曲园一生,就是坚持马克思主义真精神的一生。复旦大学哲学系,尤其马哲学科点长年坚持以问题为导向的研究方向,与胡曲园教授的言传身教是分不开的。

此外,复旦大学马哲学科点以历史唯物主义为重心的研究方向,也与胡曲园

---

[1] 见本书,第62页。
[2] 见本书,第60页。
[3] 见本书,第64页。
[4] 同上。
[5] 见本书,第67页。
[6] 同上。
[7] 见本书,第68页。

教授的引导有很大关系。胡曲园在《纪念马克思逝世100周年的论文》中认为："历史唯物主义的创立,是人类思想史上最伟大的旭日东升。它成为马克思主义哲学区别于以往一切哲学的最主要的标志。"因而研究马克思主义不能停留在一般的唯物论,而应该进到历史唯物论,"要用唯物史观作为观察国家命运的工具"①。这就要不断深入生活实际,中国是一个"有着典型的特殊性的东方大国",在历史发展中,"必然要遇到许多特殊的复杂问题。……在这里要反对千篇一律、死板划一、彼此雷同,必须考察、研究、探索和把握本民族的特点和特征"②。胡曲园震惊学界的论文《从〈老子〉说到中国古代社会》就是这一精神的产物。胡曲园认为"认清中国社会的性质,就是说,认清中国的国情",这个问题具有头等重要的意义。③ 胡曲园号召"一切忠于历史唯物主义学说的革命者,有责任不使它同社会生活隔绝、停滞不前、僵死枯萎,而必须同我国的具体实践相结合,以新鲜的革命经验丰富它,使它保持旺盛的生命力",这"需要我们付出艰巨的劳动,倾注毕生的精力"。胡曲园一生正是对他信念的最好实践。

三、老子的"道"与中国古代辩证法

胡曲园先生一生最著名的学术贡献有两个,一是对老子"道"的研究,二是对中国古代社会的研究。

胡曲园重视老子有两个原因:一是"老子是中国哲学史上第一个辩证法家,第一个提出否定原理的人"④;二是"老子和孔子一样,是中国古代两个最伟大的思想家"。然而在"左"思潮影响下,在以唯物、唯心论英雄的年代,老子的思想往往被打入唯心主义冷宫而受到歧视,这是很不公正的。从更深层的原因讲是我国学界还没有达到对中国历史深处的真正存在论思考,而老子的研究对于理解中国古代社会具有重大意义,正像胡曲园所说:"对于中国学术的研究,无论是政治、宗教、文艺、哲学以及自然研究的活动,都还没有达到从特殊上升到一般,进行全面综合研究的阶段,所以也就没有感觉需要预先去考虑《老子》的影响的必要,我想待到有关中国思想文化的历史研究达到一定高度的时候,所有一切在历

---

① 见本书,第50页。
② 见本书,第51页。
③ 同上。
④ 见本书,第145页。

史上发生过重大影响的学说都必将得到应有的准确说明。"①为此他连续写了七篇关于老子的文章,以激活并推进对中国古代社会的思考。

要展开老子的思想,第一个要解决的问题是老子哲学的性质问题,是唯物还是唯心?正如胡曲园所说:"关于《老子》的哲学性质,是中国哲学史上老大难的问题。我在四十年代讲《中国社会思想史》时就遇到了这个难题。"②中国古代大约有一千年的时间,尤其是"文革"期间,老子思想一般都归为唯心主义阵营,因而他思想的内涵一直没有得到学界认可。

胡曲园 1959 年就发表了《论老子的"道"》,系统论述了中国古代思想界对老子"道"的两种对立观点,涉及韩非子、司马迁、王充对老子道的唯物主义肯定以及魏晋以后逐渐玄学化唯心化,深刻揭示两种不同态度的思想历史背景,强调老子"道"的唯物主义性质。③ 80 年代连续发表《老子不是唯心论》《我对老子的看法》《再论老子的道》《论老子的"无"及老子其人》,系统阐述老子的辩证法的哲学性质。

胡曲园认为老子的"道"具有唯物的性质,"窈兮冥兮,其中有精"。"这里的'精'过去都读作情,这是不妥当的",其实《老子》所说的精,就是管子所说的精,"精,气之精者也"④,"《老子》的'道',包含着世界本质的两个方面,精气及其运动规律"⑤,因而把老子归为唯心论是不妥的。不仅如此,"道"还有世界本原的意思,《道德经二十五章》有:"有物混成,先天地生";"道生一,一生二,二生三,三生万物"。这是对世界本原的朴素解释,其内涵却是对世界万事万物系统性、整体性、相关性的高度概括。

老子说"天下万物生于有,有生于无",许多人根据"无"而认定老子是唯心主义,胡曲园认为这是不对的。有生于无,这个"无"也是物质存在的一种形式,物质分为有形之物和无形之物,因而才有"有物混成,先天地生"。胡曲园认为在老子的学说中,"无"是一个特别重要的概念,"有生于无",目的"显然是老子要用他的辩证法的思想来说明万物的生成,即一切现实的'有'都包含着它们的反面因素'无',……即一切事物都是由于它本身包含的肯定因素和否定因素的矛盾作

---

① 见本书,第 152 页。
② 见本书,第 154 页。
③ 见本书,第 121 页。
④ 见本书,第 160 页。
⑤ 同上。

用才能发展的"。所以只有把"无"理解为对"有"的否定,才能充分表示老子对于万物生成的素朴的唯物论观点。胡曲园特别分析了老子"三十辐共一毂,当其'无',有车之'用'。埏埴以为器,当其'无',有器之'用';凿户牖以为室,当其'无',有室之'用'。故'有'之以为'利','无'之以为'用'"这段话,令人信服地指出,车轮、陶器、房屋之所以能给人便利,就是靠着"无"(空洞、凹处、门窗空间)的作用。显然离开了无就无所谓有,当然无也离不开有,因而"有无相生"。联系到《老子》其他丰富的辩证法思想,例如"有无相生,难易相成,长短相形,高下相倾,声音相和,前后相随","祸兮,福之所倚","福兮,祸之所伏","曲则全,枉则直","物壮则老","合抱之木,生于毫末;九层之台,起于累土;千里之行,始于足下","明道若昧,进道若退,夷道若纇,上德若谷"。胡曲园认为"老子是中国哲学史上第一个辩证法家","《老子》的辩证法思想在中国各家学说之中,应该说是最丰富的了"[①];"学习马克思主义哲学,十分重要的就是要学习马克思怎样运用辩证法"[②]。因而揭示老子哲学的唯物论性质对于发掘中国古代的辩证法思想是非常重要的,尤其是在以唯物唯心论英雄的年代。除了辩证法,胡曲园还探讨了辩证逻辑与形式逻辑的关系,胡曲园曾写过专著《公孙龙子论疏》,在本文集中《先秦逻辑大师——公孙龙》一文就是对这一问题非常有深度的探讨。

四、亚细亚生产方式与中国古代社会史观

引起胡曲园对《老子》哲学兴趣的另一个更重要原因是老子的古代史观,胡曲园说:"我读了《老子》五千言的全文,觉得它在先秦诸子中对现实的批判恐怕是最突出的"[③];"马王堆出土的《道德经》,为什么把《德经》放在《道经》的前面?我认为很大的可能是因为《德经》号召人民反抗,引起秦宋起义农民重视的缘故"[④];"在中国古代思想家中像老子这样号召人民不顾生死起来斗争的人,确实是罕见的。在过去,老子的思想虽以'清静无为'的口号流传于社会上层,可是社会下层却把它当作'替天行道'的旗帜('天之道损有余而补不足'),通过各种形式流传于民间"[⑤]。尤其是胡曲园在研究了马克思《1857—1858年经济学手稿》

---

① 见本书,第161页。
② 见本书,自序第2页。
③ 见本书,第154页。
④ 见本书,第161—162页。
⑤ 见本书,第162页。

后,深感《老子》实际上是探求中国古代社会性质的一个非常重要的切入口,因为老子所向往的"小国寡民"在中国实际上就是马克思所说的以村社为基础的亚细亚生产方式。这种生产方式实际上是理解中国古代政治、文化、社会的一把钥匙。而中国之所以要实行亚细亚生产方式,又与中华民族的历史遭遇与生存环境有很大的关系。

中华民族要在长江、黄河流域生存,治水的需要是中华民族生存的第一需要,而这种治水不是靠一家一户一村所能解决,必须要全国一盘棋,集中全国的人力和物力,因此大一统是中华民族生存的本能要求,"天人合一,天下一家"是中华民族最初的生存理念。而在治水以后,最佳的生产组织形式不是奴隶制,也不是农奴制,而是亚细亚土地所有制,即土地公有,每家分一块相同的土地耕种,并把收获物的一小部分上交给国家。老子向往的"小国寡民",就是这种最初的生产方式,"可以说是相当于中国古代井田制度的时期"。"夏后氏五十而贡,殷人七十而助,周人百亩而彻"①是对亚细亚生产方式的最好描述,田地似井字划界,每家耕种相同的一块土地,并把一部分收获物以"贡""助""彻"的方式上交国家。由于每家专心于自己的土地,"甘其食,美其服,安其居,乐其俗",因而"鸡犬之声相闻,民至老死不相往来"。② 中国人追求的"大同"世界就是这种每家都一样的世界,均贫富的理念也由此产生。"到战国初期,商鞅主张'开阡陌,废井田'以后,井田制度就逐渐趋于消灭。"③尤其到了战国中后期,封国林立,战火不断,这正是中国古代思想家向往井田制的原因,即回到一种和平、大同的世界。正如胡曲园所说:"先秦诸子的思想,虽各有其不同的内容,却具有一个共同的趋向,这就是'崇古'。孔子说:'吾其为东周乎!'……墨子'背周道而用夏政',……老子主张'小国寡民'",其本质都是对远古井田制的向往。这种影响一直持续到近代,由于全民治水和全民耕种,因而"民为邦本"成为重要的治国理念,而最好的政治则是以民为本的政治。因此胡曲园说:"从社会发展史来看,任何崇古复古的思想都是错误的,没有前途的,可是在中华民族几千年的历史文化中连续不断地保留了这样一种对人民一片热忱的传统,我认为是很可喜的。"④中华民族"天人合一,天下一家,以人为本,以和为贵"的文化精神从某种意义讲都起源于治水

---

① 见本书,第175页。
② 见本书,第174页。
③ 见本书,第175页。
④ 见本书,第181页。

的需要,尤其是"和"的精神,与西方"斗"的精神不同,因为任何一个绝对对立面的存在,都有可能使治水工程功亏一篑,因而"和"的治国理念本质上依然起源于中华民族的生存需要。更重要的是马克思、恩格斯所说的:"东方一切现象的基础是不存在土地私有制。这甚至是了解东方天国的一把真正的钥匙。""普天之下,莫非王土,率土之滨,莫非王臣",土地公社所有或国家所有,这正是东方社会的最主要特点,"马克思恩格斯正是用土地公有制这把钥匙打开了认识东方社会之门"。① 从这点讲,中国古代社会的性质和组织方式是与西方不同的,舍此不能理解中国古代的政治、经济、历史和文化。

正是出于对中国古代亚细亚村社制度的深入思考,胡曲园得出了中国没有经历西方意义的奴隶制和农奴制的正确结论。胡曲园先生作了以下五点说明:(1)"社会的性质是由生产关系决定的",在中国古代社会,"奴隶的数量都是很少的",奴隶从来不是生产的主要承担者,因而把先秦、商周社会称为奴隶社会是不妥的;(2)古代中国,由于"长期存在土地公有制的形态",因而"形成东方社会发展的特点,……不能千篇一律地认定原始社会解体之后,接着就是奴隶社会";(3)中国古代存在奴隶制,但主要是家奴,不是生产奴隶,因而"有奴隶制存在的社会,不一定就是奴隶社会";(4)中国古代殉葬者中"不都是奴隶,其中也有平民和贵族",因而不能把奴隶殉葬作为中国古代奴隶社会的证明;(5)"有人认为中国古代使用奴隶作战,这也不是事实",周代战争,参加战争的是"自备粮秣或武器"的农民,而不是奴隶。② 五点理由,字字千斤,这一振聋发聩的见解,引起了学术界强烈的争论和反响,很多刊物对此作了积极的评论和讨论。它不仅对占主导地位的教条化、简单化的社会演进理论提出了批评,同时为真切研究中国古代社会打开了实事求是的新天地!为坚持中国特色的社会主义作了基础性的理论铺垫。

胡曲园的研究不是停留在文本,而是深入到生产方式,不仅深入到生产方式,而且探讨生产方式的生存论根源,这一研究才是真正历史唯物主义的研究。我国资深翻译家、《马克思恩格斯全集》第一版第45卷翻译者徐若木先生看了胡曲园先生文章后,彻夜难眠,激动地给胡曲园先生写了几千字的一封长信,高度赞赏胡曲园先生的学识和人格,称文章虽短小,却有"挈巨鲸于碧海,纳须弥于芥

---

① 见本书,第177页。
② 见本书,第176—177页。

子"之伟力,彻底揭开了中国历史的真面貌,越读"愈觉义深味醇,不胜高山仰止之感"。徐若木先生的感触正是不少学者研读后的感触。胡曲园先生的文章可称为剖析中国古代社会性质的一篇时代雄文,将永远铭记在中华英杰学术史上。

回顾胡曲园先生的一生,我们会发现胡曲园先生是一位博通古今的学者,但首先是一位革命者,正是救国救民的抱负和马克思主义的信仰,使其刚正不阿,坚持真理。在新中国思想史上,他是最先批判苏联主流意识形态否定"对立统一"而导向极"左"思潮的学者之一。在"大跃进"时代,他是最先批判"人有多大胆,地有多大产"唯心主义治国论的学者之一。在哲学基本问题上,他是第一个提出"哲学的真正任务是在哲学基本问题的第二方面,而不在第一方面"的学者。在中国古代思想史上,他是新中国成立后最自觉拯救老子唯物论、辩证法和社会思想的思想家之一。在中国古代社会史研究中,他是最早最自觉运用马克思提出的亚细亚生产方式研究中国问题的学者之一,是最早明确提出中国没有经历西方意义的奴隶社会和农奴社会的学者之一。虽然为此他在极"左"年代受尽磨难和批判,但抹去浮尘,屹立在我们面前的是一位堂堂正正的学者,是一位令后学肃然起敬的真正的马克思主义哲学家。胡曲园不愧是复旦哲学系的创始人,是复旦马克思主义哲学专业的奠基者,是马克思主义哲学精神的真正传人。

(本导读在参考了余源培、翟绍、俞吾金、吴晓明纪念文章的基础上写成,由孙承叔执笔。)

胡曲园先生小传

胡曲园,中国老一辈马克思主义哲学家,哲学教育家。1905年9月生于湖北省荆州市江陵县。原名胡庭芳,"曲园"一名,是我国著名国画大师齐白石为他治印时因家乡曲水村而给他取的别号。胡曲园四岁丧父,家境艰难。1917年迁居北京,在正志中学学习。1919年五四运动爆发,胡曲园因多次参加游行,被学校开除。后转入北京四中学习。1924年,考入北京大学德国文学系,在李大钊革命思想和唯物史观课程的影响下,尤其是读了陈望道先生翻译的《共产党宣言》后,开始走上革命道路,并由文学专业转向哲学研究。1927年李大钊被杀害,胡曲园前赴后继正式加入中国共产党,并担任"北方国民党左派大联盟"宣传干事。后参加中共北京市委组织的武装暴动,暴动失败后,东渡日本避难。在日本与李亚农等组织哲学讨论会。1928年回国,继续在北大求学。1930年因参与筹划组织北京"五一"游行被捕入狱,9月底获释。年底完成大学学业后,偕同未婚妻陈珪如到上海,在熊得山和李达合办的昆仑书店工作。1932年,受李达的委托,他和爱人一起翻译出版了苏联列昂诺夫的《政治经济学教程》和《世界经济地理教程》。1935年,他们二人共同参加了艾思奇领导的中共地下党组织的哲学研究小组,成员还有沈志远、柳堤、胡绳,《大众哲学》各章节出版前就是在小组内讨论的。1937年后,胡曲园先后受聘于上海法政学院、上海法商学院、上海无锡国学专科学校、上海法学院等高校教授,开设中国哲学史、外国哲学史、哲学概论、中国社会思想史、逻辑学等课程,发表《抗战中的文化运动》《哲学讲话》《新启策运动》等多篇文章。1940年,胡曲园主编《哲学杂志》,撰写《论建立民族哲学的问题》等文章。抗战胜利后,胡曲园在《周报》《知识生活》《中国建设》等刊物上,陆续发表了《道思想自由之路》《今后的文化任务》《辛亥革命的成功与失败》《中国革命思想的传统特征》《孙中山的行知学说》等论文。1946年起,胡曲园担任复旦大学教授,并参加张志让、章靳以、沈体芝、周予同、蔡尚思、李正文等知名人士发起组织的上海大学教授联谊会,积极参加反对内战、争取和平民主的斗争,被誉为"民主教授"。

　　新中国成立后,胡曲园担任复旦大学校务委员会委员、校秘书长兼法学院院长。1950年他与冯定、刘佛年等人发起成立中国新哲学研究会上海分会,并任会长。1952年任中国民主同盟上海市区分部主任,参与创建民盟复旦大学支部,并任民盟复旦大学支部首届主任委员。胡曲园曾担任复旦大学党委委员、校务委员会委员、复旦大学工会主席、上海市哲学学会副会长、名誉顾问,上海市哲学社会科学联合会顾问、国务院古籍整理出版规划小组成员等职。1956年,胡曲园受命组建复旦大学哲学系,并长期任系主任。1981年,被国务院学位委员会聘请为第一批博士生导师。1993年,胡曲园因病去世,享年89岁。

胡曲园先生学术年表

1905 年

9 月,生于湖北省荆州市江陵县。

1917 年

随叔叔迁居北京,在北京正志中学学习。

1919 年

"五四"运动爆发,因多次参加游行,被学校开除,后转入北京第四中学继续学习。

1924 年

考入北京大学德国文学系,听了李大钊讲授的唯物史观课程、读了陈望道先生翻译的《共产党宣言》后,转向哲学研究。

1927 年

李大钊被杀害后,与未婚妻陈珪如同年加入中国共产党。后参加中共北京市委组织的武装暴动,暴动失败后,东渡日本避难。在日本期间,与李亚农等组织哲学讨论会。

1928 年

回国,继续在北大求学。

1930 年

"五一"前,因筹划组织纪念"四·一二"惨案游行,被国民党当局逮捕,半年后获释,经补考完成大学学业。

1930 年

年底,胡曲园夫妇同去上海,在熊得山和李达合办的进步书店昆仑书店工作。

1931 年

翻译出版了海涅的《抒情诗》。

1932 年

受李达同志委托,与陈珪如一起翻译出版了苏联列昂诺夫的《政治经济学教程》一书。

1935 年

与夫人陈珪如一起参加了地下党组织的哲学研究小组,成员有艾思奇、沈志远、柳堤、任白戈、陈楚云、胡绳等。

1937 年起

先后担任上海法政学院、上海法商学院、上海无锡国学专科学校、上海法学院等高校教授,开设中国哲学史、哲学概论、西洋哲学史、中国社会思想史、中国通史、逻辑学等课程。

抗战爆发后,陆续在上海《民族公论》《译报周报》《知识生活》等刊物上发表《哲学讲话》《新启蒙运动》《评逻辑与逻辑术》等文章。

1940 年

主编《哲学杂志》,并在第一、二期上亲自撰写了《论建立"民族哲学"的问题》《悼蔡元培先生》等文章。

1945 年

抗战胜利以后,在《周报》《中国建设》等刊物上,陆续发表了《道自由思想之路》《今后的文化任务》《辛亥革命的成功与失败》《中国思想的传统特征》《论个人主义》《论偶像》《中山先生的知难行易说》《中国思想的传统缺陷》等文章。

1940 年到 1950 年

协助陈珪如翻译出版了我党急需的理论著作,包括苏共中央学校的《唯物辩证法教程》(新知书店,1940 年,孙冶方提议翻译)、列宁的《唯物论与经验批判论》(上海读书生活出版社,1948 年,此书由德文翻译,胡曲园起了很大的作用)、恩格斯的《自然辩证法》(上海联合发行所,1949 年,陈珪如对恩格斯原著做了编译和介绍)、斯帕克斯的《马克思主义和科学》(世界知识出版社,1950 年)、苏联新版的《辩证唯物论与历史唯物论》(新华书店,1950 年)等,并与周建人、艾思奇、孙冶方、于光远结为好友。

1946 年起

担任复旦大学教授,积极参加张志让、章靳以、蔡尚思、李正文等知名人士发起组织的上海大学教授联谊会,积极参加反对内战、争取和平民主的斗争,被誉为"民主教授"。

1949 年

担任复旦大学校务委员会委员、校秘书长兼法学院院长、复旦大学教务长。

1950 年

与冯定、刘佛年、郑易里等二十余人发起成立了中国新哲学研究会上海分会,并被推为会长。同年,上海哲学学会成立,胡曲园担任副会长。

1955 年

受高教部和复旦大学的委托,在复旦大学创办了马克思主义哲学研究班。

1956 年

在马克思主义研究班的基础上,创建复旦大学哲学系,任系主任兼辩证唯物主义和历史唯物主义教研室主任,至 80 年代。

1957 年

发表《对立的统一是辩证法的核心》《再论对立的统一是辩证法的核心》,公开批判以斯大林为代表的错误哲学倾向。

1958 年

发表论文《关于理论联系实际争辨中的若干问题》,公开批判"人有多大胆,地有多大产"的"大跃进"左倾唯心思潮。

1959 年

发表《论老子的"道"》,开始中国古代社会研究。

1963 年

主编《形式逻辑》,由上海人民出版社出版。

1975 年

发表《中国民主革命的先驱孙中山先生的哲学思想》,全面评价孙中山哲学思想。

1978 年

发表《论真理没有阶级性》,开始为真理问题讨论作理论准备,此文受到胡耀邦同志的好评。

1979 年

发表《再论真理没有阶级性》。

1980 年

发表《评"西方马克思主义"的主要哲学观点》《〈老子〉不是唯心论》、《论五四运动时期的胡适》《回忆早年阅读胡适〈中国哲学史大纲〉》。

1981 年

被国务院学位委员会聘请为第一批博士生导师。同年发表《我对〈老子〉的看法——答韩强同志》。

1982 年

发表《把学习理论和学习哲学史结合起来》,开始转向哲学教育。同年再发表《我对〈老子〉的看法——答于鹏彬同志》,以推进老子问题讨论。

1983 年

发表《马克思的唯物史观在中国的胜利》,全面表述了对历史唯物主义的理解。同年发表《我们应该怎样评价康德哲学》《先秦逻辑大师——公孙龙》,开始倡导马、中、西哲学贯通。

1983 年

主编的《马克思主义研究的几个问题》由复旦大学出版社出版。

1985 年

发表《再论老子的"道"》。

1986 年

艾思奇逝世 20 周年,与陈珪如一同发表记念艾思奇的文章《艾思奇论哲学的通俗化、中国化和现实化》。

1986 年

进一步发表研究老子的文章《论老子的"无"及老子其人》。

1987 年

发表《从〈老子〉说到中国古代社会》,推出老子研究真正的核心论点。此文震撼学术界,并获得学界的高度评价。同年发表《略论形式逻辑和辩证逻辑的一致》,批评了康德对形式逻辑的错误看法。

1987 年

与陈进坤合著的《公孙龙子论疏》由复旦大学出版社出版,这是胡曲园研究中国古代思想的又一力著。

1988 年

发表《解放后哲学教学的主要失误》,进一步反思哲学教育。

1989 年

发表《马克思哲学的遭遇》《从马克思主义"两种生产"的理论看中国社会的停滞》,进一步推进中国的哲学教育。

1990 年

发表《座谈我对孔子的看法》。同年主编的《哲学大辞典·马克思主义哲学卷》由上海辞书出版社出版,此辞典倾注了胡曲园晚年极大的心血。

1991 年

亲自编辑的《胡曲园哲学论集》在学林出版社出版,此书集中体现了胡曲园在新中国成立后的哲学研究成就。

1991 年

被国务院任命为国务院古籍整理出版规划小组成员,力推中国的古籍出版工作。

1993 年

因病去世,享年 89 岁。

复旦百年经典文库书目

第一辑

修辞学发凡　文法简论	陈望道著/宗廷虎、陈光磊编(已出)
宋诗话考	郭绍虞著/蒋　凡编(已出)
中国传叙文学之变迁　八代传叙文学述论	朱东润著/陈尚君编(已出)
诗经直解	陈子展著/徐志啸编(已出)
文献学讲义	王欣夫著/吴　格编(已出)
明清曲谈　戏曲笔谈	赵景深著/江巨荣编(已出)
中国土地关系史稿　中国土地制度史	陈守实著/姜义华编(已出)
中国经学史论著选编	周予同著/邓秉元编(已出)
西方史学史散论	耿淡如著/张广智编(已出)
中外历史论集	周谷城著/姜义华编(已出)
中国问题的分析　荒谬集	王造时著/章　清编(已出)
中国思想研究法　中国礼教思想史	蔡尚思著/吴瑞武、傅德华编(已出)
长水粹编	谭其骧著/葛剑雄编(已出)
古代研究的史料问题　五十年甲骨文发现的总结　五十年甲骨学论著目　殷墟发掘	胡厚宣著/胡振宇编(已出)
古史新探	杨　宽著/高智群编(即出)
《法显传》校注　我国古代的海上交通	章　巽著/芮传明编(已出)
滇缅边地摆夷的宗教仪式　中国帆船贸易与对外关系史论集　男权阴影与贞妇烈女：明清时期伦理观的比较研究	田汝康著/傅德华编(已出)
诸子学派要诠　秦史	王蘧常著/吴晓明编(即出)
西方哲学论译集	全增嘏著/黄颂杰编(即出)
哲学与中国古代社会论集	胡曲园著/孙承叔编(已出)
儒道佛思想散论	严北溟著/王雷泉编(即出)
《浮士德》研究　席勒	董问樵著/魏育青编(已出)

图书在版编目(CIP)数据

哲学与中国古代社会论集/胡曲园著;孙承叔编.—上海:复旦大学出版社,2015.8
(复旦百年经典文库)
ISBN 978-7-309-11372-3

Ⅰ.哲… Ⅱ.①胡…②孙… Ⅲ.①哲学-中国-文集②古代社会-中国-文集
Ⅳ.①B2-53②K220.7

中国版本图书馆 CIP 数据核字(2015)第 069449 号

哲学与中国古代社会论集
胡曲园 著 孙承叔 编
责任编辑/方尚芩

复旦大学出版社有限公司出版发行
上海市国权路 579 号 邮编:200433
网址:fupnet@ fudanpress.com http://www.fudanpress.com
门市零售:86-21-65642857 团体订购:86-21-65118853
外埠邮购:86-21-65109143
山东鸿君杰文化发展有限公司

开本 787×1092 1/16 印张 18.25 字数 292 千
2015 年 8 月第 1 版第 1 次印刷

ISBN 978-7-309-11372-3/B·526
定价:54.00 元

如有印装质量问题,请向复旦大学出版社有限公司发行部调换。
版权所有 侵权必究